Tim Marshall
Im Namen der Flagge

Die Welt ist heute wieder ein beunruhigender Ort: Nationalismus in China, gespaltene Gesellschaften in Europa und den USA, islamistische Bewegungen wie der »Islamische Staat«. Mit seiner langjährigen Erfahrung in der außenpolitischen Berichterstattung und seinem großen Interesse für die politischen Symbole der Länder und Bewegungen entfaltet Tim Marshall aufschlussreich und unterhaltsam die Geschichte, die Macht und die Politik der Flaggen.

»Erforscht, wie die Fäden der Geschichte und Legende in den Stoff des Banners eines Landes eingewebt werden.« *Times Literary Supplement*

»Eine faszinierende Rundreise zu den Flaggen der Welt, ihrer Geschichte und ihrer Bedeutung – und auch eine ernüchternde Lektion im Hinblick darauf, wie dumm wir Menschen sein können.« *Daily Mail*

Tim Marshall hat für die BBC und Sky News aus 30 Ländern berichtet, über den Jugoslawienkrieg, Irak und Afghanistan sowie über amerikanische Präsidentschaftswahlen. Er war lange Korrespondent für Europa und den Nahen Osten und wurde für seine Berichterstattung vielfach ausgezeichnet. Seine Bücher wurden in über zehn Sprachen übersetzt, ›Die Macht der Geographie‹ ist ein Spiegel-Bestseller.

TIM MARSHALL

IM NAMEN DER FLAGGE

Die Macht politischer Symbole

Aus dem Englischen
von Birgit Brandau

dtv

Dieses Buch ist auch als eBook erhältlich.

Bei dtv ist von Tim Marshall außerdem lieferbar:

›Die Macht der Geographie. Wie sich Weltpolitik anhand von 10 Karten erklären lässt‹
›Abschottung. Die neue Macht der Mauern‹
›Die Macht der Geographie im 21. Jahrhundert‹

MIX
Papier | Fördert gute Waldnutzung
FSC® C083411

Ungekürzte Taschenbuchausgabe 2019
3. Auflage 2024
dtv Verlagsgesellschaft mbH & Co. KG, München

Titel der Originalausgabe:
›Worth Dying For. The Power and Politics of Flags‹,
erschienen bei Elliot and Thompson Ltd., London 2016

Umschlaggestaltung: dtv
Satz: Greiner & Reichel, Köln
Druck und Bindung: CPI books GmbH, Leck
Printed in Germany · ISBN 978-3-423-34948-2

INHALT

EINLEITUNG

»Ich bin nicht mehr als du glaubst, dass ich bin,
und ich bin all das, was du glaubst, was ich sein kann.«
Die US-Flagge »im Dialog« mit dem amerikanischen
Innenminister Franklin K. Lane am Flag Day 1914

Am 11. September 2001, nachdem sich die Flammen gelegt und der Staub weitgehend gesetzt hatten, kletterten drei New Yorker Feuerwehrleute auf die noch rauchenden Trümmer des World Trade Center und hissten die amerikanische Flagge.

Die Aktion war nicht geplant und es waren keine offiziellen Fotografen dabei: Die drei Männer folgten einfach ihrem Impuls, inmitten von Tod und Zerstörung »ein Zeichen« zu setzen. Tom Franklin, der Fotograf einer Lokalzeitung, hielt den Moment fest. Später erklärte er, sein Bild hätte ihn »etwas über die Stärke des amerikanischen Volks gelehrt«.

Wie konnte ein buntes Stück Tuch eine solche Schlagkraft haben, dass das Foto nicht nur überall in den USA, sondern in Zeitungen auf der ganzen Welt abgedruckt wurde? Die Bedeutung einer Flagge entspringt den Gefühlen, die sie weckt. »Old Glory«, wie die Amerikaner ihre Flagge nennen, spricht auf eine ganz besondere Weise zu ihnen, die man als Nichtamerikaner schlicht nicht kennt – doch wir können das verstehen, weil viele von uns ähnliche Gefühle gegenüber unseren eigenen Symbolen für Nationalität und Zugehörigkeit haben. Man kann unverhohlen positive oder auch negative Ansichten darüber haben, wofür die eigene Flagge steht, aber eines ist klar: Dieses simple Stück Tuch ist die Verkörperung der Nation. Geschichte, Geographie, Volk und Werte eines Landes sind allesamt in dem Tuch, seiner Form und den Farben, mit denen es bedruckt ist, symbolisiert. Es ist mit Bedeutung versehen, auch wenn diese Bedeutung für die verschiedenen Menschen unterschiedlich ist.

Und diese Symbole haben so viel Bedeutung wie nie zuvor, in einigen Fällen sogar mehr. Wir erleben ein Wiederaufleben des Nationalismus und damit ein Wiederaufleben der nationalen Symbole. Am Beginn des 21. Jahrhunderts war es in einigen intellektuellen Kreisen in Mode gekommen, zu behaupten, dass der Nationalstaat im Zeitalter der Globalisierung verkümmern würde. Diese Ansicht verfehlte völlig die Stärke der Identität, die in jeder Nation noch vorhanden ist.

Alle Flaggen dieser Welt sind zugleich einzigartig und ähnlich. Sie alle sagen etwas aus – manchmal vielleicht auch zu viel.

Das war zum Beispiel im Oktober 2014 der Fall, als die serbische Fußballnationalmannschaft die albanische im Stadion Partizana in Belgrad empfing. Es war der erste Auftritt der Albaner in der serbischen Hauptstadt seit 1967. Die dazwischenliegenden Jahre waren vom jugoslawischen Bürgerkrieg geprägt, zu dem auch der Konflikt mit den ethnischen Albanern im Kosovo gehörte. Dieser hatte 1999, nachdem die NATO drei Monate lang serbische Militärstützpunkte, Städte und Dörfer bombardiert hatte, mit der faktischen Abspaltung von Serbien geendet. 2008 erklärte sich der Kosovo schließlich einseitig zum unabhängigen Staat. Dieser Schritt wurde von Albanien unterstützt und von vielen Ländern anerkannt – bezeichnenderweise gehörte Spanien nicht dazu. Man ging davon aus, dass der Anblick einer kosovarischen Flagge, die über der Hauptstadt eines unabhängigen Kosovo wehte, der katalanischen Unabhängigkeitsbewegung Auftrieb verschaffen könnte.

Sechs Jahre später waren die Spannungen zwischen Serbien und dem Kosovo – und auch Albanien – nach wie vor groß. Da auswärtige Fans mit Sicherheit angegriffen worden wären, waren sie nicht zugelassen.

Das Spiel war wenig temporeich, die Atmosphäre jedoch aufgeheizt. Von den Rängen erschallten laute »Schlachtet die Albaner ab«-Sprechchöre. Kurz vor der Halbzeitpause entdeckten Fans und dann einige der Spieler eine ferngesteuerte Drohne, die sich aus dem Nachthimmel langsam in Richtung Mittellinie bewegte. Später stellte sich heraus, dass sie von einem 33-jährigen albanischen Nationalisten namens Ismail Morinaj gesteuert worden war, der sich in einer Kuppel der nahe gelegenen Erzengel-Gabriel-Kirche versteckt hatte, von wo aus er das Spielfeld sehen konnte.

Als sich die Drohne senkte, machte sich eine erstaunte Stille im Stadion breit, und als sie sich schwebend der Mittellinie näherte, brach das Stadion in einen kollektiven Wutausbruch aus. Die Drohne trug eine albanische Flagge.

Und es handelte sich dabei nicht bloß um die Landesflagge, die für sich genommen schon zu Problemen geführt hätte. Diese Flagge trug neben dem doppelköpfigen schwarzen albanischen Adler die Bilder zweier albanischer Freiheitskämpfer vom Anfang des 20. Jahrhunderts und eine Karte von »Großalbanien«, das auch Teile von Serbien, Mazedonien, Griechenland und Montenegro einschließt. Zudem schmückte sie das Wort »autochthon«, der Hinweis auf die »indigenen« Bevölkerungsgruppen. Die Botschaft lautete, dass die Albaner, die sich als Nachfahren der Illyrer des 4. vorchristlichen Jahrhunderts betrachten, die rechtmäßigen Bewohner der Region seien – und nicht die Slawen, die erst im 6. Jahrhundert nach Christus kamen.

Der serbische Verteidiger Stefan Mitrović langte nach oben und griff sich die Flagge. Später erklärte er, dass er sie »so ruhig wie möglich« zusammenlegen wollte, um sie »dem vierten Offiziellen zu übergeben«, damit das Spiel fortgesetzt werden konnte. Zwei albanische Spieler entrissen ihm die Flagge, und damit lief die Sache aus dem Ruder. Mehrere Spieler begannen sich zu prügeln, dann stürmte ein serbischer Fan von den Rängen auf das Spielfeld und schlug dem albanischen Kapitän mit einem Plastikhocker auf den Kopf. Als weitere serbische Zuschauer auf das Feld liefen, kam das serbische Team zur Besinnung und versuchte, die albanischen Spieler zu schützen, die das Spiel Spiel sein ließen und Richtung Kabine rannten. Wurfgeschosse hagelten auf sie herab, während Ordnungskräfte die Fans auf den Rängen zu bändigen suchten.

Die politischen Folgen waren dramatisch. Die serbische Polizei durchsuchte die Kabine der albanischen Spieler und bezichtigte danach den Schwager des albanischen Premiers, er habe die Drohne vom Rang aus gesteuert. Die Medien beider Länder verfielen in hyperventilierenden Nationalismus. Der serbische Außenminister Ivica Dačić erklärte, sein Land sei »provoziert« worden, und sagte, »wenn irgendein Serbe eine großserbische Flagge in Tirana oder Priština entrollt hätte, stünde das schon längst auf der Tagesordnung des UN-Sicherheitsrats«. Ein paar Tage danach wurde der geplante Besuch des albanischen Premiers in Serbien, der erste nach fast siebzig Jahren, abgesagt.

George Orwells Spruch, Fußball sei »Krieg ohne Schießerei«, erwies sich als wahr, und angesichts der instabilen Lage auf dem Balkan hätte die Mischung aus Fußball, Politik und einer Flagge erneut zu einem ernsthaften Konflikt führen können.

Die amerikanische Flagge auf den Trümmern der Zwillingstürme zu hissen, prophezeite einen Krieg. Tom Franklin sagte, als er sein Foto machte, sei ihm die Ähnlichkeit mit einem berühmten Bild aus einem früheren Konflikt bewusst gewesen – dem von US-Marines, die im Zweiten Weltkrieg die amerikanische Flagge auf Iwojima hissten. Vielen Amerikanern dürfte die Parallele sofort aufgefallen sein, ebenso wie die Tatsache, dass beide Ereignisse mit widerstreitenden Gefühlen verbunden sind: mit Trauer, Mut und Heldentum, mit Trotz, kollektiver Ausdauer und Anstrengung.

Beide Fotos, vielleicht noch stärker das vom 11. September,

rufen auch die letzten beiden Zeilen der ersten Strophe der amerikanischen Nationalhymne »The Star-Spangled Banner« ins Gedächtnis:

O say does that star-spangled banner yet wave
O'er the land of the free and the home of the brave?
(O! Sagt, ob das Banner, mit Sternen besät,
Überm Land der Freien und Tapferen noch weht?)

In einem Moment tiefgreifenden Schocks für das amerikanische Volk war der Anblick der wehenden Flagge für viele beruhigend. Dass die Sterne der fünfzig Bundesstaaten von Männern in Uniform hochgehalten wurden, ließ sicherlich die militaristische Färbung der amerikanischen Kultur anklingen, aber das Rot, das Weiß und Blau inmitten des schrecklichen Graus der Zerstörung auf Ground Zero zu sehen, das dürfte auch vielen normalen Bürgern dabei geholfen haben, mit den anderen, zutiefst verstörenden Bildern umzugehen, die sie an diesem Herbsttag aus New York erreichten.

Woher stammen diese Nationalsymbole, denen wir so verbunden sind? Flaggen sind ein verhältnismäßig neues Phänomen in der Menschheitsgeschichte. Ihre Vorläufer sind Standarten und auf Tuch gemalte Symbole, die schon von den alten Ägyptern, Assyrern und Römern benutzt wurden, aber die chinesische Erfindung der Seide ermöglichte den Flaggen, wie wir sie kennen, ihren Aufstieg und ihre Ausbreitung. Herkömmliches Tuch war zu schwer, um es in die Höhe zu halten, zu entrollen und im Wind flattern zu lassen, insbesondere, wenn es bemalt war. Seide war viel leichter, was bedeutete, dass die Banner beispielsweise Armeen auf das Schlachtfeld begleiten konnten.

Der Stoff und der Brauch verbreiteten sich entlang der Seidenstraße. Die Araber waren die Ersten, die beides übernahmen, und die Europäer folgten ihnen, nachdem sie bei den Kreuzzügen damit in Kontakt gekommen waren. Diese Feldzüge und die großen westlichen Armeen, die teilnahmen, haben den Gebrauch von heraldischen Symbolen und Wappenkennzeichen, mit denen die Beteiligten leichter identifiziert werden konnten, vorangetrieben. Diese heraldischen Bedeutungen wurden dann mit Rang und Herkunft verknüpft, insbesondere bei Herrscherdynastien, und das ist einer der Gründe, warum europäische Flaggen sich aus der Verbindung mit Schlachtfeld-Standarten und Marinezeichen zu Symbolen der Nationalstaaten entwickelt haben.

Heute wird jeder Staat der Erde durch eine Flagge repräsentiert – ein Zeugnis für den Einfluss, den Europa auf die moderne Welt hatte, als seine Imperien expandierten und seine Vorstellungen sich rund um den Globus verbreiteten. Johann Wolfgang von Goethe sagte einst zu Francisco de Miranda, dem Designer der Flagge von Venezuela, dass die Entstehung eines Landes mit einem Namen und einer Flagge beginne; dann erst verkörpere es diese Symbole, ganz so, wie ein Mann seiner Bestimmung folgt.

Was bedeutet es, wenn man ein Land mit einer Flagge verkörpern will? Es bedeutet, dass man eine Bevölkerung hinter gemeinsamen Vorstellungen von Idealen, Zielen, Geschichte und Glauben vereinen muss – eine nahezu unmögliche Aufgabe. Doch wenn Leidenschaften geweckt werden, wenn der Feind sein Banner hochhält, dann versammeln sich Menschen um ihr eigenes Symbol. Flaggen haben viel zu tun mit unseren traditionellen Stammesverbindungen und der Wahrnehmung von Identität – der Vorstellung »wir gegen die«. Viel von der Symbolik bei der Flaggengestaltung basiert auf diesem Konzept von Konflikt und Gegnerschaft – wie beispielsweise bei der verbreiteten Farbe Rot, die für das Blut des Volkes steht. Doch welche Rolle spielen Flaggen in einer modernen Welt, die bestrebt ist, Konflikte abzubauen und die Ideale Einheit, Frieden und Gleichheit zu stärken, in der Bevölkerungsbewegungen die Grenzen zwischen »uns« und »den anderen« verwischt haben?

Unbestritten ist, dass diese Symbole nach wie vor in der Lage sind, viel Macht auszuüben, rasch Vorstellungen zu vermitteln und starke Gefühle hervorzurufen. Es gibt heute mehr Nationalstaaten als je zuvor, aber auch nichtstaatliche Akteure benutzen Flaggen als eine Art visuellen Slogan, um Konzepte zu vermitteln, die von Banalitäten wie Sonderangeboten bis zu Verbrechen wegen Religion und Rasse reichen. Das konnten wir in neuerer Zeit häufig beobachten, vom Hakenkreuz der Nationalsozialisten – ein Symbol, das auch heute noch starke Reaktionen auslöst – bis zum Aufstieg des Islamischen Staats (IS) und seiner Betonung religiöser oder auf den Propheten bezogener Symbole, die Aufmerksamkeit erregen und – manchmal – Anhänger mobilisieren können.

Flaggen gehen zurück in die Antike und zeigen dennoch keine Anzeichen dafür, dass sie aus der Mode kommen. Die modernste Verbrauchertechnologie, das Smartphone, kann Ihnen jetzt das Nationalflaggen-Emoji Ihrer Wahl liefern, und wenn es eine nationale Tragödie gibt, posten Menschen aus der ganzen Welt Nachrichten zusammen mit der Nationalflagge als Zeichen der Solidarität.

In diesem Buch könnten noch Hunderte weiterer Geschichten erzählt werden, beispielsweise die der Flaggen von jedem einzelnen Nationalstaat. Aber damit würde es zum Nachschlagewerk, zudem zu einem sehr, sehr dicken. Stattdessen erzählt es von einigen der bekannteren Nationalflaggen, von einigen merkwürdigen und einigen, die besonders interessante Geschichten haben. In den meisten Fällen ist die ursprüngliche Bedeutung von Mustern, Farben und Symbolen nach wie vor relevant, doch manchmal hat sich diese Bedeutung gewandelt, und dann steht die Flagge heute für etwas anderes. Die Bedeutung liegt im Auge des Betrachters.

Wir beginnen mit der Flagge, die wohl am häufigsten auf der Welt zu sehen ist: den Stars and Stripes, der visuellen Umsetzung des amerikanischen Traums. Sie wird von der Mehrheit der Bevölkerung zutiefst verehrt und ist das beste Beispiel dafür, wie eine Flagge es schaffen kann, ein Land zu symbolisieren und zu vereinen. Von einer heutigen Weltmacht gehen wir zu einem ehemaligen Weltreich: Der Einfluss des Union Jack reichte bis in die entlegensten Winkel der Erde. Die Flagge repräsentiert die geschlossene Fassade eines riesigen Reiches, aber dahinter haben auf den Britischen Inseln starke Nationalgefühle überlebt, die nicht geschwunden sind, wie sowohl die Brexit-Abstimmung 2016 über den Austritt aus der EU als auch die anhaltende Forderung nach der Unabhängigkeit Schottlands zeigt.

Die Flagge der Europäischen Union soll ebenfalls vereinen, doch auf einem Kontinent mit tief verwurzelten nationalen Identitäten zieht es viele Europäer mehr denn je zu ihren Nationalflaggen. Manche dieser Flaggen beruhen auf christlichen Vorstellungen, aber im Lauf der Zeit haben sich die religiösen Assoziationen weitgehend verflüchtigt. Das gilt nicht für die arabischen Länder: Ihre Flaggen zeigen oft mächtige islamische Symbole und vermitteln Vorstellungen, die die Bevölkerung ansprechen. Die Symbolik ist stark, die Nationalstaaten sind schwächer. Doch die Zukunft kann weitere Veränderungen der Form dieser Länder und ihrer Flaggen bringen. Möglicher Katalysator dafür sind die verschiedenen Terrorgruppen, die in dieser Region operieren. Es ist wichtig, die Aktionen und den Einfluss dieser Organisationen, die auf unseren Fernsehschirmen dauerpräsent sind, zu verstehen. Gruppen wie der IS benutzen mit großem Erfolg auch religiöse Symbolik, sie flößen Furcht ein und verschaffen sich so weltweit Gehör.

In Asien finden wir Flaggen, die den stürmischen Wandel von Vorstellungen, Völkern und Religionen im 20. Jahrhundert und noch weit früher widerspiegeln. Viele dieser modernen asiatischen Nationalstaaten haben bei der Gestaltung ihrer Flaggen auf die Wurzeln ihrer uralten Zivilisationen zurückgegriffen, häufig als Reaktion auf einen Wendepunkt ihrer Geschichte, auf eine Vermischung von Alt und Neu. Im Gegensatz dazu finden wir in Afrika die Farben einer sehr modernen Vorstellung von diesem Kontinent, der die Fesseln des Kolonialismus abgeworfen hat und dem 21. Jahrhundert mit zunehmendem Selbstbewusstsein entgegentritt. Die lateinamerikanischen Revolutionäre halten sich enger an die kulturellen Bindungen zu den Kolonisatoren, die unsere Welt geformt haben, und viele der Flaggen dieses Kontinents spiegeln die Ideale der »Staatenbauer« des 19. Jahrhunderts wider.

Flaggen sind mächtige Symbole, auch für andere Organisationen als Staaten. Sie können Bedrohung verkörpern, aber auch Frieden oder Solidarität, und ihre Botschaft wird in Zeiten von sich wandelnden Identitäten überall auf der Welt erkannt.

Wir schwenken Flaggen, verbrennen sie, hissen sie vor Parlamenten und Palästen, Wohnhäusern und Geschäften. Sie repräsentieren die Politik der Großmächte und die Macht des Mobs. Viele haben verborgene Geschichten, die bis in die Gegenwart fortwirken.

Wir erleben heute auf lokaler, regionaler, nationaler, ethnischer und religiöser Ebene das Wiedererwachen von Identitätsbestrebungen. Macht verlagert sich, alte Gewissheiten zerfallen – in solchen Zeiten greifen Menschen nach vertrauten Symbolen, um in einer turbulenten, sich verändernden Welt ideologische Anker zu haben. Die Wirklichkeit eines Landes reicht nicht unbedingt an die Ideale heran, die seine Flagge verkörpert, trotzdem kann die Flagge, um noch einmal Franklin K. Lane zu den Stars and Stripes zu zitieren, »all das, was du glaubst, was ich sein kann« sein.

Eine Flagge ist ein emotionsbeladenes Emblem. Sie hat die Macht, Gefühle zu wecken und zu verkörpern, die so stark sind, dass manchmal Menschen diesem bunten Tuch sogar in den Kugelhagel folgen, um für das zu sterben, was es symbolisiert.

ERSTES KAPITEL

DIE STARS AND STRIPES

»Sie ist nicht aus Fäden gewebt, sondern aus Verachtung, Zügellosigkeit, Schwäche und Habgier.«
Charles Evans Hughes, US-Außenminister 1921–1925

GAL DRO
ON TERRO
THIDDA SH

AMERICAN GOVT:
IS THE BIG TERRORIST
AGAINST THE MUSLIM
WORLD.
TTACKS. DRONE ATTACKS
M IN PAKISTAN.
MAHAZ MULTAN.

Vorhergehende Doppelseite: Anhänger der verbotenen Organisation Jamaat ud-Dawa verbrennen die amerikanische Flagge im Mai 2016 im pakistanischen Quetta, um gegen einen US-amerikanischen Drohnenangriff auf pakistanischem Boden zu protestieren.

»O! say, can you see by the dawn's early light« (O! Sagt könnt ihr seh'n in des Morgenrots Strahl)? In den USA ist die Antwort ein inbrünstiges Ja. Vom Morgengrauen bis zur Abenddämmerung ist Amerika eine Orgie in Rot, Weiß und Blau. Die Flagge weht auf Regierungsgebäuden, Supermarkthallen und Autohäusern, von den Dächern der großartigsten Anwesen bis zum Garten des bescheidensten, mit einem weißen Zaun umgebenen Eigenheims, vom Blockhaus bis zum Weißen Haus. Jeden Morgen, wenn sich »God's Own Country« daran macht, jeden Tag aufs Neue die erfolgreichste Nation zu schaffen, die die Erde bisher gesehen hat, wird sie an Millionen Fahnenmasten gehisst.

Das Sternenbanner ist die Flagge, die wie keine andere auf der Welt bekannt ist, die geliebt, gehasst, respektiert, gefürchtet und bewundert wird.

Sie weht über mehr als 700 Militärstützpunkten in mehr als sechzig Ländern rund um den Globus, in denen über eine Viertelmillion US-Soldaten stationiert sind, die im Ausland dienen. Manche Menschen in diesen Ländern erinnert der Anblick der Stars and Stripes daran, dass ihre Sicherheit ein Stück weit von den Soldaten der Supermacht abhängt. Für Amerikakritiker ist sie hingegen ein Symbol für angemaßte Macht und Hybris. Sie repräsentiert die mittlerweile überholte Nachkriegsordnung oder gilt sogar als Flagge des Imperialismus. Der Anblick der Flagge vor einem Stützpunkt in Polen lässt sicherlich andere Emotionen aufkommen als im Irak. Eine japanische Fangflotte vor der Küste der Insel Taiwan hinterfragt das Recht, auf dessen Basis ein Flugzeugträger mit dem Sternenbanner durch die Meeresstraßen pflügt, nicht in der gleichen Weise, wie das eine chinesische Flotte tut. Die

Gefühle gehen so weit auseinander, dass manche Amerikagegner, insbesondere die der äußersten Linken in Europa, sie mit Hakenkreuzen statt mit Sternen bestücken und damit ihr mangelndes Geschichtswissen demonstrieren. Dies wiederum ist völlig abwegig für unzählige Menschen, die die USA bewundern und sich in Notzeiten tatsächlich auf Uncle Sam verlassen.

Amerikaner erinnert der Anblick ihrer Flagge im Ausland lediglich daran, wie sehr sich ihr Land in der Welt einsetzt, und an die Teilnahme an verschiedenen Kriegen. Kritik an ihrer Flagge nährt die anhaltende Debatte über Isolationismus und Engagement, die in den USA geführt wird. Präsident Bush verwickelte die US-Streitkräfte in neue Kriege im Ausland, Präsident Obama versuchte, sie wieder zurückzuholen; er erlebte die Komplexitäten der Außenpolitik und musste letztendlich mehr militärische Eingriffe im Ausland vornehmen als sein Vorgänger. Wie Präsident Trump jetzt feststellt, folgt aus der Macht der USA, dass ihre Präsenz auf der internationalen Bühne unerlässlich ist. Eine Entscheidung des Präsidenten, nicht zu handeln, kann ebenso viele Auswirkungen haben wie das Eingreifen.

Amerikaner verehren ihre Flagge auf eine Weise, wie das wenige andere Völker tun. Die Primärfarben der Flagge sind das primäre Symbol nationaler Identität, und manchmal werden die Stars and Stripes auch als Kunstform betrachtet. Der Maler Jasper Johns hat ihnen weite Strecken seiner Karriere gewidmet, um sie auf Leinwand, mit dem Stift oder in Bronze abzubilden und auf vielen anderen Oberflächen darzustellen. Für ihn sind sie keine Ikone, die man bewirbt oder verunglimpft; den Künstler fasziniert die reine Macht, für die sie stehen, und die Emotionen, die sie wecken. Auch Andy Warhol griff das Motiv des Sternenbanners auf und entwickelte es weiter, verwies in seinen visuellen Kommentaren zu Amerika und zum Amerikanischen darauf. Beispielsweise nahm er Neil Armstrongs Foto, das Buzz Aldrin neben der Flagge auf dem Mond zeigt, mischte es mit weiteren Bildern von dem epochalen Flug und färbte das Ganze, inklusive Flagge, in Pink- und

Blautönen ein. Warhols Kunst war nicht unmittelbar politisch, er würdigte einen bemerkenswerten Moment der Geschichte wie auch die Zeit, in der er stattfand. Die psychedelische Anmutung seiner Siebdrucke spiegelt die technologische Brillanz dieses Ereignisses Ende der 1960er. Bruce Springsteens erfolgreichstes Album, ›Born in the USA‹, ziert ebenfalls die Flagge; es wurde heftig spekuliert, welche Absichten hinter dem Cover standen und welche politische Botschaft es vermitteln sollte. Springsteen sagte dazu in einem Interview mit der Zeitschrift ›Rolling Stone‹: »Die Flagge ist ein mächtiges Bild, und wenn man dieses Zeug in die Welt setzt, kann man nicht wissen, was daraus gemacht wird.«

An der politischen Front wurde die Flagge 1984 mit ungeheurem Effekt bei Ronald Reagans richtungsweisendem TV-Spot ›Morning in America‹ eingesetzt. Am Ende des 59 Sekunden langen Wahlkampfspots meldet sich die Stimme aus dem Off: »Wieder wird es Morgen in Amerika«, und dann schaut die Zukunft von Uncle Sam – kleine Kinder – voller Bewunderung zu, wie die Stars and Stripes in einen neuen Tag emporgleiten, einen Tag der Hoffnung. Der Sonnenaufgang, die Flagge und die Aussicht auf eine glänzende Zukunft sprachen das kollektive Bewusstsein einer Nation an, die sich noch nicht vom Vietnamkrieg erholt hatte und die nach der Carter-Präsidentschaft (1977–1981), als der Iran die USA mit der Geiselnahme in der Botschaft in Teheran gedemütigt hatte, verunsichert war.

Jeden Morgen in der Schule sprechen die amerikanischen Kinder den folgenden Text: »Ich schwöre Treue auf die Fahne der Vereinigten Staaten von Amerika und die Republik, für die sie steht, eine Nation unter Gott, unteilbar, mit Freiheit und Gerechtigkeit für jeden.« Dieser Treueschwur, der erstmals 1892 veröffentlicht wurde und sich nach und nach über das Land verbreitete, war hilfreich, um nach dem Amerikanischen Bürgerkrieg und in einer Zeit hoher Immigrationszahlen eine nationale Identität zu formen. Die Flagge wurde eingesetzt, um Loyalität und Einheit in einem zersplitterten und disparaten Land zu fördern. Generationen von Amerikanern standen seither stramm, die Hand auf dem Herzen, um dieses Symbol der Nation jeden Morgen zu grüßen. Der Schwur wurde offizielles Ritual, als 1923 der National Flag Code (Verhaltensrichtlinien zum Umgang mit der Nationalflagge) bei der National Flag Conference angenommen wurde. Zu diesem Zeitpunkt hatten ihn bereits 28 Bundesstaaten in ihre Schulfeiern integriert. 1942 wurde er vom Kongress ins Flaggengesetz aufgenommen, 1943 fiel ein Urteil, dass es nicht verfassungsgemäß sei, den Schwur zur Pflicht zu machen. Doch seine Ableistung ist immer noch weit verbreitet. Etwas Vergleichbares gibt es in so gut wie keiner anderen modernen Demokratie.

Tag für Tag flattern diese Rechtecke aus buntem Tuch auf dem Kontinent zwischen den beiden schimmernden Weltmeeren im Wind, ihr Bild ist in jedem Laden, in jeder Schule, an jedem Arbeitsplatz und in jeder Verwaltung zu sehen. Und wenn es geboten ist, »Old Glory« am Abend herunterzunehmen, oft mit einer großen Zeremonie und genauer Richtlinienbefolgung, geschieht das langsam, um sicherzustellen, dass kein Teil davon den Boden berührt, sondern »helfende Hände« sie aufnehmen. Der Flag Code besagt: »Es ist allgemeiner Brauch, die Flagge auf Gebäuden und an feststehenden Masten nur vom Sonnenaufgang bis zum Sonnenuntergang im Freien zu präsentieren. Soll ein besonderer patriotischer Effekt erzielt werden, kann die Flagge auch 24 Stunden gezeigt werden, wenn sie während der Dunkelheit ausreichend beleuchtet wird.« Es gibt acht Arten von Örtlichkeiten, an denen es erlaubt ist, die Flagge Tag und Nacht wehen zu lassen. Dazu gehören das Fort McHenry National Monument in Baltimore, das US Marine Corps Iwo Jima Memorial in Arlington, das Weiße Haus und alle Einreisehäfen der US-Zollbehörde.

Vielen Amerikanern ist ihre Flagge ein nahezu heiliges Symbol. Sie verkörpert das, was sie als »eine Nation unter Gott« bezeichnen, und amerikanische Politiker haben des Öfteren eine Formulierung aus der Bergpredigt Jesu paraphrasiert und den Anspruch geltend gemacht, Amerika sei »eine leuchtende Stadt auf einem

Berg«. Ob man es glauben mag oder nicht, die Flagge ist Gegenstand von Liedern, Gedichten, Büchern und Kunstwerken. Für ihr Volk repräsentiert sie dessen Kindheit, seine Träume, seine erste Auflehnung gegen die Tyrannei und nun seine Freiheiten. Ihre Geschichte steht für die amerikanische Geschichte, und die Gefühle, die die Amerikaner ihr entgegenbringen, stellen die Geschichte einer Nation dar. Keine andere Nationalflagge erfährt auch nur annähernd die Ehrerbietung, die die US-Flagge genießt – oder löst auch nur annähernd so viele positive und negative Emotionen aus.

Dies wurde nach den Angriffen vom 11. September deutlich, als viele amerikanische Politiker und einige Reporter und Moderatoren im Fernsehen begannen, eine Fahnennadel auf ihren Revers zu tragen. In der hoch aufgeladenen Atmosphäre des Jahres 2001 wurde es entweder zu einem Ehrenabzeichen, um die Betroffenheit zu zeigen, oder, indem man keins trägt, Grund zum Verdacht auf mangelnden Patriotismus. Es war natürlich eine falsche Dichotomie, aber im Zeitalter des fieberhaften 24-Stunden-Nachrichtenzyklus wollten viele Menschen auf Nummer sicher gehen. Fast alle Mitarbeiter der Bush-Administration trugen sie. Der damalige Senator Obama zog nach dem 11. September kurz einen Flaggenpin an, dann nicht, dann, als er während des Präsidentschaftswahlkampfes 2008 danach gefragt wurde, fand er ihn wieder und trug ihn fast jeden Tag.

Es liegt eine gewisse Ironie darin, dass viele dieser kleinen Metallsymbole der Emotionen aus Fabriken weit weg in Ostasien stammen. Im Jahr 2010 war es dem Außenministerium peinlich, herauszufinden, dass sein Geschenkeladen USA-Flaggenpins in Plastiktüten mit der Aufschrift »Made in China« verkaufte.

Es vergingen 183 Jahre mit zahlreichen Verbesserungsschritten, bis die Flagge so aussah, wie wir sie heute kennen. Die gegenwärtige Version mit ihren 50 fünfzackigen Sternen, die die 50 Bundesstaaten der Union repräsentieren, ist vielleicht nicht die letzte. Prototypen der Flagge kamen Mitte der 1760er auf, noch vor der

Geburt der Nation, und noch heute hören wir das Echo jener Tage bei der modernen konservativen Tea Party anklingen. Sie hat ihren Namen von den ursprünglichen »Söhnen der Freiheit« übernommen, die 1773 im Hafen von Boston 342 britische Kisten mit Tee über Bord warfen, um gegen unfaire Steuern zu protestieren. Dieses Ereignis, das als Boston Tea Party bekannt wurde, bekräftigte den Anspruch von Massachusetts, Heimat der »Patrioten« zu sein, im Gegensatz zu einem zunehmend als fremd wahrgenommenen Großbritannien. Die Söhne der Freiheit hatten eine Flagge mit neun weißen und roten horizontalen Streifen, und es wird, auch wenn es keinen Beweis dafür gibt, angenommen, dass das Grunddesign der Stars and Stripes hiervon übernommen wurde.

Während der ersten Scharmützel zwischen den Briten und den Kolonialmilizen im Amerikanischen Unabhängigkeitskrieg kämpften die Soldaten der Rebellen unter einer Fahne, die als »Continental« oder auch »Grand Union« bekannt war. Sie trug dreizehn abwechselnd rote und weiße Streifen, die die dreizehn abtrünnigen Kolonien symbolisierten. Am 4. Juli 1776 erklärte der Kongress die Unabhängigkeit von Großbritannien und verabschiedete ein Jahr später das erste von drei größeren Flaggen-Gesetzen. Das Marine Committee des Zweiten Kontinentalkongresses verabschiedete die Resolution, »dass die Flagge der Vereinigten Staaten aus dreizehn Streifen, abwechselnd rot und weiß, besteht; dass die Union durch dreizehn Sterne dargestellt wird, weiß auf blauem Feld, die eine neue Konstellation repräsentieren.« Die Anzahl stand jeweils für die dreizehn nun unabhängigen Kolonien, die die nagelneuen (aber damals nicht ganz so glänzenden) Vereinigten Staaten von Amerika bildeten.

Das Gesetz legte allerdings nicht fest, wie die Sterne angeordnet sein sollen und ob die Streifen vertikal oder horizontal verlaufen müssen. Deshalb gilt es als zulässig, wenn die Flagge heute so gehängt wird, dass die Streifen vertikal erscheinen. Und warum Sterne? Das wurde damals nicht erklärt, aber eine Veröffentlichung des Repräsentantenhauses aus dem Jahre 1977 hält fest: »Der Stern ist das Symbol des Himmels und steht für das göttliche Ziel, das der Mensch seit undenklichen Zeiten anstrebt.«

Ebenso wenig wurde der Symbolgehalt der Farben erklärt. Jedenfalls entsprechen sie denen des Großen Siegels der Vereinigten Staaten, dessen Gestaltung der Kongress 1776 in Auftrag gab. Dem Komitee, das mit dieser Aufgabe betraut war, hatte man mitgegeben, es solle etwas entwickeln, das die Werte der »Gründerväter« widerspiegle. Es wählte Rot, Weiß und Blau, und das Große Siegel wurde 1782 angenommen. Als das Siegel dem sogenannten Kontinentalkongress, an dem damals dreizehn nordamerikanische Kolonien teilnahmen, vorgestellt wurde, erklärte der Schriftführer Charles Thomson: »Die Farben sind jene, die in der Flagge der Vereinigten Staaten von Amerika verwendet werden. Weiß steht für Reinheit und Unschuld. Rot für Ausdauer und Mut, und Blau … bedeutet Wachsamkeit, Beharrlichkeit und Gerechtigkeit.« Das Siegel wird immer noch benutzt, um bestimmte Bundesdokumente zu beglaubigen, und erscheint auf US-amerikanischen Pässen.

Dabei könnte man es belassen. Aber die Flagge gehört eben allen Amerikanern, und so steht es auch jedem frei, die Farben auf seine Weise zu interpretieren. Manche sagen, das Rot stünde für das Blut der Patrioten, die im Unabhängigkeitskrieg starben, andere wiederum, es stehe für alle, die im Kampf für ihr Land gestorben sind. Natürlich ist es auch möglich, dass Rot, Weiß und Blau 1776 ins Spiel kamen, weil dies die Farben der britischen Flagge sind. Aber diese Interpretation ist im Land der jetzt Freien vielleicht nicht ganz so beliebt.

Wer die erste Flagge gestaltet hat, ist unklar. Die Legende besagt, eine Näherin namens Betsy Ross, die Fahnen für die Marine von Pennsylvania herstellte, sei für die erste Version verantwortlich. Zumindest erzählte das ihr Enkel 1870 bei einem Treffen der Historischen Gesellschaft in Philadelphia. Allerdings existiert auch eine Rechnung an den Kongress von einem gewissen Francis Hopkinson, der darauf bestand, dass ihm der Kongress für die Gestaltung der Flagge »zwei Kisten Bier« schulde. Die Jury berät noch.

Einige Jahre später tauchte ein Problem auf. Vermont trat 1791 der Union bei und im Jahr darauf Kentucky. Das führte zum Gesetz von 1794, welches bestimmte, dass für jeden neuen Bundesstaat der Flagge ein weiterer Stern und Streifen hinzugefügt werden sollten. Es war diese Flagge, die schließlich als Star-Spangled Banner bekannt wurde, nach dem Gedicht, das zur amerikanischen Nationalhymne wurde. Mehr dazu später.

Im Jahre 1818 lief die Flagge Gefahr, mehr Streifen als ein Zebra zu bekommen: Jetzt waren es achtzehn Staaten, und Maine und Missouri näherten sich schon den Startlöchern für die Union. Also verabschiedete man das dritte Gesetz zur Flaggengestaltung, bei dem die Idee, für jeden neuen Staat einen Stern hinzuzufügen, beibehalten wurde, bei dem man aber zu den ursprünglichen dreizehn Streifen für die dreizehn Gründungsstaaten zurückkehrte. Welches Muster die Sterne bilden sollten, hatte der Kongress jedoch immer noch nicht festgelegt. Überall im Land finden sich in Museen daher unterschiedliche Flaggen-Versionen aus dem 19. Jahrhundert. Präsident Taft unterzeichnete schließlich 1912 eine Verordnung, wie die (mittlerweile) 48 Sterne umfassende Flagge genau zu gestalten war. Und das ist die, die wir – abgesehen von zwei weiteren Sternen – heute sehen.

Vernachlässigt man den einen oder anderen Stern, entsprach die Flagge nach 1792 ziemlich genau der, über die der amerikanische Rechtsanwalt und Dichter Francis Scott Key 1814 eine bewegende Ode schrieb, die zur Nationalhymne wurde – Letzteres allerdings erst 1931. Das Gedicht ist der Schlüssel zum Verständnis, wie und warum die Flagge die Vorstellungskraft der breiten Öffentlichkeit so sehr beflügeln konnte, wieso ein so simples – sogar willkürliches – Design, das im Gärprozess einer Revolution geschaffen wurde, im Lauf der Zeit zur Verkörperung der höchsten Werte der mächtigsten Nation der Welt aufsteigen konnte.

Die Nationalhymne stammt aus einem Konflikt, der nicht von den Briten begonnen worden war. England kämpfte in den Napoleonischen Kriegen gegen die Franzosen, und diese Kämpfe schwappten in die Neue Welt über, weil die Briten mehrfach amerikanische Schiffe plünderten. Präsident Madison ergriff die Gelegenheit und erklärte den Briten 1812 den Krieg. Pech für Madison, dass Napoleon die Sache schrecklich vermasselte und den Krieg verlor, den er gegen den Großteil von Europa führte. Der Franzose wurde 1814 ins Exil geschickt, und das verschaffte der damaligen Supermacht die Kapazitäten, ein Wörtchen mit dem Land zu reden, das dereinst an ihre Stelle treten sollte.

Die britischen Truppen hatten 1814 das Weiße Haus bis auf die Grundmauern niedergebrannt, die britische Flotte lag vor der Küste von Baltimore und schickte sich an, das für die Verteidigung der Stadt lebenswichtige Fort McHenry zu bombardieren. Und das tat sie dann auch in erheblichem Maße. Just als man zum Angriff schreiten wollte, tauchte Francis Scott Key mit einem Boot auf, das sich auf den Wellen tanzend längsseits von einem britischen Kampfschiff legte. Key wollte die Freilassung von einigen Gefangenen erreichen. Das gelang ihm schließlich, aber weil er die britischen Angriffsvorbereitungen gesehen haben könnte, hielten es die Briten für klüger, ihn einige Tage an Bord zu behalten, bis sie das Fort zerstört hätten.

Während Key an Deck eines der britischen Kriegsschiffe stand, begannen die Briten am 13. September 1814 um 6.30 Uhr das Bombardement, bei dem sie 1500 Bomben und 800 Raketen auf die Festung schossen. Während des Großteils der folgenden 25 Stunden versuchte Key, durch den Rauch und im Licht der Explosionen zu erkennen, ob die riesige amerikanische Flagge noch über dem Fort wehte oder ob der Beschuss es den bereitstehenden britischen Bodentruppen ermöglicht hatte, das Fort zu stürmen und die eigene Flagge zu hissen.

Der Angriff war ein völliger Fehlschlag: Das Fort hielt stand, und auf amerikanischer Seite waren nur vier Gefallene zu beklagen. Key blickte hinüber, die Stars and Stripes wehten nach wie vor in der Morgenbrise. Auf der Stelle, an Deck des britischen Kriegsschiffs, schrieb er seine Hymne: »Und der Raketen grelles rotes

Licht, die in der Luft explodierenden Bomben, bewiesen die Nacht hindurch, dass unsere Flagge noch da war.« Die erste Strophe endete mit einer Frage, als sei er sich immer noch nicht sicher, ob die USA die Oberhand behalten würden: »O! Sagt, ob das Banner, mit Sternen besät, / Überm Land der Freien und Tapferen noch weht?« Wenige Wochen später wurden die Verse gedruckt und verbreiteten sich von Baltimore aus über die gesamten Vereinigten Staaten. Im Lauf der Zeit, angesichts eines zunehmend amerikanischen Jahrhunderts, scheint das Fragezeichen obsolet geworden zu sein.

Die Originalflagge, die die Bombardierung von Fort McHenry überlebte, befindet sich seit 1907 im Smithsonian Institution's National Museum of American History. Heute hängt sie in einer Klimakammer, in der ein niedriger Sauerstoffgehalt und gedämpftes Licht für ihre Erhaltung sorgen. Sie hat das Aussehen jener Flaggen, unter denen die Amerikaner »Von den Palästen Montezumas bis zu den Stränden von Tripolis« kämpften, wie es in der Hymne der Marines heißt.

Diese Flagge wehte bei der Gründung des American Empire und drückte immer weiter nach Westen über den Kontinent, von den Appalachen über die Ebenen bis hin zu den Rockies und dem Pazifik. Sie änderte sich im Laufe der Zeit, wobei mit dem Beitritt neuer Staaten zur Union zusätzliche Sterne hinzukamen. Artillerieeinheiten waren die ersten im Militär, die in den 1830er Jahren ihr Grunddesign (mit Wechsel) als Schlachtflagge verwendeten, dann die Infanterie im Jahr 1842 und schließlich die Kavallerie im Jahr 1861. Die Kavallerie hatte einen Stars and Stripes Guidon, eine Flagge mit einem aus der Mitte der rechten Seite ausgeschnittenen Dreieck, das zwei Punkte schuf, und mit den Sternen in einem gebündelten Kreis oben auf der Hebebühne. Dies war einer der Entwürfe, die General Custers Siebte Kavallerie bei der Schlacht am Little Big Horn in Montana 1876 trug.

Custers Männer werden mit einer anderen berühmten Flagge, dem Gadsden, vertraut gewesen sein, obwohl sie schon damals als Relikt des Kolonialkriegs galt. Die Flagge von Gadsden wurde von

Brigadegeneral Christopher Gadsden (1724–1805) während der amerikanischen Revolution entworfen und von den kontinentalen Marineinfanteristen als Kampfflagge verwendet. Sie hat einen gelben Hintergrund mit einer gewundenen Klapperschlange, unter der sich die Worte »Don't Tread On Me« befinden. Dies ist keine Bitte, sondern eine Warnung.

Damals war die Botschaft klar; die Klapperschlange wurde in einigen der dreizehn Kolonien gefunden und war zum Zeitpunkt der Revolution bereits mit ihnen verbunden. Das Motto »Don't Tread On Me« war eindeutig eine Warnung an die Briten und diente dazu, die öffentliche Meinung so zu beeinflussen, dass sie sich gegen die Zugehörigkeit zum britischen Empire wandte.

Danach ging die Nutzung zurück, trotz eines vorübergehenden Anstiegs im Süden während des Bürgerkriegs. In den 1970er Jahren wurde sie von Aktivisten in liberalen Kreisen als Symbol für Individualismus und Misstrauen gegenüber der großen Regierung wieder aufgenommen.

Nach dem 11. September stieg die Popularität dieser Flagge. Der Slogan traf einen Nerv bei einer Bevölkerung, die fassungslos war, als sie in der Heimat angegriffen wurde. Der Verkauf der Flagge und der dazugehörigen Utensilien wuchs Anfang dieses Jahrhunderts stetig an und wurde auf Nummernschildern und Baseballmützen dargestellt.

Dann, gegen 2010, verwendeten Anhänger der Tea Party und der Waffenrechtsgruppe sie als Aufruf zur Geschlossenheit. Extremisten, die sich dem ersten schwarzen Präsidenten widersetzten, nahmen die Flagge an und allmählich, in einigen Köpfen, wurde sie mit Rassismus in Verbindung gebracht, geholfen durch die Tatsache, dass Gadsden ein Sklavenhalter war.

Im Jahr 2014 wurde die Kommission für Chancengleichheit gebeten, einen Fall anzuhören, der von einem Postbeamten vorgebracht wurde, dass die Gewohnheit eines Mitarbeiters, häufig eine Gadsden-Flagge zur Arbeit zu tragen, rassistische Belästigung war. Die Kommission stimmte zu, dass die Fakten ausreichen, um sie zu untersuchen, aber sie hat nicht entschieden, dass die Flagge ein rassistisches Symbol ist und dass das Tragen der Flagge eine Diskriminierung darstellt.

Für diejenigen, die vehement für oder gegen diese Flagge sind, ist die Mehrdeutigkeit in dieser Frage nicht Teil ihrer Weltsicht. Wenn jemand auf der einen Seite der Auseinandersetzung steht, verweist er auf den Teil der Richtlinie der Kommission, in dem es heißt: »Es ist klar, dass die Flagge von Gadsden ihren Ursprung im Revolutionskrieg in einem nicht rassischen Kontext hat«. Für die andere Seite ist der Absatz entscheidend, in dem es heißt, dass die Flagge »manchmal interpretiert wird, um rassistisch geprägte Botschaften in einigen Zusammenhängen zu vermitteln«.

Für den Rest von uns sind die Schlüsselwörter hier »in einigen Zusammenhängen«. Wie wir später im Buch sehen werden, haben die Briten, insbesondere die Engländer, ähnliche Argumente durchlebt. Es gab Zeiten Ende des 20. Jahrhunderts, in denen das Tragen der britischen Flagge in bestimmten Zusammenhängen als potenziell rassistisch angesehen wurde.

Flaggen können mehrere Bedeutungen haben. Du kannst eine Sache meinen, wenn du eine verwendest, aber jemand anderes könnte denken, dass du etwas ganz anderes meinst. Der Nachweis der Absicht, es sei denn, das Symbol ist eindeutig, ist schwierig. Was uns zur zweitberühmtesten amerikanischen Flagge führt.

Im Amerikanischen Bürgerkrieg (1861–1865) kämpfte der Norden unter Flaggen, die Sterne und Streifen zeigten, und auf eine dieser Flaggen geht der Spitzname »Old Glory« zurück. So hatte nämlich der nordamerikanische Kapitän zur See i. R. William Driver die Stars and Stripes auf seinem Schiff schon lange genannt. Als der Krieg begann, lebte er in Nashville, Tennessee, wo bewaffnete örtliche Konföderierte von ihm verlangten, die Flagge auszuhändigen. Er entgegnete: »Meine Flagge bekommen Sie nur über meine Leiche.« Daraufhin versteckte er die Flagge, und nachdem Unionstruppen vom 6th Ohio Regiment die Stadt eingenommen hatten, übergab Mr Driver sie diesen. Das Regiment übernahm später das Motto »Old Glory«, und die Geschichte verbreitete sich im Land. Kapitän Driver wurde in Nashville begraben, und sein Grab ist eine der wenigen Stellen, wo die amerikanische Flagge offiziell 24 Stunden am Tag gehisst sein darf.

Der Norden hatte sein Banner, und die Südstaatenarmee hatte ihres – genau genommen mehrere Versionen. Diejenige, die zum verbreiteten Symbol des Südens wurde, war zunächst eine Kriegsflagge und nicht die offizielle Flagge der Konföderierten. Sie wurde unter der Bezeichnung Konföderiertenflagge (oder auch Dixie-Flagge und Southern Cross) bekannt und zeigte ein blaues diagonales Kreuz mit weißen Sternen auf rotem Hintergrund. Die Nordstaaten gewannen den Krieg, doch viele Südstaatler hissten bei Bürgerkriegstreffen, Feiern und Beerdigungen weiterhin die Konföderiertenflagge. Sie erinnerte an die Gefallenen des Bürgerkriegs und stand für eine eigene Südstaatenkultur. Aber sie wurde auch mit jenen Südstaatlern in Verbindung gebracht, die für die Beibehaltung der Sklaverei gekämpft hatten und nach dem Krieg dafür sorgten, dass die schwarze Bevölkerung zahllosen rassistischen Gesetzen unterworfen war, die sicherstellen sollten, dass sie sich nicht von der Knechtschaft lösen konnte. Darunter waren die berüchtigten Jim-Crow-Gesetze, die faktisch viele Schwarze daran hinderten zu wählen. Landesweit und dann international rückte die Dixie-Flagge als offenkundiges Symbol dafür aber erst Ende der 1940er in den Blickpunkt. In dem epischen Stummfilm und Blockbuster ›Die Geburt einer Nation‹ von D. W. Griffith aus dem Jahr 1915 sieht man neben rassistischen Stereotypen über schwarze Amerikaner zahllose Szenen mit Mitgliedern des Ku-Klux-Klans, der nach dem Bürgerkrieg gegründet wurde. Nirgendwo ist jedoch eine Konföderiertenflagge zu sehen, auch nicht in den Szenen mit Bürgerkriegsschlachten vorher.

Nach dem Ersten Weltkrieg erlebten weiße Rassisten einen starken Zulauf, vor allem in den Südstaaten, und allmählich übernahm der Ku-Klux-Klan das Emblem. 1948 wurde die Konföderiertenflagge zum Markenzeichen der States' Rights Democratic Party, die die Segregation gegen die flügge werdende Bürgerrechtsbewegung unterstützen wollte. Artikel 4 der Satzung der sogenannten »Dixiekraten« hielt fest: »Wir stehen für die Trennung der Rassen.«

Trotz dieser negativen Assoziationen erschien die Flagge in den 1950ern auch immer häufiger als kulturelles Zeichen. Für manche war sie schlicht eine Form, sich zu kulturellem Erbe und Regionalstolz sowie zur Tatsache, dass es einen Bürgerkrieg gegeben hatte, zu bekennen. In Werbung und Popkultur wurde sie auf breiter Basis eingesetzt. Beispielsweise ging es in der Fernsehserie ›Ein Duke kommt selten allein‹, die über mehrere Jahre lief, um zwei Cousins, die in einem frisierten Dodge Charger durch Georgia fuhren, der – nach dem berühmten Bürgerkriegshelden – den Spitznamen »General Lee« trug. Auf dem Dach befand sich die Konföderiertenflagge. Damit sollte nicht angedeutet werden, dass die Mitglieder der Familie Duke für Rassentrennung plädierten, sondern, dass sie gute alte Südstaatler waren.

Doch wegen der politischen Untertöne und der Verbindungen zum Ku-Klux-Klan gilt die Flagge in bestimmten Zusammenhängen mittlerweile als ungeeignet für öffentliche Einrichtungen. Nachdem der Weiße Dylann Roof neun schwarze Kirchenbesucher ermordet hatte, wurde sie in South Carolina 2015 mit einer Zeremonie eingeholt und vom Gelände des Kapitols verbannt. Auf Roofs Internetseite war zu sehen, wie er auf die Stars and Stripes spuckte und die Konföderiertenflagge schwenkte. Nach der Zeremonie twitterte Präsident Obama: »South Carolina nimmt die Konföderiertenflagge ab – ein Zeichen guten Willens und der Versöhnung sowie ein bedeutsamer Schritt in Richtung einer besseren Zukunft.«

Zwischen 1865 und ungefähr den 1950ern war die Konföderiertenflagge hinsichtlich ihrer Popularität nie eine ernsthafte Konkurrenz für die Stars and Stripes gewesen, doch in der zweiten Hälfte des 20. Jahrhunderts wurde sie zunehmend zu einem Memento, dass nicht alle Streitpunkte des Bürgerkriegs der Vergangenheit angehörten. Aber zu diesem Zeitpunkt waren ihre Farben im amerikanischen Bewusstsein bereits fest verbunden mit der Form der Stars and Stripes.

Diese Flagge führte die Amerikaner durch zwei Weltkriege, Korea, Vietnam, Irak, Afghanistan und 9/11. Sie wehte auch in den Sandstürmen der Wirtschaftskrise und während der Bürgerrechtsbewegung. Sie wurde bei Hunderten von Siegerehrungen bei Olympischen Spielen aufgezogen, wenn das Land seine immerwährende Jugend und Kraft feiert. Sie flatterte auf dem Gipfel des Mount Everest und war sogar auf dem Mond zu sehen. Im Lauf all dieser Kämpfe und Siege hat sie so viele Werte in sich aufgenommen, die Amerika teuer sind, vor allem Freiheit und Erfolg. Kein Wunder, dass die Amerikaner die Flagge mit so viel Respekt behandeln – manche in einem Ausmaß, das Außenstehende merkwürdig finden mögen.

Anzahl, Symbolik und Komplexität der Verhaltensregeln und Gesetze zur Behandlung der amerikanischen Flagge sind verblüffend. Darin erblicken wir die Gefühlstiefe gegenüber einem Objekt, das zeitweilig als nahezu heilig erscheint, und wir hören wieder und wieder Schlüsselwörter wie »Treue«, »Ehre«, »Respekt«, die die emotionalen Knöpfe bei vielen Amerikanern drücken. Die Regeln für die Flagge füllen ein ganzes Buch, doch schon ein paar Beispiele, von denen einige im Rahmen des Flaggengesetzes Bundesrecht sind, zeigen uns, was patriotische Amerikaner empfinden, wenn sie ihre Flagge sehen, sie berühren oder auch nur an sie denken.

Wenn die Nationalhymne gespielt und die Flagge präsentiert wird, sollen Amerikaner in Zivil strammstehen, die rechte Hand aufs Herz legen und zur Flagge sehen. Uniformierte sollen salutieren, sobald der erste Ton der Hymne ertönt, und in dieser Stellung verharren, bis der letzte Ton verklingt. Dass sie eine Melodie hat, die sich besser für einen feuchtfröhlichen Karaoke-Abend im Vergnügungsviertel von Tokio oder das Ende einer Verdi-Oper eignet, wenn die dicke Diva an Auszehrung stirbt, ist nicht der Punkt.

Und es ist auch nicht der großen amerikanischen Öffentlichkeit anzulasten, dass sie volle eineinhalb Oktaven umfasst. Bei Baseball-, Basketball- und Footballspielen wird sie regelmäßig von jemanden in die Mangel genommen, der im Vorjahr einen Jugendligatitel gewonnen hat und sie verhunzt, indem er die Tonlage zu hoch oder zu niedrig wählt. Sie enthält einen so schwierigen Mix von Tonwechseln, dass man unweigerlich falsch endet, wenn man falsch begonnen hat.

Doch zurück zu den Gesetzen zum Umgang mit dem Landessymbol. Da wird es ernst: »Die Flagge der Vereinigten Staaten von Amerika darf nicht respektlos behandelt werden; sie darf nicht vor einem Menschen oder einem Gegenstand gesenkt werden.« »Wird die Flagge mittig über einer Straße gehisst, ist sie vertikal zu hängen und das Sternenfeld soll nach Norden oder Osten zeigen. Sie darf weder die Gebäude noch den Boden, Bäume oder Büsche berühren.« Und so weiter, seitenweise. Unter anderem heißt es: »Wenn die Flagge einen Sarg bedeckt, soll das Sternenfeld über dem Kopf und der rechten Schulter liegen. Die Flagge sollte nicht mit ins Grab gelassen werden und darf auch nicht den Boden berühren.« »Die Flagge sollte niemals für Reklamezwecke eingesetzt werden.« »Die Flagge steht für ein lebendiges Land und gilt selbst als lebendiger Gegenstand. Deshalb sollte die Flaggenanstecknadel, die ihre Replik ist, am linken Revers in der Nähe des Herzens getragen werden.«

Auch wenn nicht alle diese Regeln eingehalten werden, insbesondere jene über Reklame nicht, bleibt die Flagge ein verehrtes Symbol. Diese Reverenz erstreckt sich auch auf das Zusammenfalten. Ich habe dies mehrfach bei Begräbnissen amerikanischer Soldaten und Soldatinnen gesehen. Auf dem Papier klingt das merkwürdig. Wenn die Flagge bloß in einer Schublade verstaut werden soll, mag das Ritual etwas übertrieben erscheinen, aber während einer Beerdigungsfeier kann das langsame, sorgfältige Abnehmen und Zusammenlegen der Flagge, das bei völliger Stille geschieht, ziemlich bewegend sein. Die Überzeugung, seinem Land dienen zu müssen, ist zweifellos in den Vereinigten Staaten stärker ausgeprägt als in vielen anderen Ländern, und die Vorstellung, sich für eine Sache zu opfern, ist in der kollektiven Seele des amerikanischen Militärs, insbesondere der Marines, verwurzelt. Wenn man die Beerdigungsfeier oder den Gedenkgottesdienst für einen US-Marine besucht, der im Kampf gefallen ist, hat man das Gefühl, dies sei eine Familienangelegenheit.

Darum erscheint die Detailliertheit des Flaggenfaltens in der Beschreibung übertrieben, während sie in der Praxis angemessen wirkt. »Breiten Sie die Fahne komplett aus und falten Sie sie längs. Falten Sie sie ein zweites Mal längs, so dass die Längskanten von Ihnen weg weisen, das blaue Feld mit den Unionssternen oben liegt und sichtbar ist. Dann werden, beginnend an der Streifenseite und hin zu den Längskanten, Dreiecke gefaltet.« Das geht so weiter, bis nur noch das Sternenfeld zu sehen ist und die Flagge die Form eines Dreispitzes hat, und so den Hut versinnbildlicht, den die Patrioten während der Amerikanischen Revolution trugen.

Für die amerikanischen Streitkräfte, die jeden Abend beziehungsweise bei Beerdigungen Zeugen der Zeremonie des Einholens und Zusammenlegens der Flagge sind, hat jede einzelne Faltung eine Bedeutung. Die erste symbolisiert das Leben, die zweite den Glauben an das ewige Leben, die dritte den Glauben an die Auferstehung des Körpers, weiter über die fünfte – die an die berühmten Worte des Marineoffiziers Stephen Decatur über »unser Land« und »richtig oder falsch« erinnert – zur achten, »einen Tribut an den, der in die finstere Schlucht des Todes ging, damit wir das Licht erblicken können«. Mit der Schlusssequenz werden die roten und weißen Streifen ganz vom blauen Feld eingehüllt und, so die Militärs, »das Tageslicht verschwindet im Dunkel der Nacht«. Manches könnte angesichts der christlichen Untertöne problematisch sein, aber so wie die amerikanische Verfassung nicht festlegt, welchen Gott die Vereinigten Staaten anbeten, geht auch das amerikanische Militär hier nicht ins Detail.

Das Flaggengesetz leitet die Amerikaner auch an, wie sie eine

Flagge im Bedarfsfall reinigen und flicken sollen. Doch »wenn eine Flagge so zerschlissen ist, dass sie nicht mehr als Symbol für unser Land geeignet ist, sollte sie entsorgt werden, indem man sie würdevoll verbrennt«. Und an dieser Stelle entfaltet sich eine ganze Erzählung, nämlich die eines Begräbnisses. Die Leitlinien für die Zeremonie des Flaggenverbrennens umfassen auch die folgende Passage:

> Einzelpersonen, kleine Gruppen oder Organisationen sollten hier diskret vorgehen, damit das Verbrennen nicht als Protest oder Entweihung wahrgenommen wird … ein leerer Stuhl kann als »Ehrenplatz« für jene Old-Glory-Verehrer eingeschlossen werden, die verstorben oder zu schwach sind, um an der Zeremonie teilzunehmen.
>
> Beginnen Sie die Zeremonie. Beteiligen Sie auch einen Kaplan oder Prediger Ihrer Glaubensrichtung daran.
>
> LEITER DER ZEREMONIE: »Wir haben uns hier versammelt, um diese Flaggen zu entsorgen, die nicht mehr benutzbar sind … Diese Flaggen haben jene beflügelt, die sich nach Freiheit sehnten, und haben jenen, die von Tyrannei und Terror unterdrückt wurden, Hoffnung gegeben … Wisset, dass diese Flaggen gut und ehrenvoll gedient haben. Ihre Sterne und Streifen flatterten in den Winden der Freiheit und bauschten sich im Licht der Unabhängigkeit.«

Das geht eine Weile so weiter und endet mit dem gemeinsamen Singen von »God Bless America«.

Es gibt noch weitere förmliche Zeremonien. Bei diesen bleiben vor dem Verbrennen mindestens sechs Freiwillige, als »Retirement-Crew« bezeichnet, zurück, um die Flagge in mehrere Stücke zu zerschneiden. Vier Personen halten sie an den Ecken fest, eine weitere schneidet und eine andere nimmt die Stücke ab. Wiederum wird das Ganze mit einer ausgeklügelten Zeremonie abgeschlossen:

> Danach wird die Flagge in einem Feuer verbrannt, bei dem verschiedene Holzsorten verwendet werden: Mammutbaum, »um uns an das rote Blut der Amerikaner zu erinnern, die kämpften und starben, um unser Land unter dieser Flagge zu schaffen. Eiche für die stabile Kraft, die die Flagge durch das ganze Land getragen hat und heute nach den Sternen greift. Zeder, um uns vor Seuchen und Verderbtheit zu schützen und unseren amerikanischen Lebensstil zu erhalten«, sowie »Walnuss, um uns an den fruchtbaren Boden, die wunderbare Landschaft und die erfolgreiche Bruderschaft zu erinnern, die unsere Vorfahren begründet haben«.

Manche patriotischen Amerikaner setzen das wirklich so in die Tat um. Dies ähnelt der jüdisch-orthodoxen Tradition, kaputte Thorarollen auf dem Friedhof zu begraben, um dem »Wort Gottes« höchsten Respekt zu erweisen, und zeigt, wie totemähnlich die Flagge für Amerikaner ist.

Die meisten Amerikaner haben wahrscheinlich noch nie am zeremoniellen »Ausscheiden« ihrer Flagge teilgenommen, und manchen könnte das Ritual zu weit gehen. Doch das heißt nicht, dass es ihnen nichts ausmacht, wenn ihre Flagge verbrannt oder auf andere Weise entweiht wird. Das Verbrennen amerikanischer Flaggen ist in manchen Weltgegenden, insbesondere im Nahen Osten, ein häufiges Vorkommnis. Doch auch in den USA selbst ist es zu finden. In jedem Falle aber sind sich die Täter sehr bewusst, was sie tun und welche Emotionen sie auslösen. Selbst wenn sie die Bedeutung ihrer Aktion nicht in Worte fassen können, wissen sie instinktiv, dass es sich um eine schwere Beleidigung handelt – und genau darum tun sie es. Ich habe in Pakistan, im Irak, in Ägypten, in Gaza, im Iran und in Syrien Flaggen brennen sehen. Jedes Mal hatte die unartikulierte Wut, die es begleitete, auch etwas Kindisches. Jene, die Flaggen verbrannten, brachten damit zweifellos ihre mörderischen Gefühle gegenüber den USA zum Ausdruck, aber ich hatte auch den Eindruck, dass ihnen selbst während der eigentlichen Aktion unbewusst klar war, dass sie auch die Frustration über ihre Hilflosigkeit zeigten, nichts dagegen tun zu können, dass das System, das sie so hassen, so erfolgreich ist. Gleichzeitig entstammten die Beteiligten aber auch Kulturen, in denen Ehre beinahe ein Fetisch ist, und deshalb verschaffte die »Entehrung« eines Feindes großes Vergnügen.

Zu sehen, wie die Nationalflagge im Ausland verbrannt wird, weckt wahrscheinlich andere Emotionen, als wenn das Gleiche im eigenen Land durch Landsleute geschieht: Die Wut, die dadurch ausgelöst wird, ist noch größer. Ein paar Jahre vor seinem Tod stellte der amerikanische Sänger Johnny Cash einen Song über die Stars and Stripes vor, der den Titel »Ragged Old Flag« (Zerlumpte alte Flagge) trug. Er erklärte seinem faszinierten Publikum: »Ich danke Gott für all die Freiheiten, die wir in diesem Land haben. Ich schätze sie. Ich bin selbst auf das Recht, die Flagge zu verbrennen, stolz.« Das überraschte die Country-and-Western-Anhänger, und einige buhten bereits, als Cash um Ruhe bat und hinzufügte: »Aber ich sage Ihnen etwas. Wir haben auch ein Recht, Waffen zu tragen. Und wenn Sie meine Flagge verbrennen, werde ich Sie erschießen.«

Das war eine interessante Auslegung der Hierarchie zwischen dem Ersten Verfassungszusatz – »Der Kongress darf kein Gesetz erlassen, das die Einführung einer Staatsreligion zum Gegenstand hat, die freie Religionsausübung verbietet, die Rede- oder Pressefreiheit oder das Recht des Volkes einschränkt, sich friedlich zu versammeln und die Regierung durch Petition um Abstellung von Missständen zu ersuchen« – und dem Zweiten Zusatz – »Da eine gut ausgebildete Miliz für die Sicherheit eines freien Staates erforderlich ist, darf das Recht des Volkes, Waffen zu besitzen und zu tragen, nicht beeinträchtigt werden.«

Der Oberste Gerichtshof zog 1989 den Ersten Verfassungszusatz heran, um zu erklären, warum es in den Vereinigten Staaten nicht gesetzeswidrig ist, die Nationalflagge zu verbrennen, was von Zeit zu Zeit geschieht. Allerdings halte ich es für unwahrscheinlich, dass das Gericht den Zweiten Zusatzartikel als Genehmigung der Reaktion, die Mr Cash angedroht hat, interpretieren würde. Die Entscheidung stand am Ende eines Verfahrens vor dem Obersten Gerichtshof (Texas vs. Johnson) und wurde anschließend bestätigt (US vs. Eichman 1990). Sie ist in mehrerlei Hinsicht interessant, nicht zuletzt, weil das Gericht sich die Ansicht zu eigen machte, eine Flagge sei »symbolische Sprache« – und daher sei ihr Verbrennen eine Meinungsäußerung und somit durch den Ersten Zusatzartikel geschützt.

Diese Entscheidung fiel nach Jahren der Flaggenverbrennungen, insbesondere während des Vietnamkriegs. Der Kongress hatte 1968 ein nationales Gesetz zum Schutz der Flagge (Federal Flag Desecration Law) verabschiedet, das die bewusste Entweihung »einer Flagge der Vereinigten Staaten durch Beschädigung, Entstellung, Verunglimpfung, Verbrennen oder Daraufherumtrampeln in der Öffentlichkeit« für strafbar erklärte. Aus Protest gegen die Politik von Präsident Reagan verbrannte dann 1984 Gregory Lee Johnson öffentlich eine Flagge in Dallas, Texas. Der Staat ließ ihn wegen Verstoßes gegen texanisches Recht verhaften, und er wurde zu einem Jahr Gefängnis verurteilt.

Johnson legte unter Berufung auf den Ersten Verfassungszusatz Revision ein, und der Oberste Gerichtshof entschied mit fünf zu vier Stimmen zu seinen Gunsten. Einer der Richter, Anthony Kennedy, erklärte dazu: »Auch wenn Symbole oft das sind, was wir selbst daraus machen, drückt die Flagge dauerhaft jene Überzeugungen aus, die die Amerikaner teilen – den Glauben an Gesetz und Frieden und an jene Freiheit, die den menschlichen Geist nährt. Der heutige Fall zwingt uns, den Preis anzuerkennen, den diese Überzeugungen von uns fordern. Es ist bitter aber grundlegend, dass die Flagge auch jene schützt, die sie verachten.«

Diese Schlacht ist sowohl in den USA als auch in anderen Ländern rund um die Welt noch nicht entschieden. Auf der Liste der

Gesetzesvorhaben für den Kongress findet sich ein noch nicht verabschiedetes Gesetz mit dem Titel »Flaggenschutzartikel 2012«, nach dem, wenn es künftig in Kraft träte, Strafverfolgungen nicht nur in den USA sondern auch im Ausland möglich wären. Der Entwurf besagt, dass jemand, der eine amerikanische Flagge zerstört oder beschädigt, zu einer »Geldstrafe von 100 000 Dollar, einer Gefängnisstrafe von bis zu einem Jahr oder beidem« verurteilt werden kann. Wer eine US-Flagge, die Eigentum der Vereinigten Staaten ist, stiehlt und sie dann beschädigt oder zerstört, kann eine »Geldstrafe von bis zu 250 000 Dollar und eine Gefängnisstrafe von bis zu zwei Jahren oder beides« bekommen. Dieser Paragraf regelt auch, dass dieses Gesetz in jedem Land Anwendung finden soll, das »unter alleiniger oder gleichberechtigter Jurisdiktion der Vereinigten Staaten« steht. Wäre das Gesetz im letzten Jahrzehnt in Kraft gewesen, hätte ein Iraker, der aus Protest gegen die amerikanische Invasion in Bagdad eine amerikanische Flagge verbrannte, angeklagt und zu einer Gefängnisstrafe verurteilt werden können.

Präsident Trump äußerte sich während seiner Amtszeit als Präsident elect und twitterte: »Niemand sollte die amerikanische Flagge verbrennen dürfen – wenn jemand das tut, muss es Konsequenzen geben – vielleicht Verlust der Staatsbürgerschaft oder ein Jahr im Gefängnis!« Aus den vom Obersten Gerichtshof festgelegten Gründen könnte dieser Tweet einem anderen widersprochen haben, den er 2013 gemacht hat, als er George Washington zitierte: »Wenn die Meinungsfreiheit weggenommen wird, dann können wir stumm und still geführt werden, wie Schafe zum Schlachten«.

Die Gesetze über Flaggenschändungen unterscheiden sich in den verschiedenen Ländern rund um den Globus, und die Liste der Länder, in denen diese strafbar sind, beschränkt sich bei Weitem nicht auf repressive Staaten. Es lassen sich auch keine Muster oder regionale Häufungen feststellen, aber in modernen Demokratien werden Gesetze, die auf dem Papier bestehen, weit weniger ernst genommen als in Diktaturen. Das Vereinigte Königreich,

Australien, Belgien, Kanada und Japan haben beispielsweise überhaupt keine Gesetze, die Schändungen unter Strafe stellen, während Deutschland, Italien, Österreich, Kroatien, Frankreich, Mexiko und Neuseeland welche haben. In Deutschland sieht das Gesetz eine Gefängnisstrafe von bis zu drei Jahren vor – genau wie in China. In Frankreich liegt die Höchststrafe bei sechs Monaten.

In den USA hingegen sind die Anwälte eher mit der Frage beschäftigt: »Was ist rot, weiß und blau und kommt aus China?« Wenn die Antwort »die amerikanische Flagge« lautet, können sie zur Tat schreiten. Mehrere Bundesstaaten haben Gesetze verabschiedet oder in Vorbereitung, die verlangen, dass amerikanische Flaggen, die zum Verkauf angeboten werden, im Land hergestellt sein müssen. Den Anfang machte Minnesota. Wenn dort in einem Laden jetzt eine US-Flagge verkauft wird, die im Ausland hergestellt wurde, kann derjenige, der diese Missetat verübt, mit 1000 Dollar oder 90 Tagen Gefängnis bestraft werden. Das dürfte ein interessantes Gerichtsverfahren werden. Denn das Staatsgesetz könnte internationalen Handelsvereinbarungen widersprechen, die auf Bundesebene unterzeichnet wurden. Aber es würde zu den Intentionen der derzeitigen amerikanischen Regierung passen.

Mit 50 Millionen verkauften Exemplaren jährlich sind Flaggen in Amerika ein lohnenswertes Geschäft. 2006 beliefen sich allein die Verkäufe im Ausland hergestellter Flaggen auf 5,3 Millionen Dollar. Die meisten kamen aus China, und trotz der Bemühungen von Juristen bleibt dies so. Die Chinesen und andere entdeckten die Marktlücke im Gefolge der Terrorangriffe vom 11. September 2001. Laut dem US Census Bureau, so ›Associated Press‹, verkaufte die Walmart-Kette am 12. September 2000 gerade einmal 6400 Stars and Stripes. Ein Jahr später, am Tag nach der Zerstörung der Twin Towers, waren es 88 000 Stück. Mit der Welle von Patriotismus, die das Land in den folgenden Monaten überrollte, stiegen die Flaggenverkäufe im ganzen Land. Ausländische Hersteller waren also gerne bereit, sich der Herausforderung zu stellen. Der Wert im Ausland hergestellter Flaggen betrug im Jahr 2000 rund

750 000 Dollar, 2001 stieg dieses Volumen auf 51 Millionen Dollar. Natürlich ließ diese Nachfrage nach, aber sie übersteigt immer noch erheblich diejenige vor 9/11, und das Umsatzvolumen der im Ausland hergestellten Flaggen liegt heute bei rund 5 Millionen Dollar im Jahr – eine Zahl, die Gouverneure und einheimische Flaggenproduzenten reduzieren möchten.

In manchen Ländern, Schweden etwa, hält man übermäßiges Flagge-Schwenken für unnötig, nahezu hinterwäldlerisch. In wieder anderen, etwa im Vereinigten Königreich, gab es Zeiten, wo normale Bürger befürchteten, für Anhänger der extremen Rechten gehalten zu werden, wenn sie die Flagge hissten. Doch in den Vereinigten Staaten ist nicht nur der Stolz auf die Flagge ebenso amerikanisch wie Apple Pie, sondern auch die öffentliche Demonstration dieses Stolzes.

Wie ist das mit der Realität in Amerika in Einklang zu bringen, wo der amerikanische Traum auf den Albtraum der Armenquartiere, des Gefängnissystems und des Rassismus prallt? Auch heute noch wird die Flagge manchmal benutzt, um zum Ausdruck zu bringen, dass etwas faul ist im Staate. Beispielsweise verbrannten im Mai 2016 Gegner von Donald Trump die Stars and Stripes vor einem Gebäude in Albuquerque, New Mexico, in dem eine Wahlkampfveranstaltung von Trump stattfand, und mehrere andere wurden bei »Black-Lives-Matter«-Demonstrationen entweiht. Aber vielleicht machen wir die Dinge auch komplizierter als sie sind, und es ist gar nicht so schwer, diese unterschiedlichen Aspekte nebeneinander stehen zu lassen. Die einzigartige Symbolik der Flagge und die Hoffnungen, die sie verkörpert, stehen ja auch für die sehr positiven Aspekte des American Way of Life.

Die gibt es natürlich nicht für jeden. Vor langer Zeit lieferte ich in den USA Autos für Leute aus, die genug Geld hatten, um eine Firma zu bezahlen, die wiederum mich bezahlte, damit ich ihren Wagen Tausende von Kilometern durch das Land fuhr, wenn sie umzogen. Einmal ging es um eine Fahrt von Philadelphia nach Texas, ganze 2400 Kilometer. Ich konnte mir kein Motel leisten, also machte ich irgendwo in Georgia an einer Raststätte halt, um eine Stunde zu schlafen. Dort stand ein kreolischstämmiger Mann, der den Daumen hochhielt, um Richtung Süden mitgenommen zu werden. Der Kerl sah ziemlich wüst aus: Anfang dreißig, ungewaschen, rote Haare, zerfetzte Hosen und keine Schuhe.

Ich schlief, besorgte mir einen Kaffee und fuhr wieder auf den Highway. Mehrere Stunden später, auf dem Weg nach Louisiana, fuhr ich erneut ab, um einen Kaffee zu trinken. An der Zufahrt zum Highway bemerkte ich denselben Mann – Daumen raus, auf dem Weg nach Süden. Rasch überschlug ich die Lage: Die Chancen, dass er bei der letzten Raststätte mitgenommen worden war, in der Zwischenzeit den Fahrer ermordet, die Leiche vergraben und den Wagen versteckt hatte und nun nach seinem nächsten Opfer Ausschau hielt, waren gering.

Wir kamen prächtig miteinander aus. Als wir nach Louisiana kamen, hatte ich meinen Plan, einen Umweg über New Orleans zu machen, aufgegeben, bog stattdessen rechts ab in Richtung Texas zu seiner Wohnung in Galveston, wohin er mich eingeladen hatte. Wir überquerten den Golf von Mexiko auf einer Fähre, um uns herum Delfine. Es war der perfekte Moment an einem perfekten Tag – und dann fuhren wir in den amerikanischen Albtraum.

Galveston ist eine Ölstadt, in der Rassentrennung herrscht. Mein neuer Freund wohnte auf der falschen Seite der Stadt. Ich hatte noch nie, und habe es auch seither nicht wieder, eine derartige Armut in der Ersten Welt kennengelernt. Ein heruntergekommenes Zweizimmerapartment, das er sich mit seiner Schwester teilte – nackte Glühbirnen, kaum Möbel und so viele Kakerlaken, dass sich die Wände zu bewegen schienen. Ich blieb ein paar Tage, einer davon war der 4. Juli. Wir besuchten ein Schwimmbad, wo ich unter mehreren Hundert schwarzen Amerikanern der einzige Weiße war. Die spärliche Bekleidung akzentuierte den Unterschied der Hautfarben nur.

Nachdem mein Freund, zusammen mit ein paar anderen älteren Männern, einige jüngere Hitzköpfe überredet hatte, mich nicht ständig zu fragen, »was zum Teufel« ich in ihrem Bad zu suchen hätte, fragte ich einen meiner Beschützer, ob er später zu einer der 4.-Juli-Partys gehen würde, um den Unabhängigkeitstag zu feiern. Er sah mich an und sagte langsam: »Warum zum Teufel soll ich irgendetwas an diesem Scheißland feiern?«

Einige Monate später war ich wieder in Philadelphia, am College, und unterhielt mich mit einigen neuen Freunden, darunter zwei schwarze Amerikaner im letzten Studienjahr, die vorhatten, zum US Marine Corps zu gehen. »Warum?«, fragte ich. »Weil ich«, antwortete einer, »diesem großartigen Land, das mir so viele Möglichkeiten gegeben hat, etwas zurückgeben möchte.« Als junger weißer Brite Anfang der 1980er hatte ich solch eine Ansicht noch nie von einem jungen schwarzen Briten gehört.

Beide Ansichten, die aus Texas und die aus Philadelphia, sind begründet, doch weiter verbreitet ist Letztere. Trotz all seiner Fehler ruft Amerika bei seiner Bevölkerung ein Gefühl von Zugehörigkeit, von Freiheit, von Hoffnung hervor. Es geht nicht darum, ob das der Realität entspricht: Es ist *ihre* Realität und – das legen auch die vielen, vielen Menschen nahe, die nach wie vor dorthin gelangen wollen – der Gedanke hinter dem Rot, Weiß und Blau des Sternenbanners bewegt den menschlichen Geist weiterhin.

Warum auch immer: Die amerikanischen Ideale, eingefangen in der emotionsgeladenen Geschichte der Flagge und losgelöst von der harschen Realität eines Großteils der amerikanischen Geschichte, sprechen die Menschen an und ermöglichen es ihnen, wie Martin Luther King jr. sagte, »einen Traum« zu haben.

ZWEITES KAPITEL

DIE UNION UND DER JACK

»Dies segensreiche Fleckchen, diese Erde, dies Reich …«
William Shakespeare, ›König Richard II.‹
(Zweiter Akt, 1. Szene)

THE BNP
IS A NAZI
PARTY-
THE BNP
IS A NAZI
POLICE
POLICE
POLICE
POLICE

POLICE
POLICE

Vorhergehende Doppelseite: Ein Anhänger der rechtsextremen British National Party schwenkt bei einer Demonstration im Juni 2013 vor den Houses of Parliament in London einen Union Jack. Nachdem die Unionsflagge in den 1970ern und 1980ern vor allem als Symbol der Rechtsextremen galt, haben viele – aber nicht alle – Briten sich mittlerweile wieder mit ihr angefreundet.

Dieses Rot, dieses Weiß, dieses Blau – was bedeutet es genau? Ist es das Symbol eines modernen, lebendigen Nationalstaats, der in seiner Identität ruht? Oder – um die Schauspielerin Emma Thompson zu zitieren – ist es das Symbol »einer winzig kleinen, wolkenverhangenen, verregneten Ecke eines halbherzigen Europas, einer mit Kuchen vollgestopften, miesepetrigen, alten grauen Insel«? Das Rot, Weiß und Blau des Union Jack kann für die ruhmreiche Vergangenheit eines immer noch mächtigen Landes stehen, es kann aber auch, wie das beispielsweise in Teilen von Irland der Fall ist, zu dem bitteren Spitznamen »Schlachterschürze« führen und koloniale Unterdrückung sowie eine mit Blut befleckte Flagge symbolisieren. Vielleicht kann es all dies gleichzeitig bedeuten und daneben noch viel mehr: der 51. US-Staat? Cool Britannia?

Wie bei jeder Nationalflagge liegt ihre Schönheit oder deren Gegenteil im Auge, in der Vorstellung und Politik des Betrachters. Doch mit ihrer spezifischen Mischung von Symbolen kann die britische Flagge mehr als die meisten anderen für Zwietracht sorgen, und das gerade in einem Teil jener Regionen, die sie repräsentieren soll. Nehmen wir Shakespeares »Kron-Eiland« in ›König Richard II.‹:

> *... vorm Neid der weniger beglückten Lande ...*
> *Dies segensreiche Fleckchen, diese Erde, dies Reich,*
> *Dies England.*

Drei dieser »weniger beglückten Lande« könnten Schottland, Nordirland und Wales sein, denn für die meisten ihrer Bewohner sind »Britannien« und »England« keineswegs austauschbar.

Für England, den dominanten Partner in der Union der vier, war dies nie ein Thema. Für die anderen, insbesondere Schottland und Wales, war es das immer. Der Brexit-Schock im Sommer 2016 hat die Ansichten verschärft, und viele innerhalb und außerhalb von England betrachten das Königreich nicht mehr als ganz so gesegnet. Wenn die Union kein Teil der EU mehr ist, werden manche bereit sein, den Union Jack zu zerlegen und stattdessen ihre eigene Flagge den zwölf Sternen Europas zuzuschlagen.

Ein Augenblick, der die englische Perspektive perfekt wiedergibt, war der 30. Juli 1966 im Wembley-Stadion, als England Deutschland schlug und Weltmeister wurde. Schaut man sich Bilder von damals an, sieht man, dass das Stadion ein Meer in Rot, Weiß und Blau war, nahezu jede Flagge (abgesehen von den deutschen) war eine britische. Nur gelegentlich war eine englische Flagge (das rote Georgskreuz auf weißem Grund) zu sehen. Natürlich spielte an diesem Tag nicht Großbritannien, aber für die Engländer war die britische Flagge synonym für die englische. In dem unwahrscheinlichen Fall, dass Schottland dieses Endspiel bestritten hätte, wäre kein einziger Union Jack zu sehen gewesen, sondern Zehntausende von schottischen Andreaskreuzen (ein x-förmiges weißes Kreuz auf blauem Grund) und andere schottische Symbole.

In gewissem Maß mögen manche Engländer ihre Identität vorrangig als britisch verstehen und das Englischsein an die zweite Stelle gestellt haben. Andere aber setzen England mit Britannien und Britannien mit England gleich. Diese Vorstellung scheint nicht aus einem wohldurchdachten und offen ausgelebten Überlegenheitsgefühl von Seiten der Engländer zu resultieren, sondern ist der Selbstgefälligkeit und dem mangelnden Verständnis für die Gefühle der anderen Nationen geschuldet, mit denen sie ihre Insel teilen. Das ist vielleicht die unvermeidliche Konsequenz der Vereinigung von England (das bereits mit Wales verschmolzen war) und Schottland 1707 unter Queen Anne.

Die schottische Bevölkerung umfasste rund eine Million Menschen, die von England und Wales 5,5 Millionen, und das Gebiet südlich von Schottland wurde zum ökonomischen Kraftwerk. Numerisch handelte es sich nie um eine gleichwertige Beziehung, und das Trennende hat seit dem 18. Jahrhundert zugenommen. Heute sind laut offizieller Statistik von den 65 Millionen Menschen, die im Vereinigten Königreich leben, 84 Prozent Engländer, 8,3 Prozent Schotten, 4,8 Prozent Waliser und 2,9 Prozent Nordiren. Der Wirkung solcher Zahlen können wir uns in der Regel nicht entziehen. Dennoch sollte auch die Union von 1707 wie heute die Union der EU-Mitglieder ein Zusammenschluss von Gleichgestellten sein.

Anno 1707 hatte es bereits seit einem Jahrhundert eine königliche Flagge für Großbritannien gegeben. Jakob VI. von Schottland und I. von England hatte 1603 die Throne von Schottland, Irland und England vereint, aber die Nationen als getrennte Staaten beibehalten. Er gab eine neue Flagge in Auftrag, die seine königliche Personalunion auf Schiffen darstellte, aber nicht als Nationalflagge benutzt wurde. Das Ergebnis war eine Mischung aus dem schottischen Andreaskreuz und der englischen Flagge. Dabei ergaben sich zwei Probleme. Das rote Kreuz lag über dem weißen Andreaskreuz und bei entsprechender Disposition, etwa, weil man Schotte war, konnte man meinen, das eine Kreuz würde als wichtiger angesehen als das andere. Der zweite Punkt war, dass Wales als Fürstentum galt, nachdem Heinrich VIII. England und Wales mit den Gesetzen zur Eingliederung von Wales 1535–1542 vereint hatte. Somit war es kein Staat und wurde nicht auf der Flagge dargestellt – kein noch so kleiner Feuer speiender Drache war irgendwo zu finden.

Der walisische Drache geht mindestens bis auf das 5. Jahrhundert zurück. Wahrscheinlich wurde er damals in Rot oder Gold dargestellt und als Machtsymbol übernommen, nachdem die Römer Britannien verlassen hatten. Seine älteste schriftliche Erwähnung als walisisches Symbol stammt aus der ›Historia Brittonum‹, die um 820 verfasst wurde, wahrscheinlich von dem Geschichtsschreiber Nennius. Sie verweist auf König Artus, von dem es in

Sagen, die drei Jahrhunderte später von Geoffrey von Monmouth aufgeschrieben wurden, heißt, der Name seines Vaters sei Uther Pendragon (Drachenhaupt) gewesen. Die Artus-Geschichten beinhalten auch eine Merlin-Prophezeiung über eine lange Schlacht zwischen einem roten Drachen und einem weißen Drachen, die als Hinweis auf den Kampf zwischen Wales und England gilt. Das Symbol ist also sehr alt, brachte es aber, wie erwähnt, nie bis auf die Flagge des Vereinigten Königreichs. Verfassungsmäßig mögen diese Punkte bedeutungslos sein, dafür haben sie emotional umso mehr Bedeutung.

Es gibt ungefähr so viele überzeugende Darstellungen dafür, warum die Engländer den Märtyrer Georg, der im 3. Jahrhundert lebte, zu ihrem Schutzheiligen machten, wie es Beweise dafür gibt, dass er einen Drachen tötete. Egal. Jedenfalls nimmt man an, dass englische Kreuzritter im 12. Jahrhundert Formen seines roten Kreuzes auf weißem Grund für ihre Wimpel benutzten und dass es bis zum späten 13. Jahrhundert von englischen Seefahrern weitgehend übernommen worden sei. Warum dieses Kreuz rot ist, ist gleichfalls nicht gesichert – auch wenn eine Drachentötung gewiss eine blutige Angelegenheit war.

Aufgrund seiner Heldentaten wurden dem hl. Georg in den Wappentraditionen, die sich im 11. und 12. Jahrhundert entwickelten, jene Werte zugeschrieben, die als »englisch« galten: Ritterlichkeit, Ehre, Tapferkeit. Doch da er in der heutigen Türkei geboren wurde und im heutigen Israel starb, ist es mehr als wahrscheinlich, dass er nie einen Fuß auf »dies Kron-Eiland« setzte, auch wenn die Legende behauptet, er sei einmal in Glastonbury gewesen. Doch er war auch kein Pfadfinder und wurde trotzdem zu deren Schutzheiligen. Warum man außerdem glaubt, dass er der Heilige ist, der hilft, wenn man an Syphilis leidet, verliert sich ebenfalls im Dunkel der Geschichte.

Der Apostel Andreas hingegen wurde zum Schutzheiligen von Schottland, weil der sagenhafte König Oengus ein weißes x-förmiges Kreuz am blauen Himmel erblickte, als er im 9. Jahrhundert gegen die eingedrungenen Sachsen kämpfte. Dieses Kreuz galt als das des hl. Andreas, weil dieser der Legende nach an einem x-förmigen Kreuz hingerichtet wurde. 1286 war es in Schottland bekannt genug, um der Regierung als Zeichen auf Siegeln zu dienen.

Als Jakob die beiden Throne 1603 vereinte, symbolisierten die Flaggen den großen Gegensatz zwischen den beiden Ländern, die seit Jahrhunderten im Streit miteinander lagen. Wenn die Engländer nicht in Schottland herumplünderten, unternahmen die Schotten Raubzüge in England.

Als es darum ging, eine neue Flagge zu schaffen, war klar, dass es Spannungen geben würde. Jakob ließ eine Proklamation veröffentlichen, die mit der Feststellung begann, dass es zu Differenzen zwischen seinen zur See fahrenden Untertanen im Süden und im Norden Britanniens gekommen sei, wie ihre Flaggen zu hissen seien. Deshalb habe er verfügt, das Georgskreuz und das Andreaskreuz zu verschmelzen. Als deutlich wurde, dass das englische Kreuz über dem schottischen liegen sollte, bat eine Gruppe schottischer Edelleute den Earl of Mar, beim König vorzusprechen und ihn zu einem Überdenken zu bewegen, weil diese Gestaltung einigen Hass und Unzufriedenheit bei den Untertanen Seiner Majestät auslösen würde. Der König überdachte nicht, und in der Tat war einige Unzufriedenheit bei den Untertanen die Folge. Noch Jahre danach hissten viele schottische Schiffe entweder nur das Andreaskreuz oder sogar, laut einigen Bekundungen, die neue Unionsflagge, aber mit dem Andreaskreuz über dem Georgskreuz. Heutigen Augen erscheint das wie ein riesiges X, das das englische Symbol ausixt.

Die Personalunion machte das neue Design zur königlichen Flagge – bis Oliver Cromwell kam und sie 1649 abschaffte – zusammen mit König Karl I., der enthauptet wurde. Elf Jahre später, mit der Restauration der Monarchie, gab es ein Comeback – allerdings nicht vom kopflosen Karl.

Zeitsprung ins Jahr 1707. Verschiedene Flaggenentwürfe für das neue offizielle Königreich Britannien wurden in Erwägung gezogen, darunter auch einer, bei dem das Andreaskreuz die Dominanz hatte und der als »schottische Unionsflagge, die in dieser Form von den Schotten benutzt werden soll«, beschrieben wurde. Queen Anne und ihr Geheimer Staatsrat entschieden sich dagegen und wählten den Entwurf, der ihnen zuerst vorgelegt worden war und dem Georgskreuz die Priorität gab. Diese Flagge wehte schon seit einem Jahrhundert auf königlichen Schiffen.

Sie war die erste Unionsflagge und hatte bis 1801 Bestand, bis zur Union von Großbritannien und Irland. Nun wurde das rote x-förmige Kreuz von St. Patrick hinzugefügt, um Irland zu repräsentieren, und es entstand die Flagge, die wir heute kennen. Die Iren selbst machten sich das rote Kreuz nie zu eigen, und Nationalisten sahen darin eine britische Zwangsmaßnahme. Als Irland 1922 zum unabhängigen Staat wurde, blieb das rote Patrickskreuz auf der Flagge, zum einen, um den Verbleib von Nordirland zu repräsentieren, zum anderen, weil es schrecklich teuer gewesen wäre, alles zu ändern.

Das Patrickskreuz ist auch der Grund, warum schmale weiße Streifen das rote Kreuz vom blauen Hintergrund separieren. Diese Kontrastlinien wurden eingesetzt, weil nach den Regeln der Heraldik, die für die Gestaltung von militärischen und später Nationalflaggen zuständig war, Farbbereiche durch »Metalle« voneinander getrennt werden müssen, beispielsweise durch Silber oder Weiß.

Mittlerweile ist Ihnen vielleicht aufgefallen, dass die Bezeichnungen britische Flagge, Unionsflagge und Union Jack (was am populärsten ist) hier nebeneinander gebraucht werden. Ich mache dies, weil mir ausgewiesene Fachleute erklärt haben, dass sie austauschbar sind und es nicht nötig sei, darüber eine Kneipenschlägerei zu beginnen oder böse Briefe an den ›Daily Telegraph‹ oder die ›Times‹ zu schreiben. Nicht wenige Streitigkeiten haben mit den Worten: »Man kann nur Union Jack sagen, wenn er an einem Schiffsbug weht« begonnen, aber nur wenige führten zu einer Einigung. Um eine endgültige Antwort zu bekommen, habe ich mich daher an Graham Bartram gewandt. Er ist Autor von ›British Flags and Emblems‹ und leitender Vexillologe am britischen Flag Institute, das wiederum führend in Vexillologie, der Flaggen- und Fahnenkunde, ist. Er hat die Flagge von Tristan da Cunha entworfen und bei der Gestaltung der bosnischen Flagge mitgearbeitet und ist daher eine bessere Quelle als der Mann mit dem roten Gesicht im Pub. Im Gegensatz zu unserem Freund im Pub ist er bereit zu akzeptieren, dass Ausnahmen die Regeln bestätigen.

Laut Graham und dem Flag Institute wurde der Begriff »Jack« um 1600 für eine kleine Flagge an einem kleinen Mast benutzt. Binnen dreißig Jahren war es üblich geworden, die Unionsflagge an einem bestimmten Mast zu hissen, der nun »Jack« genannt wurde. Wir wissen, dass sie damals als Unionsflagge bezeichnet wurde, weil König Karl sie 1634 in einer Proklamation so bezeichnet. Er besteht darin darauf, dass sie nur auf Schiffen der Marine benutzt werden dürfe, andernfalls fände das Seiner Hoheit Missvergnügen. Es gibt Belege, dass sie als Jack-Flagge und danach als Union Jack bekannt wurde.

So weit, so gut, also »Jack nur auf dem Schiff«. Aber das war nicht offiziell geregelt und der Begriff Union Jack wurde zur gängigen Bezeichnung, wo immer die Flagge zu sehen war. Die Admiralität erklärte 1902, dass die Flagge entweder Union Jack oder Unionsflagge genannt werden könne. Sechs Jahre später hielt der Kolonialminister Earl of Crewe in der Antwort auf eine Parlamentsanfrage fest: »Der Union Jack sollte als die Nationalflagge betrachtet werden.« Und das war's, sollte man meinen. Mit der Ausnahme, dass weder Admiralität noch Parlament (ohne ordnungsgemäßes Verfahren) die Berechtigung hatten, solche Feststellungen zu treffen und sie als abschließend zu erachten.

Zudem hatte irgendjemand von der Admiralität, so das Flag Institute, das Memo von 1902 nicht gelesen und ergänzte 1913 eine Erwähnung der »Unionsflagge« mit der Fußnote: »Ein Jack ist eine Flagge, die nur am ›Jack‹-Mast gehisst werden darf.« Das maßgebliche ›Reeds Nautical Almanac‹ erklärte feierlich, dass es sich nur dann um einen Union Jack handele, wenn dieser eine »kleine Flagge am Jack-Mast« sei. Zuletzt hat man seinen Zeh aber 1993 in diese turbulenten Gewässer gesteckt und es seither vorgezogen, diese Angelegenheit nicht mehr zu erwähnen.

Der Innenminister Sir John Gilmour verkündete 1933: »Die Unionsflagge ist die Nationalflagge und kann ordnungsgemäß von jedem britischen Staatsbürger an Land gehisst werden.« Doch die bloße Aussage zeigte keine Wirkung und bis heute wurde kein Gesetz verabschiedet, mit dem der Union Jack / die Unionsflagge als Flagge des Vereinigten Königreichs festgelegt wird. Sie wurde dazu durch Gewohnheit und Gebrauch, was, auch wenn das ungewöhnlich ist, partiell daraus resultiert, dass das Vereinigte Königreich keine kodifizierte Verfassung hat. Falls keine Beweise für das Gegenteil auftauchen, sollte bei der Jack/Flagge-Diskussion das letzte Wort (das es aber sicher nicht sein wird) der Broschüre ›Union Flag or Union Jack?‹ des Flag Institute vorbehalten sein. Da steht auf Seite 2:

> »Unter Kennern der Materie ist man sich allgemein einig, dass beide Bezeichnungen benutzt werden können … In gewissen Kreisen, worunter sich einige Ministerien und die Medien, vornehmlich die BBC, befinden, gibt es offenbar Bestrebungen, aus Gründen politischer Korrektheit die Bezeichnung »Union Jack« auszuschließen. Hier fragen wir uns, welche Auswirkungen es dann auf die Farbigkeit und Persönlichkeit der Flagge hat, wenn Politiker oder Nachrichtensprecher sich in Reden, Beiträgen oder Kommentaren auf die Geschichte und die Macht der Standarte berufen wollen. Oder was geschieht, wenn die Adressaten dieser Reden oder Beiträge die Berufung auf die Unionsflagge statt auf den populären Union Jack gar nicht verstehen oder mögen … Die wohlüberlegte Meinung beim Flag Institute lautet eindeutig, dass beide Bezeichnungen richtig sind und beide benutzt werden können.«

Damit will das Flag Institute wohl sagen: »Springt endlich über euren Schatten«.

Egal, wie man sie nennt, diese mehrfarbige, komplexe und doch klare Flagge reiste durch die ganze Welt. Sie wehte in Waterloo und Trafalgar, in Bataklawa auf der Krim, in Rorke's Drift in Natal, an der Somme, auf Gallipoli, an den Stränden der Normandie, bis hin zu Goose Green auf den Falklandinseln, Basra im Irak oder Camp Bastion in Afghanistan. Sie wehte auch auf bombastischen öffentlichen Gebäuden in Hauptstädten rund um den Globus und in abgelegenen indischen Provinzen, auf der malaiischen Halbinsel, in Myanmar, im Sudan, in Kenia, Australien, Belize und an so vielen anderen Orten, wo die Landkarte in Commonwealth-Rosa eingefärbt war und die Sonne über dem britischen Empire nie unterging. Bis sie das schließlich doch tat.

Vorher repräsentierte der Anblick der Flagge Großbritanniens einen Inselstaat mit einer erstaunlichen Geschichte. Die Flagge stand für die britische Seemacht, für das Empire, für wissenschaftlichen Fortschritt und Forschungen. Gleichzeitig repräsentierte sie die Gräuel des Kolonialismus und einen Mitspieler im großen Wettkampf um die Macht. Und sie repräsentierte Regimenter unterschiedlicher Hautfarben und Glaubensbekenntnisse, die mit und für das Vereinigte Königreich kämpften.

Wie der Union Jack heute gesehen wird, hängt davon ab, wen man fragt. In den Palästinensergebieten beispielsweise ruft er wegen der britischen Rolle bei der Aufteilung Mandatspalästinas zwischen Juden und Arabern negative Assoziationen hervor. In Indien ist das nicht so klar zuzuordnen. Es besteht ohne Frage ein gewisses Maß an Streit hinsichtlich der britischen Rolle als Kolonialmacht, mit der Unterdrückung, ökonomische Ausbeutung und in der Folge Hungersnöte einhergingen – und es gibt manche, insbesondere unter den staatlichen Autoritäten, die die negativen Auswirkungen des Kolonialismus in Indien gerne betonen.

Aber das sind nicht die einzigen Gefühle. Ich persönlich habe die Erfahrung einer anhaltenden Herzlichkeit gegenüber der britischen Flagge und den Werten dahinter gemacht. Ein Spruch, den ich während meiner Reisen durch Indien von der normalen Bevölkerung immer wieder hörte, lautete: »Kämt ihr Briten doch nur zurück, dann würde alles besser funktionieren.« Das ist natürlich nicht ernst gemeint, sondern ein Kommentar zu dem eher chaotischen Organisationstalent, das heutige indische Beamte gelegentlich an den Tag legen. Vielleicht ist das Fehlen einer weiter verbreiteten Feindseligkeit gegenüber den Kolonialisten ein Indiz für ein immer selbstbewussteres Indien, das unter den führenden Wirtschaftsnationen die am schnellsten wachsende Volkswirtschaft der Welt hat und einer Zukunft entgegenblickt, in der die Briten und ihre Flagge eine geringe Bedeutung haben.

Heute sieht man den Union Jack rund um die Welt in zwei Erscheinungsformen. Einmal kommerziell auf Milliarden von T-Shirts, Plattencovern, Kaffeetassen und Tausenden anderen Produkten, die verziert sind mit diesem Symbol für die ehrwürdige Heimat der Mutter aller Parlamente, der industriellen Revolution und eines der größten Reiche, die es je gab, aber auch für ein neues, cooles Britannien des 21. Jahrhunderts. Zum anderen in der herkömmlichen Form, als Flagge. Das britische koloniale Erbe bedeutet, dass der Union Jack immer noch in vielen Nationalstaaten weht, allerdings üblicherweise in der sogenannten Gösch, dem linken oberen Feld einer Flagge, die an die Vergangenheit erinnert, aber in eine eigene Zukunft blickt.

Das Symbol des Vereinigten Königreichs ist beispielsweise auf der Flagge von Fidschi immer noch präsent, obwohl das Land dabei ist, seine Flagge zu ändern. Premier Bainimarama hat erklärt, es sei »Zeit, koloniale Symbole aufzugeben«, und hinzugefügt: »Es besteht die Notwendigkeit, die Symbole auf unserer derzeitigen Flagge, die überholt und unwichtig geworden sind, zu ersetzen, darunter manche, die in unserer kolonialen Vergangenheit verankert sind.

Die neue Flagge sollte Fidschis Position als ein moderner und wirklich unabhängiger Nationalstaat in der heutigen Welt wiedergeben.« Es scheint, dass andere Commonwealth-Staaten der gleichen Ansicht sind. Nur vier der 35 Mitglieder (Fidschi, Tuvalu, Australien und Neuseeland) haben noch den Union Jack in ihren Flaggen.

Australien und Neuseeland fragen sich in regelmäßigen Abständen, ob sie sich der Mühe unterziehen wollen, eine neue Flagge ohne Union Jack zu entwickeln. Bislang lautete die Antwort nein. Im Referendum des Jahres 2016 haben 56 Prozent der Wähler in Neuseeland dafür gestimmt, die alte Version beizubehalten und eine ziemlich schicke dunkelblaue Flagge mit einem eindrucksvollen silberweißen Farnwedel abgelehnt. Offenbar ist die öffentliche Meinung auf Seiten des Union Jack; für viele steht er für die eigenen Wurzeln, vergangene wie gegenwärtige, im Vereinigten Königreich.

Vielleicht liegt das an den fortdauernden Auswirkungen der britischen Kolonialherrschaft: Rund 69 Prozent der Bevölkerung stammen aus Europa, vor allem aus Großbritannien und Irland. Die einheimischen Maori machen nur 15 Prozent aus. Wahrscheinlich wird, wenn genug Zeit vergangen ist und sich die ethnische Demografie verändert hat, die Flagge eines Tages ersetzt, aber für das nächste Jahrzehnt oder mehr ist die Position des Union Jack wohl gesichert.

Der Union Jack erscheint noch auf einigen weiteren Flaggen weltweit: die der Insel Niue, die mit Neuseeland assoziiert ist, sowie die der britischen Protektorate Bermuda, Anguilla, die der Kaimaninseln und die Montserrats zeigen ihn in der Gösch, ebenso die von Ontario und Manitoba in Kanada. British Columbia bricht mit dieser Tradition, hier nimmt der Union Jack das gesamte obere Drittel der Flagge ein, während die unteren zwei Drittel die aufgehende Sonne über den Pazifikwellen zeigen. Neufundland und Labrador benutzen eine modifizierte Union-Jack-Version in der linken Flaggenhälfte.

Weniger bekannt ist die Präsenz des Union Jack auf der Flagge von Hawaii. Die hawaiianische Flagge war und ist eine Kombination aus Streifen im Stil der amerikanischen Flagge und dem Union Jack im Feld oben links. Diese Gestaltung spiegelt die relative Nachbarschaft zu den USA und die traditionellen Beziehungen zum Vereinigten Königreich wider. Hawaii war nie britische Kolonie, doch das britische Emblem blieb auch nach einem unglücklichen »Missverständnis« durch einen gewissen Lord George Paulet im Jahre 1843 erhalten. Paulet war ein britischer Marinekommandeur mit einem hohen Maß an Eigeninitiative und Vertrauen in seine eigenen Fähigkeiten, aber ohne Zugang zu einem Telefon, Twitter oder überhaupt irgendeiner Form von elektronischer Kommunikation. Wäre das anders gewesen, hätte er vielleicht nicht einseitig im Namen der britischen Krone Besitz von Hawaii ergriffen, während die britische Krone gerade die Note aufsetzte, dass Hawaii dem Vereinigten Königreich nicht unterstellt sei.

Die Beziehungen zwischen Honolulu und London waren herzlich und der Handel florierte, als König Kamehameha I. 1816 den Entwurf einer Nationalflagge in Auftrag gab, und so wählte er den Entwurf mit den gegenwärtigen Symbolen. Sein ältester Sohn König Kamehameha II. behielt ihn bei, und auch sein zweiter Sohn König Kamehameha III. sah keinen Anlass, etwas zu ändern. Es handelt sich um eine Win-win-Situation.

Doch dann geriet Paulet 1843 außer sich über angebliche Ungerechtigkeiten gegenüber britischen Staatsbürgern, die auf den Inseln lebten. Er befand sich an Bord des Kriegsschiffs »HMS Carysford« im Hafen von Honolulu und stellte Seiner Majestät König Kamehameha eine Reihe von Forderungen, die mit einem Ultimatum endeten: »Sir, ich habe die Ehre, Ihnen mitzuteilen, dass die »HMS Carysford«, die unter meinem Kommando steht, bereit ist, diese Stadt um 4 Uhr am morgigen Nachmittag (Samstag) sofort anzugreifen, falls den Forderungen, die ich hiermit dem König dieser Inseln übergebe, bis zu diesem Zeitpunkt nicht entsprochen worden ist.«

Eine Stunde vor dem angekündigten Bombardierungsbeginn beschloss der König klugerweise, dass Vorsicht die Mutter der

Weisheit sei. Ordnungsgemäß hisste Paulet britische Flaggen auf jeder einzelnen Hawaii-Insel. Und dort blieben sie ganze fünf Monate, bis Paulets Vorgesetzter, Konteradmiral Thomas, aufkreuzte, Paulet zur Schnecke machte, sich beim König entschuldigte, die Flaggen einholte und die Wiederherstellung der hawaiianischen Souveränität bestätigte. »Nichts passiert« – oder so ähnlich –, erklärte der König, und trotz dieser kleinen Schwierigkeit vor Ort und der förmlichen Anerkennung der hawaiianischen Souveränität durch das Vereinigte Königreich im darauffolgenden Jahr, blieb es bei dem Flaggendesign (abgesehen von einer kleinen Änderung 1845). Dies ist die einzige Flagge eines US-Bundesstaats, die den Union Jack enthält, und so weht selbst heute noch die britische Flagge über einem winzigen Teil der Republik USA.

Natürlich war nicht jeder so großmütig, insbesondere nicht jene Länder, die nicht nur Formen von Kanonenbootpolitik erfuhren, sondern auch Kolonialismus, der etwas länger andauerte. Pakistan, Indien, Südafrika, Kenia, Nigeria, Myanmar und so viele andere beeilten sich, Rot, Weiß und Blau loszuwerden, sobald sie Nationalstaaten wurden, und ihrer Souveränität durch eigene Farben, Gestaltungen und Symbole Ausdruck zu verleihen.

Und so haben wir jetzt das Großbritannien des 21. Jahrhunderts, mit einer der ersten Staatsflaggen der Welt, das seiner ebenso glorreichen wie blutigen Vergangenheit nicht entkommen kann, mit einem Volk, das seine moderne Identität zu Hause wie im Ausland ständig hinterfragt.

Auf politischer Ebene repräsentiert der Union Jack nach wie vor eine der Großmächte der Welt, allerdings eine, die ihre Stimme in der EU verliert. Die Streitkräfte, die unter dem Union Jack kämpfen, sind massiv verkleinert worden, gehören im europäischen Vergleich aber immer noch zu den stärksten. Ökonomisch repräsentiert die Flagge immer noch eine der größten Volkswirtschaften der Welt und, als Ausdruck von *Soft Power*, den anhaltenden Erfolg ihrer wissenschaftlichen und kulturellen Exporte.

Der Union Jack steht nicht mehr für ein Weltreich, auch wenn man immer Imperialismus mit ihm verbindet, und selbst so wird ihm von den meisten, die er repräsentiert, Respekt, wenn nicht Verehrung entgegengebracht.

Viele Briten können links und rechts bei ihrer Flagge nicht unterscheiden. Das ist kein Zeichen von Respektlosigkeit, sondern Charakteristikum eines liebenswerten kulturellen Zugs – und die Erklärung dafür, warum die Flagge von Zeit zu Zeit falsch herum gehisst wird, auch wenn damit keine Notlage angezeigt werden soll.

Die richtige Form ist die, dass die breiteren der weißen Streifen, die Rot von Blau trennen, in den beiden linken Feldern oben liegen. Aber man muss es den Leuten nachsehen, wenn sie vergessen, die korrekte Haltung ihres Union-Jack-Taschentuchs oder welchen Tuchs auch immer, mit dem sie winken wollen, zu überprüfen, während sie anlässlich einer königlichen Hochzeit vor dem Buckingham Palace stehen. Bei internationalen Anlässen ist das ein bisschen ernster, auch wenn es selbst die britische Regierung schon falsch gemacht hat, beispielsweise anlässlich der Unterzeichnung eines Handelsabkommens mit China in der Downing Street – womit sie bewiesen hat, dass selbst in den höchsten Kreisen viele Briten nicht wissen, wie herum ihre Flagge zu hängen hat.

Auch 2016, als sich Großbritannien im Vorfeld des Brexit-Referendums in seine Verhandlungen mit der EU stürzte, war die Flagge vor dem EU-Hauptquartier in Brüssel seitenverkehrt zu sehen. Es ist nicht bekannt, ob das ein Versehen war, ob die Franzosen sich lustig gemacht haben oder die Briten eine Notlage signalisierten.

Wie man den Union Jack behandeln soll? Die britische Flagge sollte »flott gehisst«, aber »feierlich eingeholt« werden. Beim Umgang mit ihr ist zu beachten, dass sie nicht reißt, mit Erde beschmutzt wird oder kaputtgeht. Allerdings ist es nicht rechtswidrig, sie zu verbrennen oder anderweitig zu zerstören. Im Gegensatz zur Tradition in den USA und einigen anderen Ländern darf die britische Flagge den Boden berühren. Es gibt Aufnahmen, wie man die Flagge bei einer der Feierlichkeiten 1980, als aus Rhodesien Simbabwe wurde und sie zum letzten Mal eingeholt wurde, von oben in den afrikanischen Staub fallen lässt. Dieser Symbolgehalt ist den Teilnehmern sicher nicht entgangen. Am nationalen Gedenksonntag drapiert man in Großbritannien die Nationalflagge und andere, darunter die der Königin, auf dem Boden. Dies wird als Flaggesenken bezeichnet und ist ein Zeichen von Respekt.

Es gibt von der Regierung verabschiedete Anweisungen, wie die Nationalflagge oder überhaupt eine Flagge gehisst werden soll. Doch die meisten sind der Öffentlichkeit nicht bekannt oder werden fröhlich missachtet. Laut den 2012 verabschiedeten liberaleren Regularien darf man eine Flagge hissen, wenn deren »Größe so gehalten ist, dass kein Missverhältnis zum visuellen Gesamteindruck des Grundstücks entsteht«, auf dem sie weht. Und natürlich muss man die Genehmigung des Grundstückeigentümers haben – das schließt auch die örtliche Straßenbehörde ein. Es gibt drei Flaggenkategorien: solche, »die man ohne Genehmigung lokaler Bauämter aufziehen kann«, solche, »für die unter der Voraussetzung, dass sie den Regeln entsprechen, keine Genehmigung nötig ist«, und »Flaggen, für die eine Genehmigung erforderlich ist«. Falls man sich nicht sicher ist, soll man sich an das örtliche Bauamt wenden, »das ausführlich beraten kann«. Wobei mit »ausführlich« auch ausführlich gemeint ist.

Beispielsweise brauchen Briten keine Genehmigung, wenn sie die Flagge eines anderen Landes (selbst die von Frankreich!) hissen wollen. Die UN-Flagge geht auch – genauer gesagt, es steht ihnen frei, die Flagge jedweder internationalen Organisation, bei der das Vereinigte Königreich Mitglied ist, zu hissen. Der Internationale Währungsfonds ist also okay, bei der International Association for Bear Research and Management (IABRM) müssen sie das prüfen, weil das Vereinigte Königreich kein Mitglied ist und die IABRM auch nicht auf der von der Regierung herausgegeben Liste zulässiger Flaggen erscheint. Erlaubt ist auch die Flagge »jedweder/jedweden Insel, Grafschaft, Kreises, Bezirks, Gemeinde, Stadt, Orts, Dorfs innerhalb des Vereinigten Königreichs«, auch die der Ridings of Yorkshire, der historischen Wahlbezirke der Grafschaft, und auch jeder anderen historischen Grafschaft innerhalb des Vereinigten Königreichs und weiterer. Was man nicht darf, ist Werbung an der Flagge anzubringen.

Manche Flaggen müssen allerdings mit verschiedenen Einschränkungen hinsichtlich Größe, Beschriftung, Anzahl, Ort und Dauer der Beflaggung konform gehen. Beispielsweise dürfen Briten seit 2012 eine Flagge mit ihrem Bild und ihrem Namen entwerfen und sie an einem vertikalen Mast auf ihrem Dach hissen. Allerdings ist immer nur eine derartige Flagge auf dem Dach erlaubt. Hat man eine Flagge an einem Wandausleger hängen, darf man ohne Genehmigung keine weitere an dem Mast auf dem Dach hissen. Glücklicherweise dürfen Briten eine Flagge auf dem Dach und eine auf dem Grundstück ohne Genehmigung gleichzeitig hissen.

Letztere Richtlinie ist Teil weiterer Einschränkungen, auf die ich nicht eingehen will, zu denen aber wiederum die Bauämter gern ausführlich beraten. Die eigene Flagge und andere in dieser Kategorie können jede Größe haben, Ausnahmen gibt es nur für als besonders schön ausgewiesene Landschaften, Stadtgebiete, für die besondere Einschränkungen gelten, Naturschutzgebiete oder Nationalparks.

Die britischen Streitkräfte haben ihre eigenen Vorschriften hinsichtlich Flaggen, die ähnlich detailliert sind, aber genauer beachtet werden. Beispielsweise wird der Union Jack im Masttopp eines Schiffs gehisst, wenn das Staatsoberhaupt oder ein Admiral der Flotte anwesend ist (allerdings hissen Schiffe und U-Boote der Royal Navy immer die weiße Dienstflagge). Falls, was unwahrscheinlich ist, an Bord Kriegsgericht gehalten wird, würde auch der Union Jack gehisst, aber an der Rahnock. Im 17. Jahrhundert waren Marineschiffe, die den Union Jack zeigten, von Hafengebühren befreit, was Handelsschiffe veranlasste, ihn ebenfalls zu hissen, um Steuern zu sparen. Das Diktum Karls I., dass nur Marineschiffe den Union Jack flaggen dürfen, gilt bis heute.

Das Vereinigte Königreich besteht aus vielen Teilen, aber zusammengefasst ist es in einem Symbol. In den Worten von Graham Bartram: »Diese eine Flagge ist das einzige Objekt, das die gesamte nationale Identität repräsentiert. Wenn ich einhundert Menschen fragen würde, wie sie Großbritannien durch ein Objekt ausdrücken würden oder sie bitten würde, mir ein einzelnes Objekt zu bringen, das das Vereinigte Königreich repräsentiert, würden 99 den Union Jack bringen und vielleicht einer eine Teekanne.«

Lässt man die wenigen von Selbsthass geprägten Westinsulaner im Königreich und ihre Unterstützer in den Medien mal beiseite, findet man immer noch Respekt und manchmal tiefe Bewunderung für die Unionsflagge, doch das Ausmaß dieser Gefühle wechselt in den unterschiedlichen Landesteilen. Bei den zahllosen ethnischen Minderheiten in England ist die britische Flagge offenbar beliebter als die englische Version. Umfragen legen nahe, dass dies der Fall ist, weil sie als stärker inkludierend gesehen wird, während die englische Flagge für manche »Weißsein« bedeutet.

Eine Umfrage von YouGov/British Future (›This Sceptered Isle: 2012‹) erbrachte einige interessante Erkenntnisse zu den Unterschieden. Der einende Faktor ist die Monarchie: 84 Prozent der englischen Befragten assoziierten die Flagge mit der Monarchie, von den walisischen waren es 82 Prozent und von den schottischen 80 Prozent. Auch die britischen Streitkräfte wurden mit der Flagge verbunden: und zwar von 80 Prozent der englischen, 77 Prozent der walisischen und 70 Prozent der schottischen Befragten.

Geht es jedoch um Begriffe wie »Stolz« und »Patriotismus« werden die Unterschiede markanter: 80 Prozent der englischen Befragten assoziierten die Flagge mit Stolz und Patriotismus, aber bei den Walisern fiel der Wert auf 68 Prozent und bei den Schotten sogar auf 56 Prozent.

Insgesamt haben die Briten mehrheitlich eher positive Assoziationen zu ihrer Flagge. Die Unterschiede zeigen sich dann, wenn es um Negativbeispiele geht. So dachten beim Anblick der Flagge nur 15 Prozent der Engländer an Rassismus und Extremismus, während das bei den befragten Schotten 25 Prozent taten. Diese Zahlen beweisen nicht, dass die Engländer sich in der Unionsflagge stärker wiederfinden als die anderen Nationalitäten und ihr mehr verbunden sind, aber sie legen das nahe. Sie deuten auch an, dass die jahrhundertealten Schwierigkeiten zwischen den Nationalitäten des Vereinigten Königreichs außerhalb von England stärker empfunden werden.

Nirgendwo gilt das mehr als in Nordirland. Diese Angelegenheit rückte mit der Brexit-Krise wieder in den Fokus. Selbst 2016 gibt es noch Kreise, in denen religiöse und politische Verbindungen in der Öffentlichkeit nicht nur durch die Beflaggung ausgedrückt werden, sondern auch durch die Farben der Bordsteine. So gibt es in Belfast beispielsweise protestantische Gebiete, in denen man um die Ecke kommt und auf rote, weiße und blaue Bordsteine trifft, die die Unterstützung der Union signalisieren sollen, und katholische Teile, wo die Bordsteine grün, weiß und orange wie die irische Trikolore sind. Allerdings ist dieses Phänomen heute seltener zu finden. Die meisten Bürger der Stadt machen sich nicht die Mühe, die Farbpinsel herauszuholen, aber die Farben, die zu sehen sind, bezeugen einen anhaltenden, per Symbolik geführten Kampf um Identität, der allen, die dort leben, bewusst ist.

Das Grün der irischen Trikolore steht für die irischen Katholiken, die Sache der Republik und die Revolution, das Orange repräsentiert die irischen Protestanten und das Weiß, das die beiden Farben trennt, die Hoffnung auf Frieden zwischen ihnen. Orange, die Farbe der Protestanten steht in Verbindung mit der Schlacht am Boyne 1690. Wilhelm von Oranien, der protestantische König von England, Schottland und Irland, besiegte das Heer des ins Exil gezwungenen römisch-katholischen Königs Jakob II. am Fluss Boyne nahe der irischen Stadt Drogheda. Dieser Sieg festigte die englische – und protestantische – Herrschaft über Irland und wird von manchen protestantischen »Oraniern«, vor allem in Nordirland, noch jedes Jahr am 12. Juli gefeiert. Bei den Umzügen des Oranier-Ordens herrscht die britische Flagge vor, und bei den Freudenfeuern am Vorabend des 12. Juli ist es nicht unüblich, die irische Flagge zu verbrennen. Anderswo im Vereinigten Königreich ist es nicht die Norm, die Flagge eines anderen Staates zu verbrennen. Dass es hier geschieht, bezeugt, mit welchen Emotionen die Politik in Nordirland verbunden ist.

Flaggen auf öffentlichen Gebäuden sind eine besonders sensible Angelegenheit. Im Dezember 2012 beschloss der Stadtrat von Belfast, die Anzahl der Tage, an denen der Union Jack auf dem Rathaus gehisst wird, zu beschränken, um ein »Bekenntnis zu unserer geteilten Gesellschaft« abzulegen. Loyalisten, die meist protestantische Wurzeln hatten, sahen darin die symbolische Verwässerung der britischen Souveränität. Auf der Stelle kam es zu Protesten, die über Monate anhielten und gelegentlich in Ausschreitungen übergingen. 2015 wehte die irische Trikolore zehn Minuten lang über dem nordirischen Parlamentsgebäude im Belfaster Stadtteil Stormont. Loyalistische Politiker erklärten, sie seien »zutiefst beleidigt« worden, und polizeiliche Ermittlungen wurden eingeleitet. Sieben Kriminalbeamte versuchten mindestens vier Monate lang vergeblich, die Verantwortlichen dingfest zu machen. Eine undurchsichtige pro-irische Separatistengruppe, die »1916 Societies«, erklärte, das Hissen der Flagge sei ein symbolischer Akt gewesen, der darauf hinweisen solle, dass »die britische Herrschaft auf Eroberung beruht, keine Legitimität hat und den souveränen Willen des Volkes usurpiert«. Der Name der Gruppe bezieht sich auf den Osteraufstand 1916, der sich gegen die britische Herrschaft in Irland richtete und fast 500 Menschen das Leben kostete.

Die irische Trikolore erlangte 1848 breitere Bekanntheit und war partiell von den republikanischen Revolutionen desselben Jahres in Europa inspiriert. Ihr Gebrauch nahm zu, nachdem sie der Nationalist Thomas Francis Meagher bei einem Treffen am 7. März 1848 in Waterford entrollt hatte. In einer Rede brachte er seine Hoffnungen zum Ausdruck: »Das Weiß in der Mitte steht für einen dauerhaften Waffenstillstand zwischen dem ›Orange‹

und dem ›Grün‹, und ich bin zuversichtlich, dass sich unter ihren Falten die Hände des irischen Protestanten und des irischen Katholiken zu einer großmütigen und heldenhaften Bruderschaft finden werden.« Daran ist nach wie vor zu arbeiten, wie die Bordsteine in Belfast zeigen. Das Jahr 2016 machte keine Ausnahme. Der 100. Jahrestag des Osteraufstands in Dublin führte in der Republik Irland, in Nordirland und Teilen von Schottland zu erhöhten Spannungen und Zwischenfällen.

Die volatile und deutlich sichtbare Empfindlichkeit gegenüber der britischen Flagge in Nordirland hat vielleicht zum Rückgang der Benutzung im gesamten Vereinigten Königreich in den späten 1970ern und in den 1980ern beigetragen. Es lässt sich nicht beweisen, aber als die bewaffnete Gewalt des sogenannten Nordirlandkonflikts auf den Fernsehschirmen explodierte, wurde breiteren Bevölkerungsschichten wohl mehr bewusst, welche problembehaftete gemeinsame Geschichte die Inseln und ihre Symbole haben.

Es herrscht allgemeine Übereinstimmung, dass die Rechtsextremen in England etwa zur gleichen Zeit begannen, sich sowohl die britische als auch die englische Flagge anzueignen. Beide, vor allem aber der Union Jack, spielten eine zentrale Rolle bei den Aufmärschen sowie in den Schriften und Debatten der rechtsextremen National Front Party. Die NF begann, ausgerüstet mit Flaggenanstecknadeln, ihre Anhänger vor englischen Fußballstadien und in Pubs zu rekrutieren. Und so entstand allmählich eine Assoziation zwischen den Flaggen und dem Faschismus.

Die Briten haben sich nie sonderlich für einen Flaggengruß oder Flaggen in Schulen begeistert. Es gab auch keinen täglichen Treueschwur, und die Regeln zur Flaggenbehandlung waren und sind nahezu allen unbekannt. Doch die Flagge war immer das Symbol der Nation und als solches höchst respektiert. Dann kam sie aus der Mode, wurde geradezu zum Tabu für alle, die Angst hatten, mit Rechtsextremen in Verbindung gebracht zu werden. Es gab eine stillschweigende Übereinkunft, dass das Zeigen der beiden Flaggen jenseits von Staatsakten Zeichen einer aggressiven

Geisteshaltung sei, die der dominanten weißen Kultur aus der Zeit vor der Masseneinwanderung anhing.

Für manche traf das durchaus zu. Mitte der 1980er fuhr ich mit einem Bus vom Oxforder Bahnhof Richtung Fußballstadion, wo Oxford United Leeds United empfing. Der Bus, der voll mit Leeds-Anhängern war, fuhr an einer Gruppe junger schwarzer Männer im Alter von knapp zwanzig Jahren vorbei. Vom Oberdeck des Busses ertönte der Fangesang: »There's no black in the Union Jack! Send the bastards back!« Das war üblich, und es war als Schmähung gemeint. Es war schockierend, aber nicht überraschend. Würde der Union Jack die Farbe Schwarz aufweisen, hätten sie sich etwas anderes ausgedacht, das ebenso schwachsinnig und beleidigend gewesen wäre. Interessant war aber, dass sie die Flagge als Kampfmittel für Diskriminierung aufgegriffen hatten.

Die Haltung hinsichtlich der Georgsflagge änderte sich ab Mitte der 1990er. Viele Beobachter, mich eingeschlossen, glauben, dass der Wendepunkt die Endrunde der Fußball-Europameisterschaft 1996 war, die in England stattfand. Dabei spielte England im Londoner Wembley-Stadion gegen Schottland. Dies war zu einer Zeit, als Tony Blairs Labour Party, die 1997 an die Regierung kommen sollte, bereits darüber sprach, Schottland mehr Unabhängigkeit zu gewähren. Ende der 1980er und in den 1990ern hatte der Nationalismus in Schottland und Wales zugenommen, war jedoch weniger mit rechtem Gedankengut verbunden. Nun lag mehr Unabhängigkeit genau zu dem Zeitpunkt in der Luft, als den Engländern mit einer massiven Werbekampagne ihre Rolle als Gastgeber der WM-Endrunde schmackhaft gemacht wurde. Dreißig Jahre nach der Weltmeisterschaft war das Bewusstsein dafür, dass die englische Flagge nicht der Union Jack ist und dass dieser das schottische Andreaskreuz einschließt, größer geworden. Den Union Jack also beim Spiel England gegen Schottland zu schwenken, passte nicht. England gewann übrigens 2:1.

Weitere zwanzig Jahre später tragen englische Sportfans wie selbstverständlich ein Mannschaftstrikot mit dem Georgskreuz und schwenken die englische Flagge. Bereits 2010 war der schwarze britische Rap-Star Dizzee Rascal selbstbewusst genug, um den offiziellen englischen WM-Song in einem Englandtrikot mit seinem Namen auf dem Rücken zu performen und »Come and have a go if you think you're hard enough« zu singen.

Die Abgabe von Macht an Schottland, Wales und Nordirland hat zu einer stärkeren Bewusstheit des Englischseins geführt – etwa bei Gesprächen über die Frage, ob englische Steuerzahler schottische Sozialhilfe bezahlen sollen. Die Kluft zwischen den Ländern vergrößerte sich auch durch das Ergebnis des Referendums 2016, bei dem eine deutliche Mehrheit der Schotten für den EU-Verbleib stimmte – nur um sehen zu müssen, dass das Gewicht der englischen und walisischen Wähler die Waagschale in die andere Richtung senkte. Dies hat die Frage der schottischen Unabhängigkeit erneut aufgeworfen. Was, sollte sie wahr werden, wiederum zu der Frage führen würde, was für eine Nationalflagge das restliche Vereinigte Königreich repräsentieren sollte. Beispielsweise könnten die Waliser, die bislang nicht auf dem Union Jack repräsentiert sind, gut der Meinung sein, es wäre an der Zeit, dass der walisische Drache eine gleichberechtigte Position neben dem Georgskreuz einnimmt.

Die englische und die britische Flagge konnten im Lauf der Zeit mithilfe Tausender kleiner Ereignisse – manchmal so winzig, dass man sie gar nicht bemerkte – aus der Umklammerung durch die Rechtsextremen gerettet werden. Bereits 1992 feierte der schwarze britische Sprinter und Olympiasieger Linford Christie seine Siege, indem er sich von den Zuschauern einen Union Jack geben ließ und seine Ehrenrunde in die Flagge gehüllt absolvierte.

Heute ist es für britische Athleten, egal welcher Hautfarbe, üblich, dies ebenfalls zu tun, und es wird so gut wie nie hinterfragt. Jüngst, als das doch einmal der Fall war, wurde der Reporter kurz und knapp abgefertigt. Der mehrfache Goldmedaillengewinner Mo Farah, geboren in Somalia und britischer Staatsbürger, wurde nach einem weiteren Sieg gefragt, ob er lieber die Farben seines

Geburtslands tragen würde. »Weißt du, Kumpel«, antwortete Farah, »dies ist mein Land.« Mit diesem einen Bild und diesem einen Satz ermöglichte er es dem Union Jack, sich zur Vergangenheit zu bekennen und zugleich nach vorn zu blicken, voranzugehen und das zu sein, was er sein soll – ein Symbol der Einheit.

DRITTES KAPITEL

DAS KREUZ UND DIE KREUZZÜGE

»Nun, es bedarf solchen Tands, um die Menschen zu führen.«
Napoleon

VERGUENZA

Vorhergehende Doppelseite: Demonstranten kippen im März 2016 in der spanischen Hauptstadt Madrid rote Farbe über eine EU-Flagge, um gegen die europäische Vereinbarung mit der Türkei zu protestieren, mit der die Flüchtlingsströme nach Europa eingedämmt werden sollen. Spannungen aufgrund der Migrantenfrage innerhalb der Länder und zwischen ihnen haben die Einheit und die Entschlossenheit der europäischen Politiker und Völker in den letzten Jahren auf die Probe gestellt.

Die europäische Flagge ist die Flagge der Europäischen Union, und gleichzeitig ist sie es nicht. Genauer gesagt ist es nicht einmal entschieden, ob sie überhaupt eine Flagge ist.

Wann ist eine Flagge keine Flagge? In den Anfangstagen jener Organisation, die zur EU werden sollte, fürchteten einige Mitgliedstaaten, insbesondere das Vereinigte Königreich, dass sie ihre Nationalflaggen ersetzen könnte, weshalb sie offiziell zum »Emblem, das geeignet ist, auf rechteckigen Tuchstücken reproduziert zu werden«, erklärt wurde. Sie ist so etwas wie eine Halbflagge, eine Art Schrödingers Flagge.

Doch die EU-Flagge, die nur 28 Länder »repräsentiert«, ist auch die Flagge des Europarats, der 47 Mitglieder hat, darunter die Türkei und Russland (als einziges europäisches Land fehlt Weißrussland). Somit ist sie also eine Flagge. Während die Bevölkerung der EU-Staaten insgesamt 508 Millionen umfasst, sind es beim Europarat 820 Millionen, und während der Europarat für sich beanspruchen könnte, die wahre Europaflagge zu haben, ist das für die EU ein bisschen überstrapaziert.

Zahllose E-Mails von mir mit der Bitte um Klärung in dieser Angelegenheit haben aus Brüssel nur den Hinweis auf eine »Verwaltungsvereinbarung mit dem Europarat über die Verwendung des europäischen Emblems durch Dritte« im »Amtsblatt der Europäischen Union C 271, 8. September 2012, S. 5« erbracht. Diese ist nicht nur in einer sehr eigenen Sprache verfasst, die nur Bürokraten verstehen, sondern korreliert auch in der Übersetzung kaum mit irgendeiner bekannten Sprache. Doch immerhin, es heißt an anderer Stelle: »Die Flagge / das Symbol Europas ersetzt nicht die Nationalflaggen. Die Flagge der Europäischen Union ist vielmehr ein Symbol für die Aufrechterhaltung der breiteren Gemeinschaft der europäischen Länder und für die Identifikation mit den gemeinsamen Werten und Prinzipien.«

Worum auch immer es sich handelt, das Emblem / die Flagge / die Halbflagge spiegelt heute eine Idee, ein Ideal und eine Realität wider. Die Idee war, ein Symbol zu schaffen, mit dem sich die Europäer identifizieren würden; das Ideal war das eines friedlichen, blühenden, vereinten Kontinents; die Realität ist, dass es, im Vergleich zum Großteil der europäischen Geschichte, seit dem Zweiten Weltkrieg Zeiten gab, in denen dies der Fall war. Für alle, für die die Flagge immer noch einen realisierbaren Traum verkörpert, geht es darum, dass sie ihre Bedeutung im Leben der Europäer nicht verliert.

Der Kreis aus zwölf Sternen vor blauem Hintergrund, der heute über jedem Europaratsgebäude in jedem europäischen Land (außer einem) weht, stammt aus dem Jahr 1955. Damals entschied sich der Europarat, der 1949 gegründet worden war, um die europäischen »Stämme«, die sich gerade bekriegt hatten, zusammenzubringen, für diesen Entwurf, nachdem zuvor mehrere andere abgelehnt worden waren. Die übrigen Farben waren schon vergeben – Rot stand für die Sowjets, Grün für den Islam, Weiß für Kapitulation, Schwarz für Trauer, Hellblau für die UN usw. –, also musste es Dunkelblau werden. Der Sternekreis war die Idee von Arsène Heitz, der beim Postdienst des Europarats in Straßburg arbeitete und Dutzende von Entwürfen eingereicht hatte.

Ursprünglich sollten es 15 Sterne für die 15 Ratsmitglieder sein. Doch einer der Sterne stand für das Saarland, das zu Frankreich gehörte, davor aber zu Deutschland. Paul Lévy, der damals den Pressedienst leitete und den endgültigen Entwurf zeichnete, erklärte dazu: »Die Deutschen waren gegen fünfzehn, weil das ein unabhängiges politisches Gebilde suggerierte. Sie schlugen vierzehn vor. Das war inakzeptabel für das Saarland. Die Franzosen schlugen dreizehn vor, ein Italiener sagte, ›das ist eine Unglückszahl‹. Also entschieden sie sich für zwölf, die alle symbolisierten.«

Nachdem das beschlossen war und die Flagge 1955 ihre Premiere hatte, wurden dem Entwurf immer neue symbolische Bedeutungen zugewiesen. Es wurde festgehalten, dass die Zwölf das Symbol für Vollkommenheit ist, dass Jesu zwölf Apostel hatte, das Jahr zwölf Monate, es zwölf Tierkreiszeichen gibt und so weiter. Man stellte sogar eine Gemeinsamkeit mit der Offenbarung des Johannes (12,1) fest: »Dann erschien ein großes Zeichen am Himmel: eine Frau, mit der Sonne bekleidet; der Mond war unter ihren Füßen und ein Kranz von zwölf Sternen auf ihrem Haupt.«

Im Zeitalter des Internets ist daraus natürlich eine Verschwörungstheorie geworden, verbreitet von jenen, die sich mit dem Denken schwertun, laut der das katholische Europa eine angeblich listenreiche Intrige gesponnen hat, um alle anderen zu beherrschen. Gräbt man tief genug, sagen wir zwei Minuten lang, stößt man auch auf Außerirdische und formwandelnde Eidechsenmenschen, aber nicht auf die Tatsache, dass die Türkei Ratsmitglied war, als der Flaggenentwurf verabschiedet wurde (und es noch ist).

Da sich Internet-Krieger nicht von Fakten aufhalten lassen, liefere ich Ihnen weitere Belege, warum Sie nicht unnötig bei dieser speziellen Theorie hängen bleiben sollten, wo es doch so viele andere, sogar noch idiotischere gibt, mit denen Sie Ihre Zeit vergeuden können. Zu glauben, die Europarat/EU-Flagge sei ein Symbol einer Verschwörung der Illuminaten/Eidechsen/Katholiken/etc., setzt voraus, dass Sie überzeugt sind, zwei der glanzlosesten Organisationen, die vor Langeweile brummen, hätten sich einen so teuflisch scheußlichen Plan ausgedacht, wie ihn gewiss nur ein Dr. Evil aus den ›Austin-Powers‹-Filmen während einer Zeitreise-Mission in seinem unterirdischen Versteck aushecken kann. Diese Glanzlosigkeit ist übrigens eine sehr gute Sache, besonders wenn man sie mit dem Feuer der Jahre 1939–1945 vergleicht. Langeweile kann da nur erwünscht sein.

Nachdem es mehrere Jahre gedauert hatte, eine Flagge für den Europarat zu finden, beschloss die Europäische Gemeinschaft (die später zur EU wurde), die 1985 ebenfalls eine Flagge haben wollte, sich einfach mit Copy-and-Paste zu behelfen und die zwölf Sterne zu übernehmen. Die beiden Organisationen haben ähnliche Ideale – Demokratie und Menschenrechte zu fördern –, allerdings vertrat Erstere nie die Ideale einer Union, die Letztere immer hegte. Russland als Teil des 47 Mitglieder umfassenden Europarats hat beispielsweise nie erwogen, seine Souveränität in einer politischen Union zu verwässern, die ihren Sitz in Brüssel hat.

Oft wird die Frage gestellt: »Was ist Europa?« Und die Antwort lautet: »Das hängt davon ab, wen man fragt.« Europa ist ein geografischer Raum, aber selbst diese Definition hängt von der Perspektive ab. Der Großteil der Türkei liegt in Asien, aber manche betrachten sie als Teil von Europa. Östlich des Urals erstreckt sich Asien, aber ist Sibirien europäisch, wenn Russland zu Europa zählt? Was ist mit Georgien? Island? Definitionen sind flexibel, was man beim Eurovision Song Contest 2016 sehen konnte, wo Australien Zweiter wurde.

Der Europarat und die EU haben eine Flagge, die zwei Gebilde repräsentiert, und die Ratsmitglieder außerhalb der EU sind damit zufrieden, dass der Rat als multinationale Organisation fungiert, die keine Gesetze erlässt. EU-Mitglieder sehen die Flagge, wenn sie für die EU weht, als Repräsentation eines Gesetze erlassenden, die souveräne Macht verwässernden, politischen Miteinanders, das endlos über Breite und Tiefe dieses Miteinanders debattiert.

Für die EU war jedenfalls nach 1985 die Sache mit der Flagge abgehakt. Kommen wir also zur Angelegenheit Einheit. Die eigentliche Daseinsberechtigung der EU besteht darin, Frankreich und Deutschland so weit zu bringen, dass sie keine Hand mehr freibekommen, mit der sie sich gegenseitig in Stücke schlagen könnten, weil sie sich so fest umarmen. Zumindest in diesem Punkt ist die Union ziemlich erfolgreich, doch was ist mit dem ideologischen Traum, einen europäischen Staat zu schaffen, der einer europäischen Flagge angemessen ist? Damit steht es weniger gut.

Vor dem gegenwärtigen Jahrzehnt hörte man nicht selten das Argument, eine »immer engere Union« würde in die Homogenisierung der europäischen Kultur münden. Es sei sogar nicht auszuschließen, dass in ganz Europa am Ende die französische Küche vorherrschen würde. In Wirklichkeit verlief die Homogenisierung in der Form, die wir fast überall erleben, nämlich in Richtung McWelt. Der Mensch ist frei geboren, aber überall befindet er sich in Fast-Food-Ketten. Doch ich kann Ihnen Neuigkeiten von jenseits der Elbe vermelden: Der osteuropäische Knödel ist quicklebendig und wohlauf. Nationale und regionale Spezialitäten florieren, und die vertrackte menschliche Natur verblüfft die Politiker immer wieder. Ganz in dem Sinne, wie de Gaulle in den 1960ern über Frankreich sagte: »Wie wollen Sie ein Land regieren, das 246 Käsesorten aufweist?«

Die Völker der europäischen Länder haben sich hartnäckig geweigert, ein Volk zu werden – nicht, weil sie sich gegenseitig nicht mögen, sondern weil sie sich selbst mögen. Offenkundig besteht eine Sehnsucht nach Authentizität. Zum Teil spiegelt sich das in der nach wie vor bestehenden Macht der Nationalflagge in jedem Land wider. Das relativ neue Konzept der europäischen Identität findet sich wieder im Wettstreit mit nationalen Identitäten und Symbolen, die über Jahrhunderte hinweg geformt wurden.

In diesem neuen Zeitalter der Unsicherheit greifen einige Menschen auf die alten Symbole und die alten Zugehörigkeiten zurück. Die nordischen Staaten setzen sich zunehmend für Solidarität untereinander ein und verstehen sich als regionaler Block. Dies steht im Widerspruch zur Haltung der EU, die ein Ende der Fraktionen auf dem Kontinent anstrebte und eine immer engere Union anstrebte.

In Mitteleuropa finden wir mit der Visegrad-Gruppe, bestehend aus Tschechien, der Slowakei, Ungarn und Polen, eine weitere Herausforderung für dieses Konzept. Auf ihrer Website erfahren wir, dass die vier Länder »schon immer Teil einer einzigen Zivilisation waren, die kulturelle und intellektuelle Werte und gemeinsame Wurzeln in verschiedenen religiösen Traditionen teilt, die sie bewahren und weiter stärken wollen«. Sie haben diese

Einheit bewiesen, indem sie sich sowohl der EU als auch Deutschland widersetzten und in der Ablehnung der Vorschläge zur Verteilung der Flüchtlinge und Migranten in den letzten Jahren eine sehr starke gemeinsame Position einnahmen.

Flaggen und die Bedeutung, die Nationalstaaten und Völker ihnen beimessen, strafen die berühmte Theorie Lügen, die der amerikanische Denker Francis Fukuyama in einem Zeitschriftenartikel und ausführlicher in seinem Buch ›Das Ende der Geschichte. Wo stehen wir?‹ darlegt, das 1992 erschien. Dr. Fukuyama argumentiert, dass der Fall der Berliner Mauer nicht bloß das Ende des Kalten Kriegs darstellt, sondern »das Ende der Geschichte«, das heißt, den »Endpunkt der ideologischen Evolution der Menschheit«, und dass mit der generellen Verbreitung der westlichen liberalen Demokratie »die endgültige menschliche Regierungsform« erreicht ist. Diese gefährliche Vorstellung beeinflusste zahllose außenpolitische Denker, die anscheinend die Muster der Geschichte und die Richtung verkennen, in die Russland, der Nahe Osten, China, Gebiete in Zentralasien und anderswo gehen. Sie ist gefährlich, weil sie dazu führt, dass manche annehmen, so etwas wie das Ende der Geschichte sei möglich und die »ideologische Evolution der Menschheit« vollende sich zwangsläufig in der liberalen Demokratie. Das ist genauso falsch wie die marxistische Theorie, dass die Gesetzmäßigkeit der Geschichte »unvermeidlich« zu einem kommunistischen Utopia führt. Das Problem bei den Theorien von Dr. Fukuyama und Dr. Marx ist, dass sie auf reale Menschen treffen. Im Fall von Dr. Fukuyama haben sie der selbstgefälligen Vorstellung Nahrung gegeben, dass die Errungenschaften der liberalen Demokratien naturgemäß und ewig seien. Doch gerade weil die liberale Demokratie so selten und so zerbrechlich ist, muss enorme Sorgfalt aufgebracht werden, sie zu steuern, und dazu gehört es auch, den Menschen zuzuhören, die in diesem Himmel leben.

Das britische und amerikanische Establishment erhielt 2016 jeweils einen Schock bei der Wahl des US-Präsidenten und beim britischen EU-Referendum. Man konnte daraus lernen, dass Spott über »Bedauernswerte« vielleicht weniger hilfreich ist, als der Versuch, sie zu verstehen.

Mehrere Jahrzehnte lang hat die EU nationale Identitäten unter einem Mantel des Wohlstands zusammengefasst, aber sie verschwanden nie. Nun kommen sie wieder an die Oberfläche und werden absehbar stärker, während die Europäer weiter diskutieren, welches Maß an Souveränitätsverwässerung sie akzeptieren wollen. Flaggen als Konzept von Nationalität werden dabei ihre Rolle spielen.

Die verschiedenen europäischen Königreiche entschieden sich erst spät für Flaggen, aber sobald sie das Prinzip erkannt hatten, gab es kein Halten mehr. Wie schon erwähnt, geht man davon aus, dass die Chinesen bereits um 1500 v. Chr. Konstruktionen benutzten, die wir heute als Flaggen bezeichnen würden. Mit der Erfindung der Seide wurde es möglich, ein leichtes, relativ großes Stück gefärbten Tuches seitlich an einem Stock zu befestigen und dieses Gebilde über eine weite Strecke zu tragen. Der Brauch erreichte die Araber, und als der Prophet Mohammed starb (632 n. Chr.), waren Flaggen die Norm. Einige wenige Exemplare rudimentär flaggenähnlicher Embleme erschienen zu dieser Zeit an der Peripherie Europas, aber auf dem Kontinent verbreitet war der Brauch nicht.

Im 6. Jahrhundert n. Chr. trugen die byzantinischen Streitkräfte ein rotes Tuch als Standarte (ein Stoffquadrat, das an der Spitze einer Stange befestigt war). Dieser Brauch verbreitete sich nach Ungarn und Mitteleuropa, und die Wikinger benutzten zu dieser Zeit dreieckige Flaggen auf ihren Schiffen. Die »Flaggen« holten dann langsam auf, insbesondere im Kriegswesen. Auf dem Teppich von Bayeux, der 1077 angefertigt wurde und die Ereignisse um die Schlacht von Hastings 1066 zeigt, sieht man eine Flagge im Wikingerstil direkt hinter Wilhelm dem Eroberer und eine andere mit einem Kreuz darauf. Damit ist der Brauch auf die Zeit vor dem schrecklichen Zusammentreffen zwischen Europa und den arabischen Regionen während der Kreuzzüge zu datieren, aber es ist wahrscheinlich, dass europäische Flaggen, besonders solche mit dem christlichen Kreuz darauf, aus den Kreuzzügen erwuchsen.

Während des Ersten Kreuzzugs (1096–1099) wurde den verschiedenen Heeren aus den verschiedenen Teilen Europas klar, dass sie für die Kriegsführung voneinander unterscheidbar sein mussten. Angesichts der Umstände lag es nahe, das christliche Kreuz zu nehmen, und zwar in unterschiedlichen Farben und Formen. Eine bestimmte Farbe und ein bestimmtes Kreuz kennzeichneten etwa die Franken, ein anderes konnte das eines einzelnen Grafen oder Prinzen sein. Diese Symbole entwickelten sich zu einem kompletten Wappensystem, und in dessen Rahmen nahm ein ganzer komplizierter Katalog von Regeln für Flaggen Gestalt an: welche Formen, welche Farben, wo und wann sie wehen sollen, in welcher Reihenfolge und so weiter. Dieses System wurde zu einem wichtigen Mittel, Rang und Herkunft zu belegen und darzustellen, insbesondere für Königshäuser.

Es gibt einen bequemen Pfad, auf dem sich das Wie und Warum der französischen Flagge aufspüren lässt und der es wert ist, ihn zu verfolgen. Beginnen wir mit dem Blau des Mantels von St. Martin, das uns zurück ins 4. Jahrhundert führt. Weiter geht es ins 8. Jahrhundert zum Rot von Karl dem Großen und zuletzt erreichen wir das Weiß von Jeanne d'Arc im 15. Jahrhundert. Damit ist jedoch noch nicht die ganze Geschichte erzählt, mit ihren Drehungen und Wendungen auf dem Weg zum Flaggensymbol der 5. Republik, und die Details innerhalb dieser groben Skizze sind faszinierend.

St. Martin war ein römischer Soldat, der zum Militärdienst verpflichtet war und sich zum Christentum bekehrte. Geboren wurde er im heutigen Ungarn. Er brachte das eine oder andere Wunder zuwege und wurde zum Bischof von Tours ernannt. Am bekanntesten ist, dass er einen ziemlich teuren blauen Schafwollmantel zerschnitt, um ihn mit einem Bettler zu teilen. Nach seinem Tod (nicht etwa durch Unterkühlung) wurde sein Grab in Frankreich zur Wallfahrtsstätte, und einige Jahrzehnte später ließ ihn König Chlodwig I. (466–511) exhumieren. Und fand den Mantel!

Chlodwig hatte die fränkischen Stämme unter seiner Herrschaft geeint und damit die Grundlage für Frankreich geschaffen. Seine Verehrung von St. Martin führte dazu, dass man den Mantel des Heiligen, an eine Stange gebunden, neben anderen Flaggen bei Schlachten mitführte, weil er als siegbringend galt. Ansonsten verwahrte man den Mantel in einem zeltähnlichen Andachtsraum, der schließlich als Kapelle – nach dem lateinischen *cappa*, Mantel – bezeichnet wurde. Es heißt, dass auch das Liliensymbol, das französische Könige ab dem 13. Jahrhundert führten, auf Chlodwig zurückgehen könnte, es galt als ein Zeichen seines göttlichen Herrscherrechts.

Aus dem blauen Mantel von St. Martin ging die blaue Flagge hervor, die man immer mitführte. Bis zur Schlacht von Poitiers 1356. Da fügten die Engländer den Franzosen eine so schwere Niederlage zu, dass sie das Vertrauen in das Blau verloren. Zu diesem Zeitpunkt trugen sie auch das Rot Karls des Großen, aber das wurde durch eine weitere katastrophale Niederlage diskreditiert – diesmal siegten die Engländer 1415 bei Azincourt. Trotzdem waren Blau und Rot zu anerkannten Symbolen geworden, ebenso wie das königsblaue Banner, das Frankreich ab dem 12. Jahrhundert benutzte.

Weiß wurde dank Jeanne d'Arc populär, die diese Farbe bei der Belagerung von Orléans trug, mit der die Engländer 1429 aufgehalten wurden. Die beste Beschreibung gibt sie selbst während ihres Prozesses wegen Ketzerei ein paar Monate vor ihrer Hinrichtung:

> »Ich hatte eine Fahne, deren Grund von Lilien übersät war … Sie war weiß, aus weißer Leinwand, auch ›boucassin‹ genannt. Darüber waren die Namen ›Jesus – Maria‹ geschrieben, glaube ich. Sie hatte Seidenfransen.«
>
> Daraufhin wurde sie gefragt: »Waren die Namen ›Jesus-Maria‹ oben, unten oder seitlich aufgemalt?«
>
> »An der Seite, glaube ich.«

»Was war Euch lieber, Eure Fahne oder Euer Schwert?«

»Meine Fahne. Sie war mir lieber – hundertmal lieber als das Schwert.«

Flaggen in diesen drei Farben wehten in den nächsten 350 Jahren häufig (aber nicht ausschließlich), üblicherweise einfarbig, aber gelegentlich auch als Trikolore. Weiß war wohl am beliebtesten, doch keine Version wurde offiziell Flagge des Nationalstaats.

Zum Zeitpunkt der Französischen Revolution (1789) waren Rot und Blau schon seit Jahrhunderten die Pariser Farben gewesen, und die Pariser Miliz trug eine Kokarde aus roten und blauen Seidenbändern am Hut. Diese war ein wichtiges politisches »Abzeichen«, das man in der ganzen Stadt kannte. Nun wurde Weiß für Reinheit (und in der Tradition von Jeanne d'Arc) hinzugefügt. Bis zum Ende des Jahres war das die offizielle Kokarde und galt de facto als Wiedergabe der vereinten Nationalfarben.

Marineangehörige widersetzten sich danach ihren überwiegend adligen Vorgesetzten und verlangten als Zeichen der neuen Ära, die neue Flagge zu hissen. In einer Rede vor der Nationalversammlung warb der Graf von Mirabeau 1790 für die Flagge: »Ich behaupte, dass die wahren Aufwiegler, die wahren Verschwörer jene sind, die von den Vorurteilen reden, die es aufrechtzuerhalten gelte … Nein, meine Herren, nein! … Die Trikolore wird auf den Meeren wehen, nicht etwa als Zeichen des Kampfes und des Sieges, sondern als die Flagge der weltweiten heiligen Brüderlichkeit der Freunde der Freiheit und zum Schrecken aller Verschwörer und Tyrannen.« Mirabeau setzte sich durch und eine Vielzahl von rot-weiß-blauen Flaggen mit unterschiedlichen Designs erschienen auf der Bildfläche. Allmählich wurden sie auch an Land verwendet, und 1812 übernahm die französische Armee offiziell die drei vertikalen Streifen; daher kann man auf manchen Gemälden zu Napoleons verhängnisvollem Russlandfeldzug die Trikolore entdecken.

Ihre allgemeine Verwendung und offizielle Anerkennung variierten in den tumultreichen Tagen der Restauration der Bourbonenmonarchie, Napoleons und der Julirevolution 1830, die folgten. In der anschließenden konstitutionellen Monarchie wurde verfügt: »Die französische Nation nimmt ihre Farben wieder auf.« Seither, in der Dritten, Vierten und Fünften Republik, ist die Trikolore, wie wir sie (abgesehen von kleineren Änderungen) heute kennen, die Flagge Frankreichs. Während des Zweiten Weltkriegs zeigte die Standarte von Marschall Pétain, der an der Spitze des kollaborierenden Vichy-Regimes stand, eine Doppelaxt – die Francisque –, die auf die Franken zurückging. Im Gegenzug benutzte General de Gaulles Komitee freies Frankreich das Lothringer Kreuz – aber beide unterlegten ihr Emblem mit den berühmten Farben Blau, Weiß und Rot, die mittlerweile für Freiheit, Gleichheit und Brüderlichkeit standen.

Sagt man heute Trikolore, meint man meist die französische Flagge damit, da sie weltweit bekannt ist und nicht allein eine Nation repräsentiert, sondern auch die drei genannten Prinzipien. Die Meinungen darüber, wie diese Prinzipien zu erreichen sind, gehen auseinander – und letztlich auch darüber, was diese Worte bedeuten –, aber als Symbol verkörpern die französischen Farben das Bestreben Hunderter Millionen Menschen und sind ein globales Zeichen. Nach den Terroranschlägen 2015 in Paris erschienen diese Farben rund um die Welt in den sozialen Medien. Die Menschen nahmen sie in ihre Accounts auf, nicht nur um Solidarität mit Frankreich zu bekunden, sondern auch mit der Vorstellung von Freiheit im Hinterkopf, die Frankreich trotz seiner bewegten, geradezu wechselvollen Vergangenheit immer noch heraufbeschwört.

Östlich davon, auf der anderen Rheinseite, findet sich eine weitere Trikolore, deren Wurzeln viele Jahrhunderte alt sind, die aber für ein relativ junges Land steht: Deutschland mit seiner Flagge in Schwarz, Rot und Gold.

Diese Farben kamen erst 1919 zur Nationalflagge zusammen, nach der Gründung der Weimarer Republik. Davor und auch danach war die Farbzusammensetzung Schwarz, Weiß und Rot: die Farben, die die erste Nationalflagge nach dem Zusammenschluss der deutschen Staaten 1871 zum Deutschen Reich aufwies. Sie standen schon lange in Verbindung mit deutschen Regionen. Der polnische Chronist Jan Długosz beschrieb sechzig Jahre nach der Schlacht bei Tannenberg (1410) die Banner, die man vom geschlagenen Deutschen Orden – der im Gefolge der Ritterorden der Kreuzzüge entstanden war – erbeutet hatte und die bis 1603 in der Wawel-Kathedrale in Krakau hingen. Von den 56 verzeichneten Bannern waren die meisten rot oder weiß, die nächsthäufige Farbe war Schwarz. Das Rot ging partiell auf Karl den Großen, den ersten Kaiser des Heiligen Römischen Reichs Deutscher Nation zurück, der einen Großteil von Europa einte, darunter die deutschen Länder.

Das Heilige Römische Reich übernahm später als Wappen ein goldenes Feld mit einem schwarzen Adler, und nach seiner Auflösung 1806 lebten die Farben in den deutschen Regionen fort. Als 1813 die deutschen Nationalstaatsbestrebungen einsetzten, trug das Lützow'sche Freikorps, das gebildet worden war, um gegen Napoleon zu kämpfen, schwarze Uniformen mit roten Einfassungen und goldenen Knöpfen. Zur gleichen Zeit gründete sich die erste Burschenschaft, deren Mitglieder aus allen deutschen Regionen stammten und die sehr einflussreich war. Sie übernahm die Farben Schwarz, Rot und Gold, weil man sie als pangermanisch ansah und glaubte, sie würden alle deutsch sprechenden Menschen repräsentieren, egal, ob sie aus dem heutigen Tschechien, Deutschland, Italien, Österreich oder sonst woher kamen. Für manche symbolisierten sie auch die Hoffnung auf einen Weg in Richtung Einigung und demokratische Reformen.

Die Franzosen hatten 1830 ihre Trikolore wieder installiert, und das veranlasste viele Deutsche (aber bei Weitem nicht alle), Schwarz-Rot-Gold als die ihre anzunehmen und sie als »National«-Symbol zu benutzen. Der 1867 gegründete Norddeutsche Bund war der Prototyp von Deutschland, aber der ebenso beeindruckende und unerschütterliche wie mächtige Otto von Bismarck verhinderte, dass diese Farben übernommen wurden. Er war Preuße und die preußischen Farben waren Schwarz und Weiß. Also verlangte er, dass die neue Flagge Schwarz-Weiß-Rot war. Der Eiserne Kanzler bekam nahezu immer, was er wollte. Als 1871 das Deutsche Reich gegründet wurde, wurden dies auch die Farben der Flagge des Zweiten Reichs. Dabei blieb es fast fünf Jahrzehnte, aber das deutsche Trauma des verlorenen Ersten Weltkriegs überlebten sie nicht. Mit der Weimarer Republik kamen das Schwarz-Rot-Gold des 19. Jahrhunderts und seine Verbindung mit Demokratie zurück (jedenfalls für manche). Doch es überlebte den Aufstieg Hitlers und der NSDAP nicht. Diese lehnten die Farben der Republik ab und kehrten zu jenen des Kaiserreichs zurück.

Kurz nach der Machtübernahme durch die Nationalsozialisten 1933 erfolgte der Erlass, dass künftig zwei Flaggen wehen sollten – eine schwarz-weiß-rote Trikolore und die Hakenkreuzflagge der NSDAP. Sie sollten an allen öffentlichen Gebäuden und auf deutschen Schiffen gehisst werden. Zwei Jahre später, als der Staat fest in Hitlers Hand war, bestimmte Hitler, dass die einzige Flagge Deutschlands die mit dem Hakenkreuz sein sollte. Dies wurde mit dem Reichsflaggengesetz, einem der Nürnberger Gesetze, im September 1935 rechtsgültig. Möglicherweise war das auch einem Zwischenfall geschuldet, der in New York City stattfand und zu einem diplomatischen Eklat zwischen Deutschland und den USA führte.

Ende Juli 1935 demonstrierten mehrere Hundert kommunistische Nazi-Gegner auf einem Pier im New Yorker Hafen, wo das deutsche Linienschiff »SS Bremen« lag. Dutzende durchbrachen die Polizeiketten, gelangten an Bord, rissen die Hakenkreuzflagge herunter und warfen sie in den Hudson River. Die Spannungen waren damals hoch. Das Viertel Germantown in der Upper East Side war gespalten, eine Minderheit von ethnisch deutschen Amerikanern unterstützte Hitler, während viele andere, darunter Flüchtlinge aus Nazi-Deutschland, sich im Bündnis mit den Gewerkschaften gegen sie wandten. Die Upper East Side sollte später der Hauptsitz des berüchtigten, von den Nationalsozialisten unterstützten Deutsch-Amerikanischen Bundes werden. Eine Lokalzeitung, der ›Sunday Spartanburg Herald‹, schrieb damals (wahrscheinlich ironisch gemeint): »Als das deutsche Emblem in den Hudson River geschleudert wurde, schwamm es auf dem Wasser und wurde herausgefischt. Es hätte auch auf den Grund sinken und Hitler hätte Schadenersatz verlangen können.« Trotzdem überreichte der deutsche Botschafter dem US-Außenministerium eine scharfe Protestnote. Doch er erhielt die Antwort, dass sich die Beleidigung gegen die Nazi-Partei und nicht gegen die Nation gerichtet hätte. Acht Wochen später schlossen die Nürnberger Gesetze diese Möglichkeit aus und die Parteiflagge wurde zur Staatsflagge.

Dieses berüchtigtste aller Embleme, das das Symbol eines 1000-jährigen Reiches werden sollte, diente nur ein Jahrzehnt (1935–1945) als Nationalflagge, doch seine Geschichte reicht tatsächlich Jahrtausende zurück. Die Swastika wurde von Archäologen in Asien, Afrika und Europa gefunden. Das Zeichen wurde bereits »vorschriftlich« vor 12 000 Jahren benutzt und es ist bis heute ein Rätsel, was es genau bedeutet.

Die plausibelste Theorie zur Entstehung stammt von dem verstorbenen großen amerikanischen Astronomen Carl Sagan. In seinem Buch ›Der Komet‹ verweist er auf ein altes chinesisches Manuskript, das als ›Seidener Atlas‹ bekannt ist und vor rund 2200 Jahren entstand. Es bildet das Aussehen von Kometen ab, und eine der Zeichnungen zeigt einen Kometenkern, der deutlich die Form hat, die wir heute Swastika nennen. Carl Sagans Theorie lautete: »Die vier Eruptionen … erzeugen – wegen der schnellen Rotation des Kometen – gebogene Strahle, die Sie in ähnlicher Form bei einer rotierenden Berieselungsanlage im Garten sehen können … ein leuchtendes Hakenkreuz.« Wenn dies richtig ist, liegt es nahe, dass die Menschheit diese Form in vorgeschichtlicher Zeit am Himmel gesehen hat und ihr natürlich eine Bedeutung beimaß.

In Teilen von Asien wird die Swastika noch heute als religiöses Symbol benutzt. Beispielsweise hat die jainistische Religion in Indien eine Fahne, die im zentralen weißen Streifen eine Swastika zeigt, die die vier Stufen der Existenz darstellt. Für Hindus ist eine nach rechts gerichtete Swastika eines von 108 Symbolen des Gottes Vishnu und ist, neben anderen, in vielen Tempeln sowie in Kunst und Kunsthandwerk zu finden.

Am häufigsten ist die Swastika im alten Indien anzutreffen, und von dort fand sie auch den Weg nach Nazi-Deutschland. Adolf Hitler war besessen von Vorstellungen wie der Reinheit der Rasse und der Abstammung der germanischen Völker von der arischen »Rasse«, die aus dem Industal kam. Er glaubte, die Arier seien die Herrenrasse, und kümmerte sich nicht um die Tatsache, dass der Begriff arisch ursprünglich eine Sprache bezeichnete und keine Ethnie.

In Deutschland war das Zeichen in den 1920ern als Hakenkreuz bekannt, und nationalistische Autoren leiteten pseudowissenschaftlich ab, dass es sich um ein eindeutig arisches Symbol handele. In ›Mein Kampf‹ (1925) erinnert sich Hitler daran, was ihm 1920, in dem Jahr, in dem die Nationalsozialisten das Hakenkreuz übernahmen, bewusst geworden war: »Denn die neue Fahne musste ebenso sehr ein Symbol unseres eigenen Kampfes sein, wie sie andererseits auch von großer plakatmäßiger Wirkung sein sollte.«

Er lehnte das Schwarz-Rot-Gold der Weimarer Republik entschieden ab, aber die traditionellen deutschen Farben Rot, Weiß und Schwarz sagten ihm zu. Parteimitglieder hatten zahllose Vorschläge eingereicht, von denen viele ein Hakenkreuz irgendwo auf dem Feld enthielten. Hitler gab zu, dass einer davon der späteren Flagge ziemlich ähnlich war, nahm den eigentlichen Entwurf aber für sich in Anspruch: »Ich selbst hatte unterdes nach unzähligen Versuchen eine endgültige Form niedergelegt: eine Fahne aus rotem Grundtuch mit einer weißen Scheibe und in deren Mitte ein schwarzes Hakenkreuz. Nach langen Versuchen fand ich auch ein bestimmtes Verhältnis zwischen der Größe der Fahne und der Größe der weißen Scheibe sowie der Form und Stärke des Hakenkreuzes.« Er legte auch die Bedeutung seines Entwurfs dar: »Im

Rot sehen wir den sozialen Gedanken der Bewegung, im Weiß den nationalistischen, im Hakenkreuz die Mission des Kampfes für den Sieg des arischen Menschen.«

In der Formulierung »Mission des Kampfes« wird Hitlers mystischer Gedankengang deutlich. Auch wenn die Nationalsozialisten nicht gerade für ein Interesse an der metaphysischen Welt bekannt sind, waren viele Parteimitglieder angetan von mystischen Vorstellungen und der Macht von Symbolen. Mit ihrem Hakenkreuz hatten sie etwas gefunden, das eine geradezu mysteriöse Anziehung auf die Massen ausübte – ein Sog, der sie und zig Millionen andere schlussendlich ins Verderben riss.

In genau diesem Kontext sieht der Westen dieses uralte Symbol, und deshalb ist es in mehreren Ländern, darunter Deutschland, verboten. Ebenso ist das aber auch der Grund, warum das Hakenkreuz oder Varianten, die daran erinnern, von Rechtsextremen weiterhin benutzt werden. In den USA beispielsweise wird das Hakenkreuz von Banden wie der Aryan Brotherhood verwendet, die in Gefängnissen rekrutieren und auch als Verbrechersyndikat agieren. Selbst jene, die zu ungebildet sind, um die Einzelheiten zu kennen, sind sich seines Potenzials bewusst: zu schockieren und die Verletzung und Wut auszulösen, die sie provozieren wollen. Doch als klassisches, uraltes Symbol hat es den Missbrauch der Nazizeit überlebt und ist in anderen Weltregionen unbefleckt und ohne negativen Beigeschmack geblieben.

In Regionen, in denen die buddhistischen, hinduistischen und jainischen Religionen dominieren, wie Japan, Vietnam und China, ist es nicht ungewöhnlich, Hakenkreuze zu sehen – das Emblem der Falun-Gong-Bewegung in China zum Beispiel zeigt ein Dharma-Rad mit einem Hakenkreuz im Zentrum. In Indien ist es eines der 108 Symbole des Hindi-Gottes Vishnu und findet sich in Dekorationen für Feste, auf Kuchen und wird manchmal sogar auf die Motorhaube von Neuwagen gezeichnet, um Glück zu bringen.

Doch in einer anderen Kultur und nach den Schrecken des Zweiten Weltkriegs, mit der bedingungslosen Kapitulation

Deutschland, war es absolut undenkbar, dass die Flagge weiterhin verwendet werden könnte. Europa ging es um Wiederaufbau, Deutschland um die Wiederherstellung seines Rufs. Teil des Heilungsprozesses war das Verbot des Hakenkreuzes und die Wiedereinführung des Schwarz-Rot-Gold der ganz alten und der neueren Geschichte. Sowohl Westdeutschland als auch Ostdeutschland machten sich die Flagge der demokratischen Weimarer Republik zu eigen, denn beide sahen sich als das wahre demokratische Deutschland. Bis 1959 waren die Flaggen identisch, dann fügten die Ostdeutschen ein vom Kommunismus inspiriertes Wappen hinzu, das aus einem Ährenkranz, einem Hammer und einem Zirkel bestand und Bauern, Arbeiter und Intellektuelle repräsentierte.

Die beiden deutschen Staaten hatten zu den Olympischen Spielen 1956 eine gemeinsame Mannschaft geschickt. Da die Flaggen identisch waren, hatte es damit auch keine Probleme gegeben. Doch nun gab es eines. Das wurde damit gelöst, dass die gemeinsame Mannschaft unter einer Flagge in Schwarz-Rot-Gold auftrat, die im roten Feld die olympischen Ringe in Weiß trug. Dies war 1960 und 1964 der Fall. 1968 gab es zwei Mannschaften, die aber beide die vorherige »Kompromissflagge« benutzten. Erst danach kam die jeweilige Nationalflagge zum Einsatz, und mit dem Fall der Berliner Mauer 1989 und der deutschen Einheit im folgenden Jahr war das Problem ja gelöst.

In den rauschhaften Tagen nach dem Mauerfall machten viele Ostdeutsche ihre Gefühle deutlich, indem sie das Wappen aus der Flagge herausschnitten. Die Idee hatten sie von den Ungarn bezogen, die 1956 bei ihrem Aufstand gegen die sowjetische Besatzung das Gleiche getan hatten. Ende 1989 folgten die Rumänen dem Beispiel.

Die wiedervereinten Deutschen brauchten eine Weile, um mit ihren Farben warm zu werden. Die Nazizeit hatte zu einem tief sitzenden Misstrauen hinsichtlich des Flaggeschwenkens geführt. Doch bis zur Fußballweltmeisterschaft 2006, bei der sie Gastgeber waren, hatten die Deutschen mehr Vertrauen in ihr Land gefasst, das als eine der erfolgreichsten Demokratien des Kontinents gilt. Schwarz-Rot-Gold wehte auf der gesamten Strecke bis zu den Halbfinalspielen. Die Flaggen waren mehr als nur Dekoration, sie waren Symbol einer Nation, die sich der Höhen und Tiefen ihrer Geschichte bewusst ist und zuversichtlich in die Zukunft schaut. Für diese Generation junger Deutscher liegt der Krieg lange zurück und sogar der Mauerfall ist Geschichte. Sie kennen diese Geschichte, sind aber nicht so sehr darin verhaftet wie ihre Eltern und Großeltern. Der langsam aufkeimende Nationalismus aufgrund der Flüchtlingskrise hat eine andere Qualität als die mörderische Hysterie der Vorkriegszeit und überwiegend nicht die Neigung, sich mit der Nationalflagge zu schmücken. Es wird noch Jahrzehnte dauern, bis die Deutschen die Kriegsjahre als nicht mehr relevant betrachten. Doch Hitlers Schatten wird langsam kürzer, und in diesen Jahren hat Deutschland demokratische Einrichtungen aufgebaut, die stark und geschätzt genug sind, um die Rückkehr von Schwarz-Rot-Gold in die Populärkultur zu erlauben.

Zeit für eine Pause. Was uns zur italienischen Flagge bringt. Mittagessen ist angesagt.

Beginnen wir mit einem Salat mit Avocado, Mozzarella und Tomate. Wenn Sie keine Avocados mögen, können wir Ihnen gern einen Salat mit Basilikum servieren. In jedem Fall bekommen Sie einen *insalata tricolore* in den italienischen Farben.

Ich kann diese großartige, saubere, kraftvolle Flagge in Grün, Weiß und Rot nicht anschauen, ohne an Essen zu denken. Dass sie »Pizza! Pasta!« aus Millionen von Restaurants rund um die Welt ruft, bezeugt die Wechselbeziehung zwischen der Flagge und der Küche des Landes. Vor Chinarestaurants hängt eher keine rote Flagge mit Hammer und Sichel, um Sie hereinzulocken, und wenn Sie die tunesische Flagge entdecken, kommt Ihnen auch nicht der Gedanke, nach Hause zu eilen und das Nationalgericht Couscous zu zaubern.

Wenn ich ein paar Sekunden länger nachdenke, was die Farben heraufbeschwören, finde ich mich auf meiner von Piaggio entworfenen Vespa Primavera (dem 1967er Modell) wieder, auf dem Weg zum Stadio San Siro, um das Derby zwischen AC Mailand und Inter Mailand zu sehen. Wenn wir ein paar mehr sind, nehmen wir den Fiat 500, doch wer als Fahrer auserkoren ist, darf nur ein sehr kleines Glas Montepulciano trinken, das ist Schicksal.

Nichts davon soll die Bedeutung des italienischen Nationalsymbols schmälern, im Gegenteil, es soll unterstreichen, welch eine wunderbar erfolgreiche Verkörperung von *Soft Power* die Flagge durch die Produkte des Landes erfährt. Darin liegt ein einender Faktor in einem Staat, der darum kämpft, sich wirklich als vereint zu empfinden, und der das Aufkommen von Separatistenbewegungen und die zunehmende Kluft zwischen dem Norden und dem Süden erfahren musste.

Bis zum Ende des 18. Jahrhunderts war für die Völker der Apenninenhalbinsel und der umliegenden Regionen und Inseln eine umfangreiche Flaggenproduktion nötig, um all die Königreiche und Stadtstaaten zu repräsentieren. Doch im Frühjahr 1796 überquerte Napoleon die Alpen und stürzte die alte Ordnung absolutistischer Kleinstaaten ins Chaos. Französische Truppen besetzten die Lombardei mit der Hauptstadt Mailand und errichteten die Transpadanische Republik. Das Mailänder Militär trug eine grün-weiße Uniform, und als es zur Nationalgarde der Repubblica Transpadana wurde, kam Rot hinzu. Die Legione Lombarda hatte dieselben Farben. Im Oktober diesen Jahres schrieb Napoleon nach Paris: »Die Nationalfarben, die sie angenommen haben, sind Grün, Weiß und Rot.«

Französische Truppen stürzten auch das alte Regime im benachbarten Modena, das sie kurzzeitig in Cispadanische Republik umbenannten. Eine neu geschaffene Miliz nannte sich Italienische Legion und verwendete Grün, Weiß und Rot bei ihren Uniformen. Dies waren auch die Farben der horizontalen Trikolore, bei der sich Rot oben, Weiß in der Mitte und Grün unten befanden.

Bereits 1797 schlossen sich die beiden zur Cisalpinischen Republik zusammen und machten 1798 die Trikolore in der vertikalen

Form, die wir heute als italienische Flagge kennen, zur Nationalflagge. Zweifellos war diese von der französischen Flagge beeinflusst. Der neue »Staat« unter französischer Oberherrschaft wurde zur Republik Italien und danach zum Königreich Italien. Der Sturz Napoleons unterbrach den italienischen Einigungsprozess, aber die Idee und die Farben der nationalen Einheit hatten Gestalt angenommen.

Im 19. Jahrhundert breitete sich die Trikolore immer weiter auf der Halbinsel aus. Das Risorgimento, die nationale Einheitsbewegung, war nicht mehr aufzuhalten. Angeführt wurde sie von Männern wie Giuseppe Mazzini und Giuseppe Garibaldi, die beide unter den Farben der Trikolore kämpften. 1861 wurde der italienische Staat geboren und Viktor Emanuel II. König von Italien. Die Farben der Flagge standen nicht infrage, allerdings wurde das Wappen des Hauses Savoyen in der Mitte hinzugefügt und blieb dort bis 1946.

Benito Mussolini wies zwar die übliche faschistische Obsession mit Symbolen auf, aber die Flagge rührte er nicht an. Diese wurde erst verändert, als Italien nach dem Zweiten Weltkrieg Republik wurde und man das Wappen von Savoyen entfernte. Mit Stolz hisst man die Flagge an staatlichen Einrichtungen, aber die Öffentlichkeit teilt nicht immer den Stolz auf diese Institutionen. Italien bleibt eine Nation der Regionen, viele Menschen finden ihre Identität offenbar eher auf lokaler Ebene, und Regionalflaggen sind manchmal der üblichere Anblick. Doch es gibt auch Gelegenheiten, zu denen das Land zusammenkommt – am deutlichsten sichtbar wird das, wenn die Fußballnationalmannschaft, die Azzurri auflaufen. Dann sind die Zuschauer unübersehbar und zweifelsfrei unter ihrer *tricolore* vereint.

Manche Menschen schreiben den drei Farben der ansonsten schmucklosen Flagge bestimmte Bedeutungen zu: dem Rot, wie üblich, das für die Unabhängigkeit vergossene Blut, dem Grün die fruchtbaren Landschaften, dem Weiß die Alpen. Nichts davon ist offiziell oder lässt sich historisch verfolgen. Doch wie immer liegt die Bedeutung im Auge des Betrachters – und dieser Autor sieht darin Avocado, Mozzarella (selbstverständlich aus Büffelmilch) und Tomaten. *Salute!*

Und *skål!*, denn nun geht es vom sonnigen Süden in den Norden – nach Skandinavien, Finnland und Island.

Hier finden wir eine der wenigen Gruppen von Flaggen, die es überhaupt in Europa gibt – jene mit dem skandinavischen Kreuz. Es gibt andere Gruppen – beispielsweise finden sich horizontale Trikoloren von den Niederlanden über Deutschland bis hinunter nach Bulgarien –, aber diese Flaggen verbindet kaum etwas, das sie spezifisch als Gruppe definiert. Zudem sind Trikoloren überall auf der Welt üblich. Das skandinavische Kreuz hingegen kann man, auch wenn es auf den Flaggen von Norwegen, Dänemark, Schweden, Finnland und Island unterschiedliche Farben hat, seiner Form wegen sofort zuordnen. In allen Fällen steht es außermittig, etwas dichter am Mastliek, und sein rechter »Arm« ist länger.

Es entbehrt nicht einer gewissen Ironie, dass dieses Symbol ausgerechnet in jener Region, die heute in Europa am wenigsten religiös ist, so lange überdauert hat, während Länder mit einem deutlich höheren Anteil von Kirchgängern, etwa Spanien und Italien, das christliche Symbol nicht zeigen.

Die fünf Flaggen mit dem skandinavischen Kreuz basieren alle auf der dänischen Flagge, die ein weißes Kreuz auf einem roten Feld aufweist. Sie trägt die Bezeichnung Dannebrog und gilt als älteste Nationalflagge der Welt, weil sie schon Anfang des 13. Jahrhunderts Symbol des Landes war (auch wenn sie offiziell viel später installiert wurde). Es existiert eine Sage, die jeder Däne kennt, dass diese Flagge auf eine Schlacht gegen heidnische Esten im Jahr 1219 zurückgeht. König Waldemar II. war arg in Bedrängnis, so dass die Geistlichen, die seine Truppen begleiteten, ein kleines Gebet begannen. Aufs Stichwort ließ Gott den Dannebrog vom Himmel fallen und Waldemar fing ihn in der Luft auf. Das Wunder beflügelte die dänische Armee so sehr, dass sie einen großen Sieg erkämpfte. Die historischen Belege sind bestenfalls schemenhaft, doch die Geschichte wird seit Jahrhunderten erzählt und ist ebenso wahrscheinlich wie, sagen wir, die Sage von König Artus und seiner Tafelrunde – und ebenso bedeutend wie diese für die Ausbildung psychologischer »Wahrheiten«, die eine Nation zusammenschließen.

Genau dieser Dannebrog durchlebte alle möglichen Abenteuer. Einer der deutschen Staaten erbeutete ihn 1500, doch 1559 wurde er befreit und später zurück nach Dänemark gebracht, nur um dort gut hundert Jahre später zu Staub zu zerfallen. Angeblich.

Dies war keinesfalls die letzte dänische Flagge, die das Zeitliche segnete. Der Dannebrog war 2006 die Flagge, die am häufigsten verbrannt wurde. Im September 2005 hatte die Zeitung ›Jyllands-Posten‹ zwölf Karikaturen des Propheten Mohammed veröffentlicht, darunter eine, auf der er als Turban eine Bombe mit brennender Zündschnur trug. Viele Muslime sahen das als beleidigend an, nicht nur wegen der Form der Darstellung, sondern auch, weil die meisten Interpretationen islamischer Gesetze eine bildliche Darstellung des Propheten verbieten.

Seinerzeit führte das zunächst zu einem kleinen Streit in Dänemark. Doch einige Monate später reiste eine Delegation der Beleidigten durch den Nahen Osten, machte die Karikaturen publik und stellte mit großem Erfolg sicher, dass sich möglichst viele weitere Leute beleidigt fühlten. Das Ergebnis waren Demonstrationen, bei denen in der muslimischen Welt Dutzende von Menschen getötet wurden und die Botschaften von Dänemark und Norwegen in Damaskus zusammen mit Hunderten von dänischen Flaggen in Brand gesetzt wurden.

Man könnte meinen, dass das alles ein bisschen unfair Dänemark gegenüber war, denn die Regierung hatte die Karikaturen ja nicht veröffentlicht, aber gegenüber den guten Leuten aus der Schweiz und Savoyen war es noch unfairer. Viele der Flaggen, die man verbrannte, waren selbst gemacht, und verständlicherweise kümmerten sich die Hersteller nicht immer darum, wohin genau sie das weiße Kreuz auf dem roten Hintergrund stellen mussten oder welche Proportionen es haben musste. Häufig stand es in der Mitte statt näher an der Stange. Somit gingen zahllose Flaggen der Schweiz und Savoyens in Flammen auf, begleitet von dem Ruf »Tod den Dänen!«. Hier zeigte sich ein allgemeiner Mangel an Verständnis für Europa, der das geringe Maß an Verständnis für den Nahen Osten in Europa widerspiegelte.

Der Dannebrog hängt heute in Metzgereien von der Decke, verziert Schinkenpackungen, Bierflaschen, Käse – in der Tat alles, was man verkaufen kann. Die Dänen sind ungeheuer stolz auf ihre Flagge und in der Regel ganz locker im Umgang damit, worauf sie zu finden ist. Mit einer Ausnahme: Wenn die Rechtsextremen sie benutzen, erregt das Unmut. Die Bevölkerung möchte generell nicht, dass sie für deren Zwecke missbraucht wird. Auch wenn der Dannebrog seit vielen Jahrhunderten Teil dänischen Lebens war, ist sein Einsatz bis heute patriotisch, aber nicht unverhohlen nationalistisch. Die kommerzielle Benutzung ist so verbreitet wie die private, er weht an den Häusern vieler normaler Bürger. »Made in Denmark« ist ein Zeichen von Lebensqualität, und der Dannebrog ist Teil der dänischen Lebensqualität.

Ein Stück weiter die Straße hinauf, jenseits der Öresundbrücke, rümpfen die Schweden darüber eher die Nase. In Schweden ist der Einsatz der Nationalflagge nicht annähernd so weit verbreitet, und sie musste, wie im Vereinigten Königreich, vor dem Zugriff rechtsextremer Elemente im Land gerettet werden. Da so wenige Normalbürger die schwedische Flagge hissten oder kommerziell einsetzten, wurde ihr Erscheinen außerhalb von Behörden in den 1990ern mit den Neonazis in Verbindung gebracht. Seither hat man sie sich erneut zu eigen gemacht, aber ihr Gebrauch ist immer noch eine heikle Angelegenheit, so dass sie zur Kategorie der eher »selten geschwenkten« Flaggen in Europa gehört. Bei der Fußball-EM Euro 2016 machten die Schweden eine Ausnahme, nahezu bis zum letzten Mann und zur letzten Frau »wehte« die Flagge irgendwo an der Kleidung. Doch daheim ist man sich auch bewusst, dass nationalistische Parteien wie die Sverigedemokraterna (Schwedendemokraten) sie zunehmend zeigen und eine Zeitung der Rechtsextremen den Titel ›Blågula Frågor‹ (Blau-gelbe Fragen) trägt. Es wird also wieder … problematisch.

Schweden gilt üblicherweise als Hort des kulturellen Ultraliberalismus und Wohlfahrtstaats. Diese Sichtweise ist seit mindestens zwei Dekaden überholt und gehört zum Schweden von Abba, nicht zum Schweden der Masseneinwanderung. Seit den 1990ern wurde die Marktwirtschaft allmählich zugelassen. Die Ausgaben für Sozialleistungen und Bildung sind deutlich gesunken, und einige Schulen wurden sogar privatisiert. Strenge Gesetze zur Überwachung durch Polizei und Geheimdienst wurden in mehreren Legislaturperioden verabschiedet. In den größeren Städten sind ethnische Enklaven die Norm, und die Arbeitslosigkeit ist hoch, besonders unter nichtweißen Schweden. Laut den Zahlen der OECD wurden ein Fünftel der Schweden außerhalb des Landes geboren oder haben zumindest ein Elternteil, bei dem das der Fall ist. Dies ist der Hintergrund zur Debatte über die Flagge und ihre Stellung in der Gesellschaft, während sich Schweden seinen neuen Umständen anpasst.

Bei der Gestaltung der Flagge übernahm man das Kreuz des Dannebrog, färbte es aber gelb ein und stellte es vor ein blaues Feld. Forschungen legen nahe, dass die Schweden schon im 15. Jahrhundert ein goldenes Kreuz auf blauem Grund als ihr Nationalsymbol verwendeten, und Blau und Gelb wurden auch die offiziellen Farben der königlichen Familie Schwedens.

Die norwegische Flagge, die aus dem Jahre 1821 stammt, hat auch das Dannebrog-Kreuz, weil das Land von 1388 bis 1814 unter dänischer Herrschaft stand. Dann wurde es an Schweden abgetreten. Die Farben Rot und Blau sind der Französischen Revolution und ihrer Trikolore geschuldet, reflektieren aber auch die Verbindungen des Landes zu Dänemark und Schweden. Der schwedische König erlaubte den Gebrauch der Flagge an Land, aber nicht auf See, um zu verhindern, dass ihre Beliebtheit zu sehr wachsen und einen norwegischen Nationalismus fördern würde. Erst 1898 wurde Norwegen dieses Recht zugestanden. De facto haben diese Verschleppung und der Umstand, dass für dieses Recht gekämpft werden musste, die Trennung Norwegens von Schweden, die 1905 erfolgte, nur beschleunigt.

Die Norweger sind heute mächtig stolz auf ihre Flagge, ihr Land, ihre Währung, ihre Souveränität. Dies und die Öl- und Gasvorkommen vor der Küste, die den größten staatlichen Wohlfahrtsfonds der Welt füttern, sind die wesentlichen Gründe, warum Norwegen sich entschied, kein EU-Mitglied zu werden.

Finnland stand gleichfalls unter schwedischer Oberhoheit, von etwa 1150 bis 1809. Da verlor Schweden den Finnischen Krieg gegen Russland, und Finnland wurde von russischen Truppen besetzt. Doch während seine vorherigen Herren auf Schwedisch als Amtssprache und einer von Schweden aus gelenkten Verwaltung bestanden hatten, gestatteten die Russen ein größeres Maß an Autonomie.

Diese neuen (relativen) Freiheiten ermutigten den finnischen Nationalismus, und Ende Dezember 1917, als Russland im Chaos der Revolution steckte, erkannte Lenin eine einseitige Unabhängigkeitserklärung an, die Finnland am 6. Dezember beschlossen hatte. Nun brauchte man eine Nationalflagge. Dafür gab es zwei Favoriten. Am Tag der Unabhängigkeitserklärung wehte auf dem finnischen Senat die sogenannte »Löwenflagge«. Sie zeigte einen goldenen Löwen auf rotem Grund. Doch zu diesem Zeitpunkt war auch eine blau-weiße Flagge populär, die auf vielen Schiffen wehte. Blau und Weiß waren vom Dichter, Autor und Historiker Zacharias Topelius schon 1862 gefeiert worden. Er sagte, das Blau stünde für die zahllosen Seen Finnlands und das Weiß für seine Schneemassen.

Im Parlament begann eine hitzige Debatte über die Vor- und Nachteile der beiden Flaggen, aber dann brach Ende Januar 1918 ein noch hitzigerer Streit in Form des Finnischen Bürgerkriegs aus. Lenin mag eine Abhandlung über das Recht Finnlands auf

Selbstbestimmung verfasst und deshalb seiner Unabhängigkeit zugestimmt haben, doch seine Offenheit hatte Grenzen: Er definierte die Selbstbestimmung als von Moskau angeleitet und von kommunistischer Natur. Er ermutigte verschiedene Armee-Einheiten, sich von den finnischen Schutzkorps abzuspalten und »Rote Garden« zu bilden. In den folgenden Kämpfen, die bis Anfang Mai anhielten, besiegte die sogenannte »Weiße Armee« die »Roten Garden«. Das machte die Flaggenentscheidung relativ einfach. Rot war aus der Mode gekommen. Im Jahr darauf hisste die Republik Finnland stolz ihre Flagge mit dem blauen skandinavischen Kreuz auf weißem Grund.

Jenseits des Europäischen Nordmeers draußen im Atlantik liegt Island. Es mag über 1000 Kilometer vom europäischen Festland entfernt sein, doch seine Kultur und Geschichte machen es zu einem Teil Skandinaviens. Die Flagge zeigt ein rotes skandinavisches Kreuz mit weißem Saum auf blauem Grund und transportiert mehrere Bedeutungen: das christliches Erbe, die Verbindung mit den nordischen Völkern, die Beherrschung durch Norwegen und dann Dänemark von 1380 bis 1944 und auch die enge Verwandtschaft mit Norwegen, woher viele Vorfahren der Isländer kamen.

Die fünf Flaggen der nordischen Länder sind eine Ausnahme in der europäischen Flaggenkultur. Nirgendwo sonst besteht eine derart offensichtliche Gruppe: Man sieht eine der Flaggen und weiß sofort, zu welcher Region sie gehört, auch wenn man das genaue Land nicht nennen kann. Kreuze sind im übrigen Europa auf Flaggen nicht die Norm, auch wenn noch weitere Länder, etwa die Schweiz, Griechenland, Malta oder die Slowakei, ein Kreuz haben. Aber diese sind allesamt anders als das skandinavische Kreuz.

Es gibt jedoch auch noch andere symbolische Hinweise auf das Christentum auf Europas Flaggen. Beispielsweise ist das Grün der portugiesischen Flagge eine Verbeugung vor dem grünen Kreuz des Ritterordens von Avis, dessen Geschichte bis zu den Tempelrittern und den Kreuzzügen zurückreicht. Das Rot verweist auf eine andere heraldische Gruppe, den Orden der Christusritter. Nachdem Portugal Republik geworden war, wurde 1911 eine Kommission eingesetzt, um über die Farben der neuen Flagge zu beraten. Es war unübersehbar, dass starke Gefühle aufkamen, als es um Rot ging. Es musste dabei sein, denn Rot »ist die aggressive, heiße, kraftvolle Farbe par excellence. Es ist die Farbe der Eroberung und das Lachens. Eine singende, feurige, freudige Farbe … Sie erinnert uns an Blut und treibt uns zum Sieg.«

Zweifellos interessanter ist es, dass hinter dem Wappen im Zentrum eine Armillarsphäre abgebildet ist. Das astronomische Gerät diente der Navigation und ist ein Symbol für das Zeitalter der Entdeckungen, als portugiesische Seefahrer die Pioniere waren, die neue Handelswege in Länder eröffneten, die Neuland für Europa waren. Das Wappen gründet auf einem Design, das auf das Jahr 1139 zurückgeht und gleichfalls zutiefst christlich ist. Es zeigt jeweils fünf weiße Punkte auf fünf blauen Schilden – ein Verweis auf die Schlacht von Ourique 1139, in der der spätere König Alfons I. fünf maurische Könige »im Namen der fünf Wundmale Christi« besiegte. Daher fünf Punkte und fünf Schilde.

Sogar in der portugiesischen Nationalhymne kommt die Flagge vor:

»Entrollt die unbesiegbare Flagge
Im strahlenden Lichte deines Himmels!
Rufe es Europa, der ganzen Welt zu:
Portugal ist nicht untergegangen!
Dein glückliches Vaterland wird geküsst
Vom Ozean, der voller Liebe murmelt.
Und dein siegreicher Arm
Hat neue Welten der Welt geschenkt!«

Österreichs waagrechte Streifen in Rot-Weiß-Rot sind ebenfalls christlichen Ursprungs und stehen für einen weiteren Gründungsmythos, wie sie Staatenbauer und manchmal auch Staatsvölker so lieben. Hier die Geschichte: Beim Dritten Kreuzzug war Herzog Leopold V. von Österreich (der Tugendhafte) in einer Schlacht während der Belagerung von Akkon (1189–1191) so erfolgreich beim Niedermetzeln, dass sein Waffenrock (die lange, ärmellose, oft weiße Tunika, die über der Rüstung getragen wurde) völlig mit Blut getränkt war. Als er nach dem Tag harter Kreuzzugsarbeit seinen breiten Gürtel ablegte, kam darunter, wo das Blut nicht hingelangt war, ein weißer Streifen zum Vorschein. Angeblich soll Kaiser Heinrich VI. bald darauf Ritter bei besonderer Tapferkeit mit rot-weißen Schilden ausgezeichnet haben, und spätestens seit 1230 waren die Farben mit Leopolds Landen fest verbunden. Doch erst nach dem Zweiten Weltkrieg war es das schlichte Rot-Weiß-Rot ohne zusätzliches Emblem, das zur offiziellen Staatsflagge wurde.

Laut dem Pew Research Center in Washington D.C., enthalten etwa ein Sechstel der Nationalflaggen der Welt ein christliches Symbol. Das sind, so meine Schätzung, 32 Flaggen, von denen, je nach angelegten Kriterien, fast zwei Drittel in Europa zu finden sind. Den meisten Europäern sind diese Symbole nicht bewusst: Wir sehen die Flagge von Schweden, nicht das christliche Kreuz auf einer Flagge. Doch mit dem zunehmenden Interesse der Menschen an Geschichte und mit der Verbreitung des Islam in Europa heute ist es wahrscheinlich, dass diese Symbole vermehrt von Rechtsextremen verwendet werden, um zu zeigen, was der Kontinent ihrer Meinung nach ist und was er dagegen nicht ist. Dies gilt besonders im Hinblick auf die religiöse Symbolik, die oft auf den Flaggen islamischer Länder zu sehen ist, wo den meisten Menschen genau bewusst ist, welche Bedeutungen transportiert werden sollen. Der türkische Präsident Erdoğan hat der EU vorgeworfen, die Türkei nicht aufnehmen zu wollen, weil es sich um ein »mehrheitlich muslimisches Land« handle, auch wenn sie offiziell ein säkularer Staat sei. Vielleicht wird sich die Religion als ein wesentlicher Stagnationspunkt erweisen und Halbmond und Stern, die vom Osmanischen Reich übernommen wurden, erinnern zu stark an einen Konflikt, der jahrhundertelang bestand.

Abgesehen von den oben angeführten Beispielen gibt es nicht sonderlich viel ins Auge fallende religiöse Ikonografie auf europäischen Flaggen. Größtenteils liegt das an der Welle des Republikanismus, die viele der königlichen Dynastien und ihre Wappen davonschwemmte.

Die niederländische Flagge war zunächst orange, weiß und blau und repräsentierte den Protestanten Wilhelm von Oranien, auch Wilhelm der Schweiger genannt. Er führte die Revolte gegen das katholische Spanien zu Beginn des Achtzigjährigen Krieges an, der zur Unabhängigkeit erst einiger und schließlich aller niederländischen Provinzen führte, die sich zur Republik der Vereinigten Niederlande zusammenschlossen. Diese Trikolore, die als Prinzenflagge bekannt war, wurde zum frühen Zeichen der Unabhängigkeit von Spanien. Die königlichen Farben waren die naheliegende Wahl für die Flagge, doch bis zur Mitte des 17. Jahrhunderts war aus dem Orange Rot geworden, weil das Orange rasch verblich und auf See nur schwer auszumachen war. Daher nahm die niederländische Königsfamilie Rot, Weiß und Blau an, aber zu besonderen königlichen Anlässen weht die Trikolore mit einem orangen Wimpel an der Spitze.

Die Farbe Orange dominiert das Land noch immer, vor allem, wenn die Fußballnationalmannschaft spielt und die meisten Leute zu Ehren der Oranjes, so ihr Spitzname, orange T-Shirts tragen. Rot, Weiß und Blau sind die offiziellen Nationalfarben – und während der deutschen Besatzung während des Zweiten Weltkriegs haben manche Leute sogar ihre Wäsche in der entsprechenden Reihenfolge aufgehängt –, aber es besteht kein Zweifel, welche Farbe am stärksten mit den Niederländern in Verbindung gebracht wird, sowohl von ihnen selbst als auch von anderen. Dies ist wahrlich eine Seltenheit: Was als Nationalfarbe gilt, erscheint nicht auf der Nationalflagge.

Die russische Trikolore ist gleichfalls interessant … in einem

Punkt. Sie zeigt keine Version des sowjetischen Symbols Hammer und Sichel, sondern stellt einfach eine Rückkehr zur alten Flagge der vorkommunistischen Ära dar. Es wird angenommen, dass die waagrechten Streifen in Weiß, Blau und Rot von Peter dem Großen eingebracht wurden, der Ende des 17. Jahrhunderts durch Europa reiste, angeblich von der niederländischen Trikolore begeistert war und sie als Schablone für die Nationalflagge benutzte.

Nach seinem Tod bekam sie einmal Konkurrenz. Alexander II. zog 1858 eine Flagge in Schwarz, Gelb und Weiß vor, und da er der Kaiser war, dürften auch viele dieser Flaggen im Einsatz gewesen sein, aber offenkundig konnten sie das Original nicht ausstechen. Ein junger Mann namens Ignati Grinewizki sprengte Alexander 1881 in St. Petersburg in die Luft, und seither hat man – außer bei ein paar versprengten heutigen Royalisten und rechtsextremen Gruppen – von Schwarz-Gelb-Weiß nichts mehr gesehen. Weiß-Blau-Rot wehte unangefochten, bis die Bolschewiken es 1917 durch die frühe Version ihrer roten Flagge ersetzten.

Die rote Flagge mit Hammer und Sichel ist eine weitere jener Flaggen des 20. Jahrhunderts, die über den Gräbern von zig Millionen wehten. Aber sie wurde in den Köpfen der westlichen Welt nie so sehr mit dem Bösen verbunden wie ihr Nazi-Gegenstück, obwohl sie das Symbol eines Systems war, das unzählige Zivilisten in unzähligen Ländern getötet hat, vor allem in Russland und China, wo Millionen verhungerten. Doch immer noch gibt es Anhänger von Hammer und Sichel, die darin ein Zeichen der Hoffnung sehen.

Es ist einiges an geistiger Akrobatik nötig, um über Gulag und Terror hinwegzusehen und zu sagen, »alles in allem genommen« sei Kommunismus eine gute Sache. Und selbst jetzt, nachdem die Archive geöffnet wurden, gibt es immer noch viele, die nicht akzeptieren wollen, dass eine Ideologie, an die sie ein Leben lang geglaubt haben, zum Massenmord beigetragen hat. Kaum jemand würde sagen, »alles in allem genommen« wären die Nationalsozialisten mit ihrer Vollbeschäftigung und dem Autobahnbau gut für Deutschland gewesen. Geht es jedoch um Hammer und Sichel, setzt die geistige Akrobatik ein. Ein Stück weit lässt sich das vielleicht mit den Ideen hinter den Flaggen erklären.

Die Nationalsozialisten machten keinen Hehl über die Symbolik ihrer Flagge: Sie repräsentierte ihre Ansichten über Herrenrasse, Stärke, Schwäche und Reinheit – Haltungen, die unter den Trümmern Europas zermalmt wurden. Hammer und Sichel repräsentieren hingegen in der Symbolik, wenn nicht in der Praxis des Kommunismus, die Idee der internationalen Solidarität, Einheit von städtischem Proletariat und Bauern, Würde der Arbeit und sogar, wie der Text von ›The Red Flag‹ besagt: »Sie gibt die Hoffnung, dass endlich Frieden herrscht.« Also können ihre Verteidiger entweder Augen und Ohren vor den zahllosen Verbrechen, die begangen wurden, verschließen oder argumentieren, dass das, wofür die Flagge steht, gültig bleibe, auch wenn die Praxis diese Ideale verraten habe. Wie es in der sowjetischen Nationalhymne heißt:

»Von Russland, dem großen, auf ewig verbündet
Steht machtvoll der Volksrepubliken Bastion.
Es lebe, vom Willen der Völker gegründet,
Die einig und mächtige Sowjetunion.

Ruhm sei und Lobgesang, dir, freies Vaterland!
Freundschaft der Völker hast fest du gefügt.
Fahne der Sowjetmacht, Fahne in Volkes Hand,
Du sollst uns führen von Sieg zu Sieg.«

Die rote Flagge mit Hammer und Sichel, die den Kommunismus symbolisiert, existierte zu Lebzeiten von dessen Begründer Karl Marx (1818–1883) allerdings noch nicht. Sie kam erst allmählich in Gebrauch, nachdem die Bolschewiki in Russland die Macht übernommen hatten. Wie bei Revolutionen üblich, wurde der Symbolik erstrangige Bedeutung zugemessen: Die Symbole des alten Regimes wurden zerstört und durch die der neuen Ära ersetzt.

Rot galt bereits als Farbe der Revolution, vor allem nach seinem Einsatz beim Aufstand der Pariser Kommune und der nachfolgenden sozialistischen Regierung 1871. Und wie bei den meisten Flaggen, wurde Rot mit dem Blut derer in Verbindung gebracht, die für die Sache ihr Leben gegeben hatten.

Der Bolschewiki-Führer Wladimir Lenin billigte den Entwurf einer roten Flagge mit Hammer und Sichel sowie einem fünfzackigen roten Stern darüber, um die Einheit der Sache von Bauern und Industriearbeitern darzustellen. Sie zeigt auch, dass das Proletariat von der Kommunistischen Partei angeführt werden wird. Übrigens sagen die Russen »Sichel und Hammer« – *serp i molot* –, doch irgendwie wurde das im westlichen Sprachgebrauch vertauscht.

In den ersten paar Jahren nach der Revolution waren Hammer und Sichel noch von einem Ährenkranz umgeben, aber als die Flagge im November 1923 offiziell angenommen wurde, war der verschwunden, und das Aussehen der Flagge entsprach ziemlich genau dem heutigen. Eine kleine Änderung gab es bei der Form der Sichel und der Länge des Hammers, aber abgesehen davon, war die Flagge des Jahres 1923 die, die bis zum Dezember 1991 über dem Kreml wehte und bis zum heutigen Tag rund um den Globus den Kommunismus repräsentiert. Auf Staatsebene weht eine Version davon noch in China, aber dort hat die Partei nahezu aufgehört, auch nur vorzugeben, dass sie kommunistisch sei. Stattdessen übt sie eine rücksichtslose kapitalistische Diktatur aus, benutzt dabei aber die Maschinerie und die Symbolik der Partei, um das Volk zu beherrschen.

In einigen der Länder, die unter der Sowjetunion – im Wesentlichen unter dem Russischen Reich – gelitten haben, sind Hammer und Sichel verboten, weil sie dort als Zeichen für Grausamkeit, Folter, Verarmung, Kolonialismus und Totalitarismus gelten. Viele, die in der Tyrannei leben mussten, die unter diesem Zeichen ausgeübt wurde, schaudern, wenn sie an die Flagge denken. Doch es gibt auch andere Länder, die diese Herrschaft nicht ertragen mussten, wo manche jungen Leute immer noch an die Ideale glauben.

Für sie bleiben das Rot und die Werkzeuge nützliche Kürzel, um Klassenbewusstsein, Auflehnung und Egalitarismus zu signalisieren. Sie mögen ein wenig altmodisch wirken, aber es ist ziemlich unwahrscheinlich, dass sich eine aufmüpfige Jugend unter einem modernen Banner sammelt, das, sagen wir, eine weiße Tastatur und eine fluoreszierende Warnschutzjacke zeigt.

Doch auch in Russland wird die Flagge nicht mehr sonderlich hochgehalten, denn im Wesentlichen hat der Kommunismus den Kalten Krieg verloren, Levis hat Lenin besiegt und die NATO den Warschauer Pakt ausgesessen. Bei Demonstrationen ist sie noch zu sehen, aber dann schwenken sie überwiegend ältere, eher arme Menschen, die sich nach der Zeit staatlicher Planwirtschaft und Größe zurücksehnen. Das Comeback der Flagge steht also kaum unmittelbar bevor.

Die russische Trikolore weht in allen russischen Republiken, und jetzt auch in den Teilen von Georgien und der Ukraine, die Moskau de facto erobert hat. Die Annexion der Krim stieß in Russland auf große Zustimmung, und möglicherweise kennen wir noch nicht das Ausmaß der Gebiete, in denen Putin die Nationalfarben hissen will.

Der russische Einfluss sorgte auch dafür, dass Rot, Weiß und Blau – egal in welcher Anordnung – zum Symbol panslawischer Einheit wurden, als die verschiedenen slawischen Völker die österreichisch-ungarische oder die osmanische Dominanz abschütteln wollten. Die Slawen tauchten vor rund 1500 Jahren als locker verbundene ethnische Gruppe in einem Gebiet auf, das von Tschechien bis jenseits des Urals und von der Ostsee bis hinunter nach Mazedonien reicht. Sie sprechen Sprachen, die sich zurückverfolgen lassen auf eine urslawische Sprache. Aufgrund des Gebiets, der Sprache und der Religion wurden sie allesamt von Russland beeinflusst, und diesen Einfluss sehen wir auch bei ihren Flaggen, etwa denen von Serbien, der Slowakei, der Republik Tschechien und von Slowenien.

Zwei von den Genannten, Serbien und Slowenien, gehörten zu

den sechs Republiken, die Jugoslawien bildeten. Als das Königreich der Serben, Kroaten und Slowenen 1918 ausgerufen wurde, übernahm man die slawischen Farben, aber in der waagerechten Anordnung Blau-Weiß-Rot. Bei der Umbenennung in Jugoslawien wurde ein fünfzackiger roter Stern hinzugefügt. Nach dem Auseinanderbrechen von Jugoslawien Anfang der 1990er wurden sechs (später sieben) neue Flaggen benötigt. Serbien, Slowenien und Kroatien wählten jeweils Variationen von Rot, Weiß und Blau, Montenegro übernahm erneut eine rote Flagge mit doppelköpfigem Adler, die aus dem späten 19. Jahrhundert stammte, und Mazedonien holte sich seine Inspiration weit früher.

Nirgendwo in Europa gibt es eine Flagge, die mit der mazedonischen vergleichbar wäre. Auf rotem Grund zeigt sie eine ins Auge fallende gelbe Sonne mit acht Strahlen. Die erste Flagge, die anlässlich der Unabhängigkeit 1991 entworfen wurde, ähnelte der heutigen, aber die Sonne war kleiner und hatte 16 Strahlen. Das Original ist als Stern von Vergina bekannt und wurde seit dem Altertum in der Kunst als 16-, zwölf- oder achtzackige Sonne dargestellt, am häufigsten aber mit 16 Strahlen. Und diese Version wurde für die mazedonische Flagge gewählt.

Dieses Symbol wurde im 4. Jahrhundert von Alexander dem Großen und seinem Vater Philipp II. von Mazedonien benutzt – historischen Personen, die sowohl Mazedonien als auch Griechenland für sich beanspruchten. Bedenkt man, dass Griechenland nicht davon abrückt, dass Alexander und Philipp Griechen waren und, wichtiger noch, die griechische Region, die als Mazedonien bekannt ist, nichts mit dem benachbarten, äh, Mazedonien zu tun hat, nahm Athen extrem Anstoß am Gebrauch eines, wie man es dort sieht, griechischen Symbols.

Das ist kein kleinlicher Disput zwischen Archäologen, sondern ein anhaltender Territorialstreit. Es gibt nach wie vor Leute in Mazedonien (dem Staat), die Mazedonien (in Griechenland) als Teil eines größeren Landes betrachten, dessen Hauptstadt Thessaloniki ist. Da man befürchtete, dies sei nur ein erster Schritt zur Beanspruchung der griechischen Region durch Mazedonien, verhängte Griechenland eine Handelsblockade und erbat Freundschaftsbeweise von wohlwollenden Ländern in EU und UNO. Und man reichte sogar eine Klage bei der Weltorganisation für geistiges Eigentum (WIPO) ein. Das hatte Erfolg. 1995 wurde nicht nur die Sonne auf der Flagge in eine mehr stilisierte achtstrahlige geändert, sondern für UN und EU lautet der Landesname nun auch »ehemalige jugoslawische Republik Mazedonien« (EJRM), um Besorgnisse Griechenlands zu zerstreuen, weil ein Nationalstaat denselben Namen wie eine seiner Regionen trägt. Viele der einzelnen Länder erkennen ihn jedoch, sehr zum Ärger Griechenlands, als Republik Mazedonien an.

Es dauerte mehrere Jahre, bis die erste Flagge aus der Öffentlichkeit verschwand, und im Land spricht niemand von EJRM. Die offizielle Ansicht zum Streit erkennt man, wenn man auf dem Flughafen der Hauptstadt Skopje ankommt, der 2006 einen neuen Namen bekam … »Flughafen Alexander der Große«. Auf dem Weg zum Taxistand sollten Sie die imposante Statue in der Ankunftshalle nicht verpassen, sie zeigt … Alexander den Großen (zu Pferd, bereit zum Kampf). Und wenn Sie dann im Taxi sitzen, sollten Sie fragen, ob der Fahrer / die Fahrerin über die Schnellstraße in die Innenstadt fährt … den Bulevardi Aleksandri i Madh, den Boulevard Alexander der Große.

Die Angelegenheit ist noch nicht erledigt. Die Flüchtlingskrise im Juni 2015 an der griechisch-mazedonischen Grenze hat die Spannungen wieder angeheizt, und Griechenland verhindert nach wie vor, dass Mazedonien Aufnahmegespräche mit der NATO führt – ein weiteres Beispiel dafür, dass nationalstaatliche Interessen über das gesamteuropäische Ideal gestellt werden. Doch zumindest wurden diese Identitätsprobleme auf diplomatischem Weg gelöst. Die Flaggen von mindestens zwei anderen Staaten, die aus Jugoslawien herausgebrochen wurden, sind aus Krieg erwachsen.

Der Kosovo ist der einfachere der beiden Fälle. Er war eine Region innerhalb der jugoslawischen Republik Serbien und wurde bei der Auflösung Jugoslawiens Teil von Serbien. Die Mehrheit der Bevölkerung sind Albaner und Muslime, und in der Region meinen manche, der Kosovo sowie Teile von Mazedonien gehörten zu »Großalbanien«.

Die NATO machte Serbien im Kosovokrieg 1999 mit ihren Bomben gefügig und zwang dessen Truppen zum Verlassen der Provinz. Zehntausende von Kosovo-Serben erfuhren nach Wellen ethnischer Säuberungen nun die Rache der Mehrheitsbevölkerung und mussten ihrerseits fliehen.

Im Jahre 2008 erklärte sich der Kosovo einseitig für unabhängig. Dies wurde mittlerweile von einer Mehrheit der UN- und EU-Staaten anerkannt, aber nicht von allen und gewiss nicht von Serbien. Die Flagge des Kosovo ist blau und zeigt in der Mitte den Umriss des Landes in Gold. Darüber stehen sechs weiße Sterne, die die verschiedenen Ethnien des Landes repräsentieren. Die Sterne sind ein netter Zug, ein Versuch, die Hand auszustrecken und eine Einheit zu formen, aber bislang ist das ein Projekt, das seit dem Kriegsende 1999 kaum Fortschritte gemacht hat.

Bosnien und Herzegowina hingegen standen jahrhundertelang erst unter osmanischer und dann unter österreichisch-ungarischer Herrschaft, ehe sie zu einem Teil Jugoslawiens wurden. Zum Entsetzen seiner serbischen Minderheit beschloss das Land 1992, sich von dem von Serbien dominierten Jugoslawien zu trennen. Rasch brach der schlimmste der Jugoslawienkriege aus und wurde zum Dreifrontenkrieg zwischen Bosniaken (wie die bosnischen Muslime genannt werden), bosnischen Kroaten und bosnischen Serben, wobei Kroatien und Serbien ihre jeweiligen Ethnien unterstützten.

Während der drei Jahre dauernden Kämpfe benutzte die bosnische Regierung eine Flagge, deren Design auf eine Dynastie zurückging, die im 14. Jahrhundert in Bosnien und Dalmatien geherrscht hatte. Es handelte sich um einen blauen Schild vor weißem Hintergrund, der sechs gelbe Lilien trägt. Sie galt als neutral, wurde im Verlauf des Konflikts jedoch überwiegend mit der muslimischen Seite assoziiert. In seinem einflussreichen und umstrittenen Buch ›Kampf der Kulturen‹ (1996) berichtet Samuel Huntington, dass während der Belagerung von Sarajevo manche muslimischen Bewohner der bosnischen Hauptstadt diese Flagge zusammen mit denen der Türkei und Saudi-Arabiens hissten, um ihre Dankbarkeit für deren diplomatische Haltung zum Krieg und die humanitäre Hilfe zu zeigen. Als der Krieg 1995 zu Ende war, brauchte man also unbedingt eine neue Flagge.

Das Parlament in Sarajevo war nach den Massenabschlachtungen der Kriegsjahre völlig zerrissen und konnte sich nicht auf einen Entwurf einigen (und auch sonst auf nicht viel). Also verfügte Carlos Westendorp, hoher Repräsentant der Vereinten Nationen, 1998 das gegenwärtige Design, das frei von religiösen wie historischen Symbolen ist. Diese Flagge hat einen blauen Hintergrund und in der Mitte ein goldenes Dreieck, das für die Form des Landes steht und dessen Spitzen die drei ethnischen Hauptgruppen repräsentieren. Blau und Gold erinnern bewusst an die Farben der EU. Auf der Mastseite des Dreiecks befinden sich neun Sterne in Weiß, der Farbe des Friedens.

Auf der Pressekonferenz, bei der der Entwurf vorgestellt wurde, sagte einer der Reporter zu Duncan Bullivant, dem Pressesprecher von Carlos Westendorp, dies sähe aus wie das Markenzeichen auf einer Cornflakes-Schachtel. Bullivant, dem klar war, dass diese Dinge subjektiv sind, überging den Einwurf und erklärte stattdessen, warum der unterste und der oberste Stern angeschnitten seien: »Die Heraldikexperten, die diese Flagge entworfen haben, haben mir gesagt, dass die Sterne unendlich sind, dass sie auf der Flagge eine Weiterführung und keine endgültige Zahl repräsentieren. Wenn Sie das verstehen, sind Sie klüger als ich.« Und er fügte hinzu: »Diese Flagge ist eine Flagge für die Zukunft. Sie steht für Einheit, nicht für Teilung. Diese Flagge gehört zu Europa.«

Es ist auch eine Flagge, die sich eines Tages zu denen der EU-Familie gesellen könnte, falls diese Familie überlebt: Bosnien und Herzegowina haben 2016 den Antrag auf die EU-Mitgliedschaft gestellt. Doch bis zum Beitritt kann noch gut eine Dekade vergehen. In diesen Jahren wird sich die EU verändern. Der Schock des Brexit-Referendums wird andauern, und es ist unklar, wie die Union Mitte der 2020er aussehen wird. Der EU wurde eine langwierige Debatte darüber aufgezwungen, was sie ist und was sie sein sollte. Manche Regierungen sind überzeugt, »mehr Europa«, sei die Antwort. Andere, und zu denen gehöre auch ich, glauben, damit würde man riskieren, dass ein Auseinanderbrechen der Union in ihrer gegenwärtigen Form eher beschleunigt wird. In jedem einzelnen Land gibt es Gruppen, die aktiv auf den Bruch der Union hinarbeiten. Auch die Flüchtlingskrise hat den Druck auf die Union verstärkt. Da die EU anfangs nicht auf die schiere Masse an Immigranten vorbereitet war, nahmen viele Länder die Sache selbst in die Hand, sie machten ihre Grenzen undurchlässiger – errichteten in einigen Fällen sogar reale Barrieren – und sie streiten über die Aufnahmekontingente der einzelnen Länder. Manche osteuropäischen Länder, etwa Ungarn, entziehen sich den Bemühungen der EU, die Last über den gesamten Kontinent zu verteilen. Diese Zerwürfnisse stellen die EU noch mehr auf die Probe, weil die Menschen bestrebt sind, ihre eigene nationale Identität vor der – wie sie es sehen – Bedrohung durch vermehrte Einwanderung zu schützen.

Im Jahr 2010 antworteten die meisten Europäer, wenn sie nach einer rechtsextremen Anti-Immigrationspartei aus einem anderen Land als ihrem eigenen gefragt wurden, mit einer Partei – dem französischen Front National. Heute sind Parteien wie Goldene Morgenröte in Griechenland, die AFD in Deutschland, Jobbik in Ungarn und viele andere auf dem ganzen Kontinent bekannt. Egal, ob die Goldene Morgenröte Fahnen mit eindeutigen Nazi-Symbolen hisst oder ob man das Erbe von Jobbik auf die ungarischen Faschisten der 1930er Jahre zurückführen kann, der doppelte Druck des Crashs 2008, der mit der Masseneinwanderung zusammenfällt, hat den Weg für das Wiederauftauchen der Rechten in den Mainstream geebnet.

Im Jahr 2014 kamen rund 700 000 Migranten und Flüchtlinge nach Europa, die meisten davon auf dem Seeweg über das Mittelmeer. Auf der Flucht vor Krieg und Armut im Nahen Osten und in Afrika sind auf dem Weg dorthin viele Tausende ertrunken. Im nächsten Jahr hat sich diese Zahl fast verdoppelt – allein Deutschland hatte 2015 fast eine halbe Million Asylanträge. Im Jahr 2016 sanken die Zahlen ein wenig aufgrund eines EU-Abkommens mit der Türkei auf die unteren Hunderttausend, aber 2017 kamen immer wieder Menschen, und es gibt nur wenige Gründe zu glauben, dass der Strom gestoppt werden kann.

Den Europäern wird von den Mainstream-Politikern erklärt, dass der Kontinent aufgrund einer sinkenden Geburtenrate Einwanderer braucht, aber große Teile der Wähler hören nicht zu und verweisen auf den Druck, der auf Wohnungen, medizinische Versorgung, Schulen, Soziales und das ebenso heikle Thema Kultur ausgeübt wird. Die Regierungen versuchten zunächst, der EU die Bewältigung der Krise zu ermöglichen, die kläglich gescheitert war. Die rechtsextremen Parteien sind entsprechend gewachsen und haben sich oft auf Symbole des Nationalismus gestützt, was dazu führte, dass einige der Mainstream-Parteien nach rechts tendierten. Die deutsche Bundesregierung nahm zunächst eine Million Flüchtlinge/Migranten auf und legte einen Plan für deren Verteilung auf die 28 EU-Länder vor. Sie hatten nicht berücksichtigt, dass viele EU-Länder nein sagen würden. Der Zusammenhalt der Union ist unter dem Druck gebrochen.

Während die Symbolik der EU-Flagge früher vor allem für ein gemeinsames europäisches Zuhause stand, bedeutet sie manchen Menschen heute andere Dinge. In Bosnien mögen sie viele immer noch als Flagge der Hoffnung sehen, als etwas, das sie in eine Region des Wohlstands und des Friedens führt, aber in Griechenland könnte sie für manche eine Flagge der ökonomischen und politischen Unterdrückung sein. Für die Rechtsaußen ist es ein Symbol für ein System, das die Kultur des Kontinents verändert. Die Regierungen in Frankreich und Deutschland betrachten sie weiterhin als den Kleber, der sie zusammenhält. Sie werden nicht müde zu beteuern, dass, egal welche Form die Union in zehn Jahren haben wird, sie sich nicht voneinander gelöst haben.

Den intellektuellen Gewissheiten hinter dem damals noch nicht ausgereiften europäischen Projekt in den 1950ern hängen nicht mehr viele an. Wo einst die EU-Flagge kräftig wehte, hängt sie nun schlaff, ist sie sich nicht gewiss, woher der Wind weht. Doch südlich von Europa ist die Unsicherheit noch größer.

VIERTES KAPITEL

FARBEN ARABIENS

»Weiß sind unsere Taten, schwarz unsere Schlachten, grün unsere Felder und rot unsere Schwerter.«
Safi al-Din al-Hilli (1278–1349)

Vorhergehende Doppelseite: Ägyptische Demonstranten breiten im Mai 2011 auf dem Tahrir-Platz in Kairo die Flaggen arabischer Länder aus. Im Mittelpunkt stand der Ruf nach nationaler Einheit, nachdem im Rahmen der Unruhewellen, die auf den Sturz der Regierung von Hosni Mubarak im Februar 2011 folgten, Kirchen in Ägypten angegriffen worden waren. Außerdem wurde Solidarität mit den Palästinensern zum Ausdruck gebracht und die »Nakba« oder »Katastrophe« der Umsiedlung anlässlich der Gründung des Staates Israel 1948 gebrandmarkt.

Wenn die Araber ein Volk sind, dann sind sie eines mit vielen Flaggen. Dass so vielen dieser Flaggen die Farben gemeinsam sind, zeugt von der arabischen Verwandtschaft, gleichzeitig beweist uns ihre Unterschiedlichkeit, dass diese gedachte Nation in vielerlei Hinsicht gespalten ist. Einige der heutigen Nationalstaaten haben keine tiefen Wurzeln, und es ist gut möglich, dass wir im Verlauf der nächsten zehn Jahre neue Flaggen sehen, die in den Orkanböen flattern, die über Arabien fegen.

Im Nahen Osten und in Nordafrika gibt es 22 Länder mit über 300 Millionen Einwohnern, die man als arabisch bezeichnen kann. Sie erstrecken sich von Marokko am Atlantik, am Mittelmeer entlang nach Ägypten und weiter nach Osten und Süden bis Kuwait und Oman am Arabischen Meer. Innerhalb dieses Gebiets leben viele verschiedene ethnische, religiöse und linguistische Gemeinschaften, darunter Kurden, Berber, Drusen und Chaldäer, doch die beiden dominierenden Faktoren sind Sprache und Religion. Die überwiegende Mehrheit dieser 300 Millionen Menschen spricht einen arabischen Dialekt und gehört einem Zweig des Islam an.

Dies ist der Grund, warum die Flagge der panarabischen Bewegung, die während des Ersten Weltkriegs die türkische Vorherrschaft im Nahen Osten beenden wollte, die Farben Weiß, Schwarz, Grün und Rot trug, die allesamt im Islam Bedeutung haben. Als politische Vorstellung scheiterte der Panarabismus, auch wenn es immer noch Leute gibt, die an seine Sache glauben. Wir sehen den Gedanken nach wie vor bei den Farben vieler arabischer Nationalstaaten, besonders von Syrien, Jordanien, dem Jemen, Oman, den Vereinigten Arabischen Emiraten, Kuwait, Irak und dem verhinderten Nationalstaat Palästina. Diese Farben sehen wir auch auf vielen Flaggen der nichtarabischen Staaten weiter östlich, die unter islamischer Vorherrschaft sind, beispielsweise des Iran und Afghanistans.

Aus diesen Farben setzte sich die Flagge zusammen, die Scherif Hussein ibn Ali, Emir des Hedschas und Führer der Arabischen Revolte 1916, entworfen und getragen hat. Er hoffte, die Myriaden arabischer Stämme unter einem Banner zu vereinen und die Unabhängigkeit von der osmanischen Herrschaft zu erlangen. Manche Historiker behaupten, in Wahrheit habe der britische Diplomat Mark Sykes die Flagge entworfen; wie auch immer, zweifellos gab es eine britische Beteiligung, denn zu jener Zeit diente eine arabische Einheit den britischen Interessen in der Region.

Die Flagge sollte eine riesige arabische Nation repräsentieren, in der es bis dahin nur Flaggen von Stämmen und islamischen Dynastien gegeben hatte. Die Flagge der Arabischen Revolte hat, von oben nach unten, drei horizontale Streifen: Schwarz, Grün, Weiß. In ihrem linken Drittel steht ein rotes Dreieck, das nach rechts zeigt. Da sich der islamische Stern und Halbmond auf der osmanischen Flagge befanden, hätte deren Übernahme keinen Bruch mit der Vergangenheit signalisiert; stattdessen wurde als Grundlage die europäische Trikolore genommen und in Farben mit tief greifender islamischer und arabischer Symbolik ausgeführt.

Das Weiß steht für die Umayyaden-Dynastie, die von 661 bis 750 n. Chr. in Damaskus herrschte und das islamische Imperium im Westen bis nach Portugal und im Osten bis nach Samarkand ausdehnte. Es heißt, dass die Umayyaden Weiß zu ihrer Farbe machten, um an den ersten größeren Sieg des Propheten in der Schlacht von Badr zu erinnern.

Im Jahre 750 wurden die Umayyaden von der zweitgrößten sunnitischen Dynastie, den Abbasiden, unterworfen, die als Farbe Schwarz wählten, um die neue Ära von der alten abzusetzen und um die Trauer um die Angehörigen des Propheten Mohammed (570–632), die bei der Schlacht von Kerbela ums Leben gekommen waren, zum Ausdruck zu bringen. Schwarz steht zudem für das Hauptbanner, das der Prophet getragen haben soll. Außerdem war Schwarz in vorislamischer Zeit wahrscheinlich die Farbe der Kopfbedeckung, wenn Stämme in den Krieg zogen; das gibt ihm also zusätzliche Bedeutung.

Grün repräsentiert die ismailitische Fatimiden-Dynastie (909–1171), die in Nordafrika begründet wurde, darüber hinaus ist es wesentlich bekannter als Farbe des Islam, weil es als Lieblingsfarbe des Propheten gilt. Der Überlieferung zufolge trug er bei der Eroberung von Mekka ein grünes Gewand, während seine Anhänger grüne Banner schwenkten. Rund um den Globus werden heute zahllose Minarette nachts grün angeleuchtet. Die Symbolik von Rot ist weniger klar, aber viele Wissenschaftler glauben, es sei der Flagge der Arabischen Revolte zugefügt worden, weil es die Farbe der Haschemiten war, des Stamms des Scherifen Hussein.

Und wie bei nahezu allen anderen Beispielen rund um die Welt liegt die Bedeutung auch dieser vier Farben im Auge des Betrachters und sie werden dadurch wichtig, auch wenn die Einzelheiten ihrer Ursprünge unbekannt sind. Bei einem Interview zu diesem Buch sagte mir Mina Al-Oraibi, eine der führenden arabischen Journalistinnen: »Die Flagge von 1916 kennen die meisten Araber, und sie identifizieren sich damit. Die Geschichte der Farben ist im Wesentlichen bekannt, vielleicht nicht mit allen Details, aber sie wird von Arabern meist sofort mit Panarabismus verbunden.«

Als Scherif Hussein die Flagge der Revolte vorschlug, hatte er auch andere Entwürfe im Kopf. Einer seiner Söhne wurde (für kurze Zeit) zum König des Hedschas, die beiden anderen Könige von Jordanien beziehungsweise Syrien und des Irak. Die ursprüngliche Idee war, dass die Flaggen gleich sein sollten, die jordanische aber einen Stern, die irakische zwei und die syrische drei Sterne tragen sollte.

Hussein war der letzte haschemitische Scherif von Mekka und König des Hedschas, einer Landschaft im Westen des heutigen Saudi-Arabiens, zu der auch Mekka und Medina gehören. Er leitete seine Abstammung direkt vom Propheten Mohammed her, und sein Geschlecht hatte die Macht seit 700 Jahren ohne Unterbrechung innegehabt. Auf dem Höhepunkt seiner Kampagne stellte er sich einen riesigen arabischen Staat vor, der sich vom nordsyrischen Aleppo bis zum jemenitischen Hafen Aden am Arabischen Meer erstrecken sollte.

Um das zu erreichen, tat er sich mit dem britischen Offizier T. E. Lawrence zusammen, der den Beinamen »von Arabien« trug und es erfolgreich mit den osmanischen Türken aufgenommen hatte. Hussein erwartete, dass die Briten sich seiner Sache annehmen würden, aber die Realpolitik sollte immer wieder die Vereinbarungen zunichtemachen, die er glaubte mit Lawrence geschlossen zu haben. Hussein hatte eine Vorstellung, Briten und Franzosen hatten eine andere. Er begann, sich König der arabischen Länder zu nennen, doch die Briten erkannten ihn nur als König des Hedschas an. Was sie wussten und er nicht, war, dass Franzosen und Briten 1916 das Sykes-Picot-Abkommen ausgeheckt hatten, mit dem sie, statt eine panarabische Einheit und arabische Unabhängigkeit zu fördern, insgeheim vereinbart hatten, die Regionen unter sich aufzuteilen – allerdings erst, nachdem sie die Hilfe der arabischen Stämme ausgenutzt hatten, um das Osmanische Reich zu besiegen. Husseins Welt sollte um ihn herum zusammenbrechen, und mit ihr die Aussicht auf *eine* Flagge für *eine* Nation.

Zuerst weigerte er sich, 1919 den Versailler Vertrag zu akzeptieren, und dann, den anglo-haschemitischen Vertrag zum Irak zu unterzeichnen, der 1924 ratifiziert werden sollte. Beide Verträge hätten Elemente des Sykes-Picot-Abkommens hinsichtlich der arabischen Regionen kodifiziert, die Husseins Absichten und letztlich auch denen der meisten Araber entgegenstanden. Hätte er sich in jenen Jahren besser mit den Briten gestellt, sähen die Grenzen im Nahen Osten heute womöglich ganz anders aus. Doch so erblickten arabische Nachbarn mit noch ganz anderen Vorstellungen, wer was kontrollieren sollte, einen geschwächten König und griffen in das Spiel ein.

Diese Nachbarn waren die Angehörigen des Stamms Al-Saud, an deren Spitze Abd al-Aziz ibn Saud stand, der zu den Al-Sauds gehörte, die das Wahhabiten-Heer in der Region Nadschd weiter östlich auf der Halbinsel befehligten. Er hatte die Arabische Revolte ausgesessen und bereits jene Gebiete am Golf erobert, die sich als immens ölreich erweisen sollten. Nun blickte er nach Westen. Solange die Briten Hussein unterstützt hatten, hatte Abd al-Aziz nicht gewagt, es mit ihm aufzunehmen. Doch 1924 war London den Haschemitenführer und seine panarabischen Träume leid. Die Unterstützung wurde zurückgezogen und damit waren die Würfel gefallen. Lawrence sollte später sagen, Hussein sei »auf seine Art eine tragische Figur gewesen: mutig, hartnäckig und hoffnungslos altmodisch«.

Abd al-Aziz fabrizierte eine Reihe von Klagen gegen Hussein, beispielsweise, dass er Stämme aus dem Nadschd daran hindere, nach Mekka zu pilgern. Seine Streitkräfte marschierten ein und eroberten binnen Wochen Mekka. Angesichts der Armee von Abd al-Aziz vor den Toren der Stadt dankte Hussein ab und ging nach Zypern ins Exil. Bis Ende 1925 hatte Abd al-Aziz den gesamten Hedschas eingenommen.

Einige seiner Anhänger hatten radikalere Ambitionen und wollten weiter nach Transjordanien, Irak und Kuwait ziehen, doch Abd al-Aziz kannte sich besser im internationalen Machtspiel aus als Hussein und wusste, dass er damit den Briten in die Quere kommen würde. Er schloss 1927 eine Vereinbarung mit London und rief das Königreich von Hedschas und Nadschd aus. Nur fünf Jahre später proklamierte er ein neues Land: Die beiden Königreiche wurden zum Königreich Saudi-Arabien vereint.

Neues Land, neue Flagge. Doch angesichts der »Schwierigkeiten« zwischen den Haschemiten und den Saudis konnte das Haus, das Saud baute, schlecht etwas nehmen, das an die Flagge der Revolte erinnerte. Stattdessen brauchte man das komplette Gegenteil. Die Saudis machten daher eine Aussage in Grün. Man war 1932 überzeugt, dass die Wahhabiten seit mindestens hundert Jahren die Schahada, das Glaubensbekenntnis, auf grünen Flaggen gezeigt hätten. Also war der Grund einfarbig grün, und darauf stand in weißer Kalligraphie *La ilaha illa 'llah Muhammadun rasulu 'llah*, »Es gibt keinen Gott außer Gott und Mohammed ist der Gesandte Gottes«. Abd al-Aziz hatte 1902 dem Design ein Schwert hinzugefügt, um das Haus Saud zu symbolisieren. Das gefiel ihm so gut, dass er es auf der Flagge für das neue Königreich beibehielt, die übrigens keinen Hinweis auf das Königreich Hedschas enthielt.

In dem Buch ›National Flags‹, das 1934 von E. H. Baxter veröffentlicht wurde, heißt es: »Diese Flagge soll vor etwa 100 Jahren vom Großvater des heutigen Königs entworfen worden sein.« Und auf der Flaggen-Website www.crwflags.com steht: »Dass sie 1911 in Gebrauch war, kann man einer zeitgenössischen Fotografie entnehmen, die zwischen S. 190 und S. 191 in Robert Laceys Buch ›The Kingdom‹ abgedruckt ist.« Abd al-Aziz bastelte am Design herum: Mal gab es zwei Schwerter, mal einen senkrechten weißen Streifen an der Mastseite, doch 1938 hatte man sich mehr oder weniger auf die Version geeinigt, die wir heute kennen und die 1973 offiziell wurde. Der Hauptunterschied ist, dass das Schwert jetzt weniger stark gebogen ist.

Die saudi-arabische Flagge wird so hergestellt, dass die Schahada auf beiden Seiten korrekt von rechts nach links zu lesen ist und das Schwert immer in Schriftrichtung zeigt. Sie ist eine der wenigen Flaggen, die nie auf halbmast gesetzt wird, weil das als Blasphemie gelten würde. Aus ähnlichen Gründen ist sie selten auf Kleidungsstücken, etwa T-Shirts oder Shorts, zu sehen, und es kann sehr problematisch werden, wenn sie in der Werbung verwendet wird. McDonald's schaffte es 1994, im Vorfeld der Fußball-WM viele Muslime zu beleidigen, indem man die Flaggen aller Teilnehmerländer der Endrunde auf die Tüten druckte. Saudi-Arabien wies darauf hin, dass es vielleicht nicht von allerbestem Geschmack zeuge, wenn eines der heiligen Dogmen des Islam zusammengeknüllt und in den Abfalleimer geworfen würde. Hunderttausende von Tüten wurden daraufhin aus dem Verkehr gezogen.

Im Vorfeld der WM 2002 wollte die FIFA für einen Fußball die Lizenz erteilen, der die Flaggen aller Länder zeigte, die in jenem Jahr in der Endrunde spielten. Doch die Saudis legten Beschwerde ein, weil sie nicht wollten, dass auf den Fernsehschirmen rund um die Welt zu sehen wäre, wie ein Abbild ihrer Flagge mit Füßen getreten würde, insbesondere, da sie die Schahada trägt. Oder 2007: Da warfen die US-Streitkräfte in bester Absicht aus einem Hubschrauber über einem Dorf in der afghanischen Provinz Chost eine Ladung Fußbälle ab, um den Kindern etwas zum Spielen zu geben. Dummerweise waren einige mit der saudi-arabischen Flagge geschmückt. Jedwede Spiele wurden alsbald gestoppt, stattdessen demonstrierte man lieber gegen die Gedankenlosigkeit der Amerikaner. Das Ergebnis? Eine Entschuldigung der US-Armee und eine Lektion, die man gelernt hatte. Es gab auch Beschwerden über britische Pub-Wirte, die bei Sportereignissen die saudi-arabische Flagge hissten. Der Ausweg ist, das offizielle Wappen des Landes zu verwenden: eine Palme über zwei gekreuzten Säbeln.

Doch das Hissen der Flagge? Kein Problem – je größer, desto besser, genauer, je riesiger, desto besser. Der höchste frei stehende Flaggenmast der Welt befindet sich in Dschidda, der zweitgrößten Stadt des Landes, auf dem König-Abdullah-Platz. Der ist so groß, wie man ihn sich nur vorstellen kann – und noch ein bisschen größer. Stellen Sie sich vier Fußballfelder vor, die zum Quadrat zusammengefügt sind, und stellen Sie dann einen 171 Meter hohen Flaggenmast in die Mitte und hissen Sie an dessen Spitze eine Flagge, die 49 Meter lang und 33 Meter breit ist. Diese Flagge wiegt 570 Kilogramm, etwa so viel wie fünf neugeborene Elefanten. Der Flaggenmast in Dschidda nahm den Rekord 2014 dem Mast in Duschanbe in Tadschikistan (165 Meter) ab. Der wiederum schlug den von Aserbaidschan (162 Meter), der den 160-Meter-Mast in Nordkorea übertraf, der einst den 133-Meter-Mast von Turkmenistan überragte. Das Rennen um die Spitze ist noch nicht beendet.

Die flaggentechnische Führung der Saudis soll dem globalen Islam den Weg bahnen. Doch in den 1930ern war die saudische

Führung eher damit beschäftigt, die Macht der Sauds und ihrer fundamentalistischen wahhabitischen Form des Islam auszuweiten, als sich um die Belange der übrigen Araber zu kümmern. Bis heute besteht in anderen Teilen der arabischen Welt ein gewisses Maß an Unmut darüber, dass das Saudi-Regime den Anspruch erhebt, Hüter der beiden heiligen Stätten Mekka und Medina zu sein. Die Legitimität von Riad entstammt Eroberungen, und die saudi-arabische staatliche Version des Islam teilen weder Schiiten noch die Mehrzahl der Sunniten. Der Wahhabismus lehnt Toleranz ab und besteht auf der politischen Durchsetzung seiner religiösen Glaubensauffassungen auf allen Ebenen.

Diese Ideologie hat sowohl al-Qaida als auch den Islamischen Staat (IS) beeinflusst und fällt jetzt auf den saudischen Staat zurück. Streng genommen akzeptieren Wahhabiten nicht das Prinzip des Nationalstaats, doch Saudi-Arabien basiert auf zwei Säulen der Macht – dem Haus Saud und dem wahhabitischen Klerus. Die beiden Seiten hatten im 18. Jahrhundert einen Pakt geschlossen, der salopp formuliert bis heute besagt: »Ihr kümmert euch um die Politik, wir um die Religion.« Solange der Staat die Macht der Geistlichkeit nicht beschneidet, hat der Großteil der wahhabitischen Elite kein Interesse daran, ihn zu stürzen. Allerdings haben sie dabei nicht in Rechnung gestellt, dass ihre Einstellung zum Nationalstaat mit zum Aufstieg terroristischer Revolutionäre wie Osama bin Laden und vieler anderer beitragen würde.

In den Jahrzehnten, in denen der europäische Kolonialismus abgewickelt wurde, folgten wenige der neuen, überwiegend muslimischen Nationalstaaten dem Saudi-Beispiel, die Schahada auf die Flagge zu setzen, und auch nur eine Handvoll machte Grün zur dominierenden Farbe. Die Führer der neuen arabischen Staaten waren nicht für ihre Frömmigkeit bekannt. Einige waren zwar praktizierende Muslime, aber die meisten waren auch von der in gewisser Weise dazu im Widerspruch stehenden Ideologie des Sozialismus erfüllt, vor allem jene in der Baath-Partei, die schließlich in Syrien und im Irak an die Macht kam. Angesichts ihrer Neigung zu einem starken Staat, konnten die Führer kaum die dominierende Farbe des Islam zu der ihres Landes machen.

Als das neue Königreich Saudi-Arabien ausgerufen wurde, hatte Jordanien seine Flagge bereits. Sie basierte auf Scherif Husseins panarabischem Entwurf mit einem Stern im roten Dreieck der Haschemiten. Dieser Stern hat sieben Zacken, und er wird mit den sieben Hügeln, auf denen die Hauptstadt Amman erbaut wurde, sowie den sieben Versen verbunden, die die erste Sure des Korans hat und in denen es um Gott, Menschlichkeit, Nationalgeist, Bescheidenheit, soziale Gerechtigkeit, Tugend und Strebsamkeit geht. Das rote Dreieck bezeichnet nach wie vor die haschemitische Dynastie, denn die Nachkommen von Scherif Hussein sitzen weiterhin auf dem Thron in Jordanien. Allerdings ist das Ausmaß der Loyalität für das Königshaus eine unbekannte Größe, weil mittlerweile rund die Hälfte der jordanischen Bevölkerung Palästinenser sind. Ursprünglich sollte das Gebiet, für das die jordanische Flagge steht, auch Palästina einschließen, daher ist die palästinensische Flagge identisch, allerdings hat sie keinen Stern. In den 1930ern orientierten sich die Flaggen des Irak und Syriens, obwohl sie noch nicht unabhängig von den Briten und Franzosen waren, ebenfalls an der Flagge der Revolte.

Manche Staaten folgten jedoch der osmanischen Tradition und übernahmen Abwandlungen von Halbmond und Stern vor unterschiedlichen Hintergründen, da diese Motive mittlerweile als islamisch galten, obwohl sie deutlich älter waren als der Islam. Es ist bekannt, dass die Stadt Byzanz (später Konstantinopel und heute Istanbul) den Halbmond zu ihrem Symbol machte. Wann das geschah, ist unklar, doch die Legende besagt, dass am Abend, nachdem die Stadt 339 v. Chr. eine entscheidende Schlacht gewonnen hatte, eine besonders strahlende Mondsichel zu sehen war.

Zu jener Zeit war die Mondsichel das Zeichen der Göttin Artemis. Die Römer, die Byzanz Jahrhunderte später eroberten, kannten Artemis als Diana und setzten daher die Tradition fort, die Mondsichel als Zeichen der Stadt zu benutzen. Als 1453 Turkvölker die Stadt, die inzwischen Konstantinopel hieß, einnahmen, behielten sie das Symbol bei und fügten es auf ihren Flaggen hinzu, so dass man es allmählich mit der muslimischen Welt in Verbindung brachte. Dem Mythos zufolge hatte Osman I., der Begründer des Osmanischen Reichs, einen Traum, in dem sich der Halbmond über die gesamte Welt erstreckte.

Ursprünglich wurde der Halbmond im Osmanischen Reich auf grünem Grund gezeigt, doch das änderte man 1793 in Rot, und die Legende hierzu lautet, dass sich der Halbmond und der Stern, die die moderne türkische Flagge zeigt, in einem Teich gespiegelt hatten, der rot vom Blut türkischer Soldaten war. Gemeinhin nimmt man an, dass die fünf Zacken des Sterns auf die fünf Säulen des Islam – Glaubensbekenntnis, Gebet, Almosengabe, Fasten im Ramadan und Pilgerfahrt nach Mekka – verweisen, aber es ist zu bezweifeln, dass dies die ursprüngliche Absicht war, denn der Stern hatte, als er 1793 hinzugefügt wurde, acht Zacken. Die Reduzierung auf fünf Zacken erfolgte erst Mitte der 1840er.

Im 21. Jahrhundert haben manche das Empfinden, dass der islamische Halbmond auf der türkischen Flagge immer häufiger zu sehen sei. Der Streitfrage, ob die Türkei zu Europa gehört oder nicht, kann man nicht aus dem Weg gehen, und interessanterweise wird die Debatte, ob die europäische Kultur auf jüdisch-christlichen Werten basiert, umso lauter, je weniger christlich Europa wird. Dies alles spielt eine Rolle bei der Immigranten-/Flüchtlingskrise und der scheinbar endlosen Auseinandersetzung über den Beitritt der Türkei zur Europäischen Union. Man kann das gewichtige Argument anführen, dass Religion und EU nichts miteinander zu tun haben, und die Religion eines Landes ist in der Tat kein Beitrittskriterium; trotzdem hat Religion Eingang in die Debatte gefunden. Ob zu Recht oder zu Unrecht, bei manchen Menschen in Europa weckt der Anblick des Halbmonds die kollektive Erinnerung an alte Schlachten und die westlichste Hochwasserlinie des Osmanischen Reichs an den Toren Wiens 1683.

Türkischer Halbmond und Stern wehen stolz vor dem NATO-

Hauptquartier am Stadtrand von Brüssel, doch die Zahl derjenigen, die sich nicht vorstellen können, sie unter den Mitgliedsstaaten am EU-Hauptquartier ein paar Kilometer weiter Richtung Innenstadt zu sehen, wächst, insbesondere seit die türkische Führung einen zunehmend antidemokratischen und autoritären Kurs verfolgt. Natürlich ist die NATO ein Militärbündnis, das den halben Globus umspannt, und die EU ist ein politischer und (worüber man streiten kann) kultureller Zusammenschluss. Trotzdem: Beide basieren auch auf Werten. Das uralte türkische Symbol, das sich auf den Islam beruft, ist über drei Jahrhunderte nach der Schlacht bei Wien Teil einer sehr modernen politischen Schlacht, die auf die nächsten Jahrzehnte angelegt ist.

Die türkische Flagge spielte auch während und nach dem gescheiterten Putschversuch Mitte Juli 2016 eine wichtige Rolle. Die Behörden verschickten eine Nachricht über die sozialen Medien, die die Leute aufrief, auf die Straße zu gehen und sich dem Putsch entgegenzustellen, und die Moscheen ließen daraufhin das »Sela«-Gebet über die Lautsprecher ihrer Minarette ertönen. Dieses Gebet (arabisch al-Dschanaza) wird normalerweise bei Beerdigungen gesprochen, manchmal aber auch als Aufruf verstanden, sich zu versammeln.

Die Menschen reagierten in großer Zahl, und viele schwenkten türkische Flaggen, als sie sich den Putschisten näherten. Die Flagge wurde auch benutzt, um Leichname derer, die in den nachfolgenden Kämpfen getötet wurden, zu bedecken, und dann wieder massenhaft, nachdem der Putsch niedergeschlagen war und Hunderttausende für Präsident Erdoğan auf die Straße gingen, oder aber nur, um zu zeigen, dass sie gegen diesen Militärputsch waren. Die Versammlungen boten ein Meer in Rot und Weiß, Männer und Frauen schwenkten Halbmond und Stern, hatten sich in die Nationalfarben gewickelt oder trugen riesige Flaggen, manchmal zig Meter lang, durch die Menge. Die ganze Nacht steuerten rote Leuchtkugeln, wie sie auch bei Fußballfans beliebt sind, das ihre zum Farbspektakel bei. Nicht jeder unterstützte damit den Präsidenten, aber der Einsatz der Nationalflagge als einendes Symbol machte deutlich, dass sich die Menschen in einem einig waren – in ihrer Ablehnung der Militärputsche, die ihr Land so viele Jahre geplagt hatten.

Der gescheiterte Staatsstreich und die anschließende Unterdrückung des Widerspruchs haben die liberale demokratische Legitimation der Türkei geschwächt und Erdogans islamistische Anhänger gestärkt.

Algerien und Tunesien gehören zu den Ländern, deren Flaggen ebenfalls von der osmanischen Ära beeinflusst sind. Sie hätten auch Variationen der Flagge der Arabischen Revolte wählen können, aber der arabische Sog ist in Nordafrika nicht ganz so stark wie auf der arabischen Halbinsel. Es besteht eine starke nordafrikanische Identität und Kultur in der gesamten Region, auch wenn die Gesellschaften als Ergebnis arabischer Invasionen mehrheitlich muslimisch sind und Arabisch sprechen. Auf der algerischen Flagge sind die »Hörner« des Halbmonds viel länger als üblich, weil das in Algerien als Glück bringend gilt. Die tunesische Flagge ähnelt stärker der türkischen (ein roter Halbmond und Stern in einem weißen Kreis, der vor einem roten Feld steht) – so sehr, dass 2014 Regierungsanhänger in Ägypten, die gegen die türkische Unterstützung der Muslimbrüder protestieren wollten, auch mal versehentlich tunesische Flaggen verbrannten.

All diese arabischen Farben und die Symbole der Muslime haben sich ebenso weit ausgebreitet wie der Islam und sind tief eingedrungen in nichtarabische Kulturen. Der Iran ist ein gutes Beispiel. Auf seiner Flagge finden sich sogar arabische Schriftzeichen, obwohl das Land gleichzeitig zutiefst persisch und revolutionär ist. Die iranische Flagge ist eine einfache Trikolore: drei waagrechte Streifen in Grün (oben), Weiß (Mitte) und Rot (unten). Sie stammt aus dem Jahr 1980, nachdem 1979 die Islamische Revolution den Schah gestürzt und die religiösen Fundamentalisten unter Ajatollah Ruholla Khomeini an die Macht gebracht hatte.

Grün steht für verschiedene Dinge in der iranischen Kultur, darunter Glück und Vitalität. Grün ist außerdem, wie bereits festgestellt, traditionell die Farbe des Islam, und in der glühend schiitischen Islamischen Republik Iran kann es auch als Anerkennung der schiitischen Fatimiden-Dynastie gesehen werden. Weiß ist die traditionelle Farbe des Friedens, und die Farbe Rot wird im Iran mit Märtyrertum, Tapferkeit, Feuer und Liebe assoziiert.

Die Farben und das, wofür sie stehen, sind interessant genug, aber das Motiv in der Mitte macht die Flagge des Iran wirklich außergewöhnlich. Die Islamische Republik musste einerseits einen Bruch mit der Ära des Schah signalisieren, andererseits aber einer uralten Kultur versichern, dass dies nicht das Jahr null gewesen sei. Die traditionelle Kultur des Iran überlebte den Terror, der folgte (und anhält), aber in Angelegenheiten, die die absolute Macht der Geistlichkeit infrage stellen, etwa der Kleidung von Frauen, schlug die eiserne Faust von Khomeinis Version des Islamismus hart zu.

Die Gestaltungslösung der Republik war, die Farben der vorrevolutionären Flagge beizubehalten, aber das Emblem aus Löwe und Sonne in der Mitte wegzunehmen. Dieses Motiv reicht mindestens bis ins 15. Jahrhundert zurück, laut einigen Gelehrten sogar noch weiter. Ursprünglich waren Löwe und Sonne astrologische Symbole, dann aber zu denen des Königtums geworden und mussten als solche weichen.

Die neue Flagge wurde von Hamid Nadimi entworfen, einem außerordentlichen Professor für Architektur an der Schahid-Beheschti-Universität in Teheran. Er wusste, welche emotionalen Knöpfe zu drücken waren, und tat das mit einer brillant stilisierten Konstruktion. Nadimi war sehr bewandert in Geschichte, Kultur und Religion. Er hatte die Idee für ein Motiv in der Mitte der Flagge, das alle drei Bereiche einschloss und Gefallen bei den neuen Führern finden würde. Dem Außenstehenden erscheint das Motiv im Zentrum der iranischen Flagge als nicht erkennbares Symbol. Das iranische Auge hingegen erinnert es an *laleh* – eine Tulpe.

Wenn man zum ersten Mal nach Teheran kommt, dauert es eine Weile, bis man merkt, wie allgegenwärtig diese Form in der Hauptstadt ist. Wenn man sie einmal entdeckt hat, sieht man sie überall, vor allem als Journalist, denn in neun von zehn Fällen (oder, wie bei mir, in vier von vier Fällen) wird die »Touristenbehörde« darauf bestehen, dass man im Laleh-Hotel wohnt, dem früheren InterContinental, das nach der Revolution umbenannt wurde. Man darf mit Sicherheit annehmen, dass die Abhörvorrichtungen im Laleh erstklassig sind, viel ausgefeilter als jene in einem Hotel, das man selbst buchen würde.

Die Tulpe und die iranische Kultur sind eng verflochten, und die Iraner verbinden sie mit zahllosen Dingen: Tod, Märtyrertum, unsterblicher Liebe und – neuerdings – sogar Widerstand gegen die Ajatollahs. Die Blume blüht im Frühling, der auch Nouruz, das persische Neujahrsfest, einleitet. Beide stehen seit über 3000 Jahren in Verbindung, und in jedem Frühling singen die Iraner während der Feierlichkeiten: »Dieser Frühling soll dir Glück bringen, die Tulpenfelder sollen dich erfreuen.«

Wie so oft bei diesen Angelegenheiten, spielt die Legende eine Rolle. In dieser Geschichte, die im 6. Jahrhundert spielt, erfährt ein Mann namens Farhad, dass Schirin, die Liebe seines Lebens, tot ist, und stürzt sich daraufhin von einem Felsen. Doch genau wie mehrere Jahrhunderte später im Fall von einer Capulet und einem Montague war Schirin am Leben und wohlauf. Sie war das »Opfer« eines bösen Gerüchts, das ein Rivale um ihre Liebe aufgebracht hatte. Die Sache war so tragisch, dass an der Stelle, wo Farhad aufgeschlagen war, Tulpen zu sprießen begannen, genährt von seinem Blut.

In derselben Epoche wurde der große schiitische Held Hussein, ein Enkel des Propheten Mohammed, in einer Schlacht gegen die Umayyaden-Dynastie bei Kerbela (im heutigen Irak) getötet. Und welche Blume spross aus Husseins Blut? Richtig, und die Tulpe ist heute ein Symbol schiitischen Märtyrertums. Es heißt, Hussein habe es mit einer Armee von mehreren Tausend Mann aufgenommen, obwohl ihm nur 72 Anhänger und Familienangehörige zur Seite standen.

Die Moral von der Geschichte könnte lauten, »entscheide klug, ob du in die Schlacht ziehst«, aber Hussein und seine Gefolgschaft waren überzeugt, dass nur die Familie des Propheten Mohammed an der Spitze der neuen Religion des Islam stehen könne und es deshalb besser wäre, im Kampf für das Recht zu sterben als im Unrecht zu leben. Dieses Dogma des schiitischen Glaubens war die Wurzel für die große Spaltung zwischen Sunniten und Schiiten, und die Selbstopferung war seither ein zentrales Thema unter Schiiten. Während des Ersten Golfkriegs zwischen dem Iran und dem Irak 1980–1988, als die iranische Regierung ihre jungen Männer in Schlachten schickte, in denen sie zu Hunderttausenden starben, erschien die Tulpe auf den Plakaten und Tafeln, die die Märtyrer ehrten, und einer der Schlachtrufe lautete: »Jede Erde ist Kerbela!« In dieser Atmosphäre entwarf Nadimi die neue Flagge.

Unten am grünen Streifen und oben am roten verläuft über die gesamte Breite der Flagge die stilisierte arabische Inschrift *Allahu Akbar*. Sie erscheint insgesamt 22-mal und verweist so auf den 22. Tag im Monat Bahman des iranischen Kalenders. An diesem Tag nahm 1979, als das Land in Aufruhr war und Millionen auf die Straße gingen, das Staatsradio mit den Worten »Aus Teheran, die Stimme der Islamischen Republik Iran« den Betrieb auf.

Die rote Tulpe in der Mitte des weißen Streifens ist ein komplexes Symbol, genauer, ein Satz von Symbolen. Es besteht aus vier Halbmonden und einem Stamm in der Mitte, die als geometrisch symmetrische Form des Wortes Allah gelesen werden können, aber auch die fünf Säulen des Islam symbolisieren. Der Stamm ist zugleich ein Schwert, das für die Stärke der Nation steht. Ajatollah Khomeini mochte diese ganze Symbolik, und es überrascht nicht, dass die Gläubigen nach seinem Tod 1989 sein Grab mit 72 Tulpen aus farbigem Glas schmückten, wobei die Zahl an den schweren letzten Tag des Märtyrers Hussein erinnert.

Doch die Tulpe hat für alle Iraner Bedeutung, nicht nur für Anhänger der Revolution. Deshalb war es keine Überraschung, dass 2009, als Proteste der Opposition gegen die Wiederwahl von Präsident Mahmud Ahmadineschad ausbrachen, manche Demonstranten diese Blume als ein Symbol des Widerstands benutzten. Ich erinnere mich, dass ich an einem Tag, an dem besonders viel Gewalt herrschte, das Laleh-Hotel verließ und in den Laleh Park ging, um über die Demonstrationen zu berichten. Ich beobachtete, wie junge Leute, manche trugen *lalehs*, von Sicherheitsleuten in Zivil zusammengeschlagen wurden. Diese saßen auf dem Rücksitz von Motorrädern, die auf die Bürgersteige rasten, um die Demonstranten aufzubringen. Nach einer Meinungsverschiedenheit mit einigen der Bereitschaftspolizisten wurde ich von einem Arzt behandelt, der, wie ich bei den Recherchen für dieses Buch herausfand, gut im Laleh-Krankenhaus gearbeitet haben könnte.

Es ist selten, dass ein religiöses Motiv sich so großartig und auf so vielfältige Weise in das Leben eines Volkes einfügt; und indem es Geschichte, Religion, Mythen, Legenden und sogar die Poesie der Nation zusammenbringt, macht es die iranische Flagge zu einem außerordentlichen Beispiel dafür, wie ein Symbol Bände sprechen kann.

Aus verschiedenen Gründen benutzen die meisten Länder keine religiösen Bilder auf ihren Flaggen. Der wichtigste besteht darin, dass eine religiöse Flagge, wenn der Staat nicht auf dem Glauben begründet ist oder mehrere große Glaubensrichtungen in ihm existieren, eher spalten als einen könnte. Dies erklärt die libanesische Flagge. Das Land ist ein Flickenteppich aus Ethnien und Religionen, der sich gelegentlich auflöst. Wenn die Sunniten, Schiiten, Drusen, Alawiten, Katholiken, Maroniten und die anderen, aus denen sich die rund 6 Millionen Einwohner zusammensetzen, alle jeweils auf der Flagge repräsentiert werden sollten, würde das einigermaßen chaotisch aussehen.

Viele Libanesen betrachten sich gern auch (und das ist nur halb scherzhaft gemeint) als Phönizier und nicht als Araber. Daher war es keine Überraschung, dass sie bei ihrer Unabhängigkeit 1943 nicht die panarabischen Farben übernahmen. Stattdessen wählte der junge Staat die Zeder, die mindestens seit der Zeit von König Salomo, also seit 3000 Jahren, mit dem Libanon in Verbindung gebracht wird. Das Buch Hosea (14,6) enthält eine der vielen Erwähnungen in der Bibel: »Ich werde für Israel da sein wie der Tau, / damit es aufblüht wie eine Lilie / und Wurzeln schlägt wie [die Zedern des] Libanon.«

Die Iraker und die Ägypter kannten keine solchen Skrupel hinsichtlich ihrer arabischen und islamischen Bindungen. Beide orientierten sich am Rot, Schwarz, Grün und Weiß der Flagge der Arabischen Revolte 1916. Die Ägypter nutzten ihre Revolution 1952, um deren Macht zu erneuern und bezeichneten ihre Version als arabische Befreiungsflagge.

Nun stand Schwarz auch für die koloniale Unterdrückung, Rot für die Opfer, die nötig waren, um die Araber vom Kolonialismus zu befreien, und Weiß für Frieden und die strahlende Zukunft eines unabhängigen Ägypten. Der panarabische Traum war jedoch noch nicht untergegangen, und als Ägypten und Syrien sich 1958 zum kurzlebigen Experiment der Vereinigten Arabischen Republik zusammenschlossen, war ihre Flagge die rot-weiß-schwarze Trikolore – eine Verbeugung in Richtung der Flagge der Arabischen Revolte –, hatte aber dazu zwei grüne fünfzackige Sterne, die die beiden Länder und den Islam symbolisierten.

Ägypten versuchte es 1972 ein weiteres Mal, diesmal mit Syrien und Libyen in der Föderation Arabischer Republiken. Nun wurden die Sterne durch den Falken der Quraisch ersetzt, der den Stamm repräsentiert, an dessen Spitze der Prophet Mohammed stand. Auch diese Union scheiterte und 1984 kehrte Ägypten zu der Flagge zurück, die wir heute kennen. Der stilisierte goldene Adler im weißen Band ist der Adler Saladins (Salah ad-Din), des großen islamischen Kämpfers, der bis Kairo kam und dort 1176 die Zitadelle bauen ließ. Ein Adlersymbol wurde auf deren Westmauer gefunden, daher nimmt man an, auch wenn es nicht bewiesen ist, dass dies sein persönliches Motiv war. Man findet diesen

Adler im gesamten Nahen Osten auf Flaggen, Siegeln und offiziellen Dokumenten, beispielsweise auch im Emblem der Palästinenserbehörde.

Über Saladins Leben gibt es 1001 faszinierende Dinge zu berichten, nicht zuletzt, dass der größte Kriegsheld der Araber der Mehrzahl der Spezialisten zufolge Kurde war. Doch er wird in der arabischen muslimischen Kultur weit mehr verehrt als in der kurdischen, denn für eine kurdische nationale Identität hat er wenig getan. Daher spielt auf den meisten kurdischen Flaggen, die in den Kurdengebieten im Iran, im Irak, in der Türkei und in Syrien wehen, ein Adler keine Rolle. Und der Adler, der im Wappen der autonomen Region Kurdistan im Irak und in anderen Provinzen erscheint, gilt nicht als Adler Saladins.

Während der Aufstände 2011 in Ägypten, die der Armee halfen, Präsident Mubarak zu stürzen, war die ägyptische Flagge überall zu sehen, denn alle Seiten nahmen für sich in Anspruch, zum Wohl des Landes zu agieren. Bei den nachfolgenden Erhebungen und Demonstrationen wurden zahllose Flaggen von zahlreichen Fraktionen geschwenkt, aber die Nationalflagge wurde nie infrage gestellt, ebenso wenig, wie es wirklich eine echte Revolution gab, denn Ägypten ist zu dem zurückgekehrt, was es lange war: eine Kreuzung von Militärdiktatur und Demokratie. Das ist einer der zahllosen Gründe, warum es immer dumm war, die Bezeichnung »Arabischer Frühling« zu benutzen, wenn man versuchen wollte zu verstehen, was in Ägypten und in der übrigen Region passierte.

Der Irak hingegen hatte ursprünglich, wie erwähnt, Schwarz, Weiß und Grün mit zwei Sternen, die Araber und Kurden repräsentierten, und eine Version des roten Dreiecks der Flagge der Revolte gewählt, weil Mitglieder der königlichen Familie der Haschemiten die Macht hatten. Doch die Haschemiten wurden 1958 mit einem Staatsstreich gestürzt und der Irak wurde zur Republik. In der Folge verschwand das haschemitische Dreieck. 1963 gelangte die sozialistisch inspirierte Baath-Partei an die Macht und änderte die Flagge in eine horizontale Trikolore in Rot, Weiß und Schwarz. Drei Sterne im weißen Streifen nahmen eine engere Union mit Ägypten und Syrien vorweg.

Diese Union kam nie zustande, und 1991 unterstützten die beiden arabischen Bruderländer den US-geführten Krieg gegen den Irak Saddam Husseins nach dessen Invasion von Kuwait. Zu diesem Zeitpunkt hatte sich die syrische Baath-Partei heftig mit ihrer irakischen Version zerstritten, und die Ägypter waren treue Verbündete der USA. Nationalstaatliche Rivalitäten siegten über den panarabischen Nationalismus, und alle arabischen Länder waren alarmiert, weil der Irak eigenmächtig die Grenze eines arabischen Bruderstaats überquert hatte.

Saddam benutzte diese epochalen Tage, um der Flagge die Worte *Allahu Akbar* in seiner eigenen Handschrift hinzuzufügen. Nach seinem Sturz 2003 wurde seine Handschrift entfernt (wie ein paar Jahre später die Sterne). Die Worte blieben, aber nun sieht man sie im klassischen dekorativen Kufi-Stil. Mina Al-Oraibi, eine irakisch-britische Journalistin, findet das problematisch:

»Die irakische Flagge wurde in den letzten Jahrzehnten politisiert. *Allahu Akbar* hinzuzufügen war Teil von Saddams Versuch, den Krieg 1991 als ›Verteidigung des Islam‹ umzudeuten. Viele Iraker ärgerte diese Ergänzung, weil sie wussten, dass Saddam so die Religion für seine eigenen politischen Zwecke instrumentalisierte. Überraschenderweise beschloss die politische Kaste des Irak nach dem Krieg 2003, die drei Sterne zu entfernen und *Allahu Akbar* beizubehalten. Das machte viele Iraker unglücklich, weil sie ihre Identität in einem Nationalstaat begründet sehen, nicht in einer Religion. Die irakische Flagge bedeutet mir viel als Symbol für den Irak, doch sie ist eher ein Symbol für die Schwierigkeiten, die der Irak durchgemacht hat, und die politische Manipulation von Religion und weniger das einende Symbol, das sie sein sollte.«

Die irakischen Kurden macht die arabische Inschrift auf der Flagge gleichfalls nicht glücklich, weil es nicht ihre Sprache ist, und auch bei den irakischen Christen macht der islamische Text sie nicht beliebt, insbesondere zu Zeiten, in denen sie zu Zehntausenden aus dem Land getrieben werden.

Die muslimische Identität ist im Irak gleichfalls gespalten. Die Armee zieht unter der Staatsflagge gegen den IS zu Felde, aber an ihrer Seite finden sich die Flaggen zahlloser, überwiegend schiitischer, seltener sunnitischer Milizen, die für die Ziele der Schiiten und Sunniten im Irak kämpfen und nicht für die eines geeinten Nationalstaats. Beispielsweise ist die Badr-Organisation (früher: Badr-Brigaden) eine schiitische Miliz, die im iranischen Exil gegründet wurde. Sie hat nach wie vor enge Verbindungen zu Teheran und einige ihrer Kriegsflaggen ähneln denen der iranischen Revolutionsgarde und der vom Iran unterstützten libanesischen schiitischen Hisbollah-Miliz. Andere Banner zeigen den schiitischen Märtyrer Hussein ibn Ali.

Laut dem Pew Research Center hat ein Drittel der 193 Mitgliedstaaten der Vereinten Nationen Nationalflaggen mit religiösen Symbolen. Von diesen 64 Staaten hat ungefähr die Hälfte ein christliches Symbol und 21 haben ein islamisches. Wenig überraschend ist, dass Israel als einziges Land ein Symbol des Judentums benutzt.

Obwohl sie ziemlich jung ist, bleibt der genaue Ursprung der Flagge von Israel unklar. Sicher ist, dass Theodor Herzl, einer der Begründer des modernen Zionismus, 1896 schrieb: »Wir haben keine Fahne. Wir brauchen eine. Wenn man viele Menschen führen will, muss man ein Symbol über ihre Häupter erheben. Ich denke mir eine weiße Fahne mit sieben goldenen Sternen.«

Dieser Entwurf wurde nie umgesetzt, aber Prototypen der Flagge, die wir heute kennen, wurden damals bereits bei politischen Treffen in Palästina, den USA und Europa gezeigt. Binnen weniger Jahre waren Versionen davon zum anerkannten Symbol des Zionismus geworden. Trotzdem gab es noch keinen Beschluss über das Aussehen der Nationalflagge, als der Staat Israel im Mai 1948 gegründet wurde. Der Schild Davids (auch als Davidstern bekannt), die Menora (der siebenarmige Leuchter) und der Löwe Judas hatten alle Befürworter.

Die Öffentlichkeit wurde aufgefordert, Entwürfe einzureichen, und fünf Monate später, im Oktober, einigte sich die Regierung auf den von Richard Ariel, der der zionistischen Flagge des 19. Jahrhunderts ähnelte. Blau und Weiß repräsentieren den jüdischen Gebetsschal Tallit. Der Davidstern in der Mitte ist zwar ein anerkanntes Symbol des Judentums, aber auch ein relativ modernes – erst seit dem Mittelalter ist er fest mit dem Glauben verbunden. Die Menora wurde zum offiziellen Staatssiegel und der Löwe Judas zum Symbol von Jerusalem.

Die israelische Flagge weht, manchmal bedrängt, inmitten eines großen Bogens von Ländern, die islamische Symbole zeigen und in der asiatisch-pazifischen Region, im Nahen Osten und in Nordafrika zu finden sind – zu dem mit den Komoren im Indischen Ozean ein Inselstaat südlich der Sahara hinzukommt. Wie zu erwarten, entsprechen diese Gebiete der Ausbreitung des Islam, und sie umfassen so unterschiedliche Länder wie Malaysia, Usbekistan, Pakistan und Libyen.

Mehrere Jahrzehnte lang war die libysche Flagge absolut ungewöhnlich, weil sie nur aus einem schlichten grünen Feld ohne Schrift oder Motiv bestand. Das war in der Zeit von Oberst Gaddafi und seiner »Großen Sozialistischen Libysch-arabischen Volks-Dschamahirija«, in der er sich als »Präsident aller arabischen Führer«, als Philosoph und als Literaturgigant sah. Das Grün repräsentierte natürlich den Islam, aber auch sein ›Grünes Buch‹. Dabei handelt es sich um eine Sammlung von Gedankensplittern eines Mannes, der zunehmend zerrüttet wirkte, aber weiterhin überzeugt war, dass sich die Libyer von Erkenntnissen wie dieser leiten lassen würden: »Es ist eine unumstrittene Tatsache, dass sowohl der Mann als auch die Frau menschliche Wesen sind … Die Anatomie einer Frau unterscheidet sich genauso von der eines Mannes, wie sich bei Pflanzen und Tieren die weiblichen Wesen von den männlichen unterscheiden … Einem Gynäkologen zufolge menstruiert die Frau jeden Monat … während der Mann, als männliches Wesen, nicht menstruiert.«

Derartige Perlen der Weisheit retteten ihn aber 2011 während der Revolution und Bombardierung durch die NATO nicht: Der Mob tötete ihn in der Wüste. Als die Aufstände sich im Land ausbreiteten, begannen viele der Protestierenden, die alte Unabhängigkeitsflagge mit den horizontalen Streifen in Rot, Schwarz und Grün und dem weißen Halbmond und Stern in der Mitte zu schwenken. Sie wurde rasch zum Symbol des Widerstands und nach Gaddafis Tod als offizielle Flagge des Landes übernommen, das sich nun wieder Libyen nannte.

Diese Flagge war ursprünglich die des Königreichs Libyen, das 1951 die Unabhängigkeit von Italien erlangt hatte. Deren Basis war die Flagge der religiösen Susiya-Bruderschaft in der Kyrenaika, der östlichen Region des Nachbarlandes von Ägypten – eine schwarze Flagge mit weißem Halbmond und Stern. Der rote Streifen wurde hinzugefügt, um das Blut des Volkes zu symbolisieren, aber auch, weil es die Farbe der Region Fessan im Süden ist, und Grün kam als traditionelle Farbe der Region Tripolitanien im Westen hinzu, die an Tunesien grenzt. 1951 symbolisierten die Farben den Zusammenschluss von drei unterschiedlichen Regionen, die zuvor nicht als zusammenhängendes Gebilde verwaltet worden waren. 2011 standen die Farben erneut für die drei Regionen, aber diesmal gab es wenig, das sie zusammenhält.

Tripolis hat seinen Namen von dem griechischen Wort für »drei Städte«: Das waren Oea, Sabratha und Leptis Magna – weshalb die Region Tripolitanien genannt wurde. Als die Griechen später in dem Küstengebiet 700 Kilometer östlich siedelten, gründeten sie die Stadt Kyrene, die namengebend für die Kyrenaika war. Sie erachteten diese beiden Regionen und den Fessan aber nicht als geografische, politische oder ethnische Einheit. Ebenso wenig taten das die Römer, als sie sie übernahmen. Dann kamen die Araber, danach die Osmanen und schließlich im 20. Jahrhundert die Italiener, die die Region zunächst Italienisch-Nordafrika nannten, sie dann aber in die beiden Kolonien Italienisch-Tripolitanien und Italienische Kyrenaika aufteilten. 1934 belebten sie dann einen Begriff wieder, den die Griechen 2000 Jahre zuvor für ganz Nordafrika mit Ausnahme von Ägypten benutzt hatten – Libyen.

Nach dem Zweiten Weltkrieg wurden Tripolitanien und die Kyrenaika von den Briten verwaltet und der Fessan von den Franzosen. Als Italien 1951 alle Ansprüche auf das Gebiet aufgab, wurde der Nationalstaat Libyen geschaffen. Den Bevölkerungen der drei Provinzen wurde erklärt: »Das steht ihr jetzt alle gemeinsam durch.«

Die 55 Jahre Eigenstaatlichkeit, davon mehr als die Hälfte als Diktatur, haben keine Nation geschmiedet, und die drei Farben der Flagge symbolisieren wieder einmal Teilung. Zur Zeit der Niederschrift sieht es nicht danach aus, dass es Libyen kurz- oder mittelfristig schafft, ein erfolgreicher geeinter Staat zu werden. Die Flagge des IS ist in mehreren Städten an der Küste aufgetaucht, und auch wenn das im Fokus derer steht, die hier als Regierung gelten (und auch der Regierungen jenseits des Mittelmeers), verstärkt das die Instabilität des Gebildes, das von Zeit zu Zeit in Richtung gescheiterter Staat trudelt. Die Zukunft mag ein Spiegelbild der Vergangenheit werden, dennoch könnte ein lockerer föderativer Bund entstehen.

Und ein arabischer Staat? Wenn die Sprache die Araber verbindet, dann hat die Vorstellung eine Basis, wenn auch eine mit vielen Dialekten. Wenn er ein Volk bedeuten soll, dann gerät die Vorstellung ins Stocken, denn die Araber sind viele Völker. Was stattdessen seit Mitte der 1970er beständig gewachsen ist, ist der politische Islam. Berücksichtigt man, dass die vielen Stränge islamischen Denkens die Kluft durch Politik, Religion und Grenzen nicht anerkennen, dann sind Flaggen wie die des IS (siehe fünftes Kapitel) zumindest panarabisch, wenn nicht gar global. Auch wenn Religion oft andere Karten übertrumpfen wird, beispielsweise Nationalismus oder politische Philosophie, werden die schiere Brutalität und die utopischen Vorstellungen gewalttätiger Islamistengruppen sicher letztlich ihren Untergang besiegeln, aber das wird ein Kampf sein, der sich über Generationen erstreckt.

Im Sommer 2016 hat die Ennahda, die größte islamistische Partei Tunesiens (die nach einer Wahl freiwillig auf die Macht verzichtete), die Trennung von Kirche und Staat anerkannt und dabei erklärt: »Wir lassen den politischen Islam hinter uns und kommen zum demokratischen Islam.« Wenn die Partei meint, was sie sagt, dann ist der »demokratische Islam« ein Experiment, und zwar eines, das im Gegensatz zum Weltbild von IS und al-Qaida steht. Das türkische Modell eines muslimischen, volldemokratischen Säkularstaats scheint zu wanken; das tunesische Modell ist es wert, im Auge behalten zu werden. Tunesien verwarf die panarabischen Farben für seine Flagge, und seine überwiegend homogene nordafrikanische Bevölkerung prüft nun, welche Teile des politischen Islam, der viel weiter östlich entstand, sie beibehalten und welche sie verwerfen will.

Der ägyptische Diplomat und Intellektuelle Tahseen Bashir schuf die Formulierung »Stämme mit Flaggen«, um die Araber in den 1960ern zu definieren. Er fügte hinzu, der einzige echte Nationalstaat in der Region sei sein Land. Das mag das alte Kairo-zentrische Weltbild vieler seiner Landsleute widerspiegeln, das sich wiederum in dem ägyptischen Beinamen für Kairo – *Umm ad-Dunia* – »Mutter der Welt« – niederschlägt. Bashirs Definition dürfte auch bei jenen Arabern auf wenig Gegenliebe stoßen, die darüber verärgert sind, dass sie von der übrigen Welt aufgegriffen und benutzt wurde. Was Bashir jedoch sagen wollte, ist, dass der ethnische und kulturelle Zusammenhalt eines festgefügten Nationalstaats mehr braucht als Linien, die Kolonialisten in den Sand gezogen haben, und als ein paar Nationalflaggen als Symbol für etwas, das vielleicht nicht in den Köpfen aller Menschen existiert, die innerhalb dieser Linien leben. Für einige dieser Flaggen besteht die Gefahr, dass sie eingeholt und vom Sand bedeckt werden, der jetzt gefährlich vom Mittelmeer zum Arabischen Meer wirbelt.

Föderalismus könnte immer noch das Schicksal sein, das Libyen, dem Irak und dem Jemen bevorsteht: neue Flaggen, um neue föderative Realitäten zu symbolisieren, oder sogar neue Flaggen für neue Nationalstaaten.

Wenn das der Fall ist, werden manche das den Arabern so vertraute Grün, Weiß und Schwarz benutzen, aber es ist sehr wahrscheinlich, dass Rot eine Rolle spielt, denn es wird viel Blut vergossen werden, um die neuen Linien zu ziehen, und es ist sehr unwahrscheinlich, dass die Versinnbildlichung von Märtyrertum aus der arabischen Kultur verschwindet.

FÜNFTES KAPITEL

FLAGGEN DER ANGST

»Ich sage, dass ich stärker bin als die Angst.«
Malala Yousafzai

لا إله إلا الله
الله
رسول
محمد

Vorhergehende Doppelseite: Propagandafoto, das der Islamische Staat veröffentlicht hat.

Etwas Böses ist unterwegs. Etwas so Böses, so jenseits unseres Fassungsvermögens, dass wir dachten, das hätten wir seit dem Mittelalter hinter uns gelassen. Der Islamische Staat (IS) hat sich in unser kollektives Bewusstsein eingebrannt. Er geht bis zum Äußersten, um Menschen auf schreckliche Weise, vor der Öffentlichkeit zu töten, und verbreitet dann die Aufnahmen ihres Todes. Seine Propaganda ist unbarmherzig, gnadenlos, grauenhaft effizient. Er tut dies unter einem Banner, das nicht sein eigenes ist, das er aber zum Synonym seines unmoralischen Tuns machen will. Indem er das tut, beschädigt er genau die Religion, in deren Namen er seiner Behauptung nach agiert.

In diesem Kapitel geht es hauptsächlich um die Flaggen nichtstaatlicher Akteure, die im Nahen Osten beheimatet sind und deshalb zum Islam gehören. Dabei geht es nicht darum, sich in einer Welt voller bewaffneter Rebellengruppen der unterschiedlichsten Glaubensrichtungen den Islam herauszugreifen. Stattdessen soll das Kapitel ein wichtiges Schlaglicht bieten: nicht nur, weil diese Gruppen regelmäßig in den Nachrichten auftauchen und ihre Symbolik so viele Menschen anspricht, sondern auch, weil die islamistische Ikonographie mit tiefen Unterströmungen der Gesellschaft im Nahen Osten verknüpft ist, die man verstehen muss. Ein Kapitel über die Embleme des Leuchtenden Pfads in Peru oder die Lord's Resistance Army in Uganda würde viele interessante Details enthalten, aber Ersterer ist eine lokal begrenzte Angelegenheit und Letztere ist schlicht verrückt und böse, es ist außerordentlich gefährlich, ihr zu begegnen, und ihr Weg kann nur in den Untergang führen, bei dem ihre »Vorstellungen« mit ihr sterben werden. Wenn wir aber die Flaggen verstehen, die in diesem

Kapitel beschrieben werden, dann hilft uns das dabei, die Ereignisse zu begreifen, über die jeden Abend in den Nachrichten berichtet wird – Ereignisse, die uns in den kommenden Jahrzehnten begleiten werden.

Der IS spielt in einer eigenen Liga, wenn es um »Botschaftsübermittlung« geht. Wir müssen uns nicht mit den Details seiner Bosheit beschäftigen, um seine Ziele zu verstehen. Ja, offenbar genießen Mitglieder der Gruppe ihre sadistischen Taten, aber diese Verrücktheit ist auch von umfassender, kalter Logik. Wir sind zu Tode erschreckt, und das zu Recht. Das beste Beispiel dafür zeigt die Einnahme der Stadt Mossul, der zweitgrößten Stadt des Irak, durch die Gruppe im Juni 2014. Wir hatten hier eine Stadt mit 1,8 Millionen Einwohnern, verteidigt von rund 30 000 Mann der irakischen Armee, die angesichts der wahnsinnigen, brandschatzenden, quälenden, mordenden Fanatiker des IS davonrannten. Der IS ließ es sich nicht nehmen, ausführlich jede unheimliche, entstellende Form des Tötens im Vorfeld des Angriffs auf die Stadt zu veröffentlichen. Und vor seinen Truppen wurde die Flagge hergetragen, die sie sich gewählt hatten und die mittlerweile als Flagge des IS bekannt ist.

In Mossul wehte sie fast achtzehn Monate lang ohne Widerstand, bevor die irakischen Streitkräfte den Mut und die Kraft aufbrachten, damit zu beginnen, die Stadt zurückzuerobern, und dies auch nur mit Hilfe der amerikanischen Feuerkraft.

Wir haben uns daran gewöhnt, sie in unseren Medien zu sehen: den schwarzen Hintergrund mit einem weißen Kreis, in dem in arabischer Schrift »Mohammed ist der Gesandte Gottes« steht. Darüber befindet sich eine weitere Zeile: »Es gibt keinen Gott außer Gott.« Zusammen bilden die beiden Zeilen die Schahada, das muslimische Glaubensbekenntnis. Der Stil der Schrift auf der IS-Flagge ist bewusst kunstlos, im Gegensatz zur Kalligraphie bei der Schahada auf der Flagge von Saudi-Arabien. Wahrscheinlich soll damit die Botschaft vermittelt werden, dass der IS die Rückkehr zu dem einleitet, was er als ursprüngliche Form des Islam betrach-

Die Stars and Stripes

USA

Konföderiertenflagge

Die Union und der Jack

Vereinigtes Königreich

England

Schottland

Nordirland

Wales

Irland

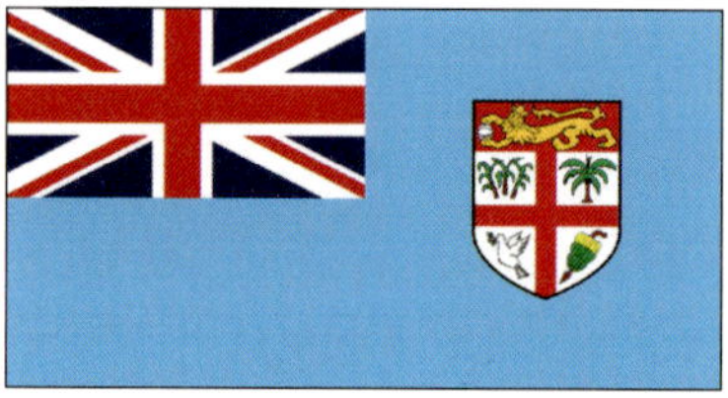

Fidschi

Australien

Neuseeland

Hawaii

Das Kreuz und die Kreuzzüge

Europäische Union

Frankreich

Deutschland

Naziflagge

Italien

Dänemark

Schweden

Norwegen

Finnland

Island

Schweiz

Portugal

Österreich

Niederlande

Russland

Sowjetunion

Serbien

Slowenien

Mazedonien

Kosovo

Bosnien-Herzegowina

Farben Arabiens

Arabische Revolte

Saudi-Arabien

Jordanien

Türkei

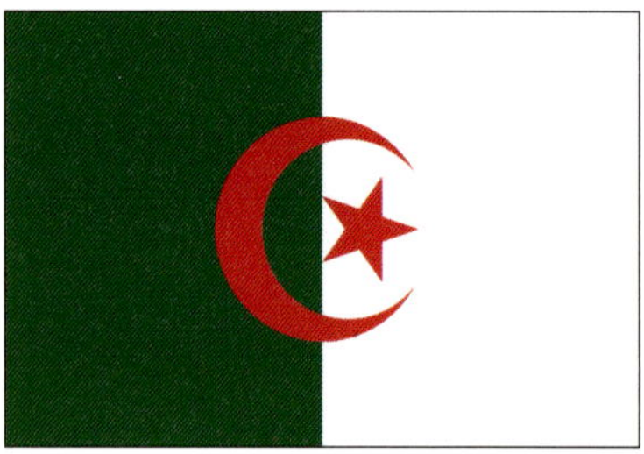

Algerien

Tunesien

Iran

Libanon

Ägypten

Irak

Israel

Libyen

Flaggen der Angst

Islamischer Staat

Dschabhat al-Nusra

Hisbollah

Hamas

Hamas-Emblem und Alternativflagge

Fatah

Al-Aqsa-Märtyrer-Brigaden

Kassam-Brigaden

Jenseits von Eden

Turkmenistan

Usbekistan

Kasachstan

Kirgisistan

Afghanistan

Pakistan

Indien

Nepal

China

Taiwan

Südkorea

Nordkorea

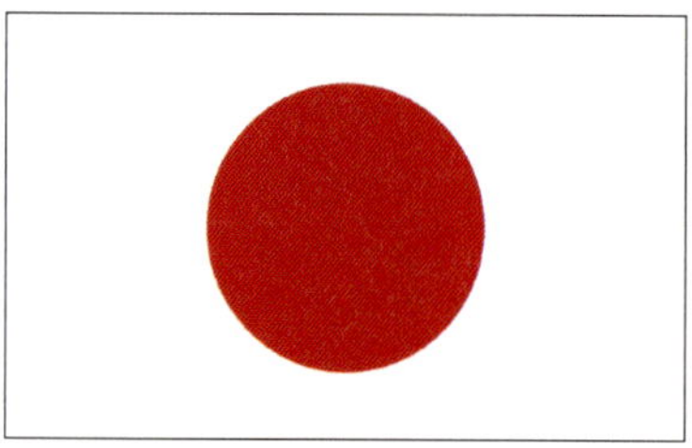

Japan

Kriegsjapan

Flaggen der Freiheit

Äthiopien

UNIA

Jamaika

Rastafaribewegung
(und – zuvor – Äthiopien)

Ghana

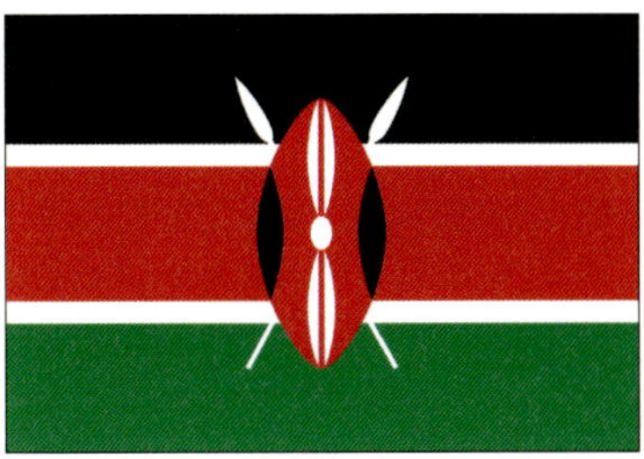

Kenia

Mosambik

Uganda

Sambia

Liberia

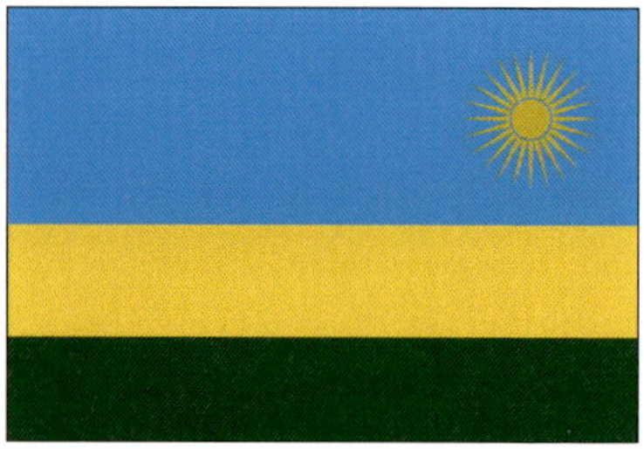

Ruanda

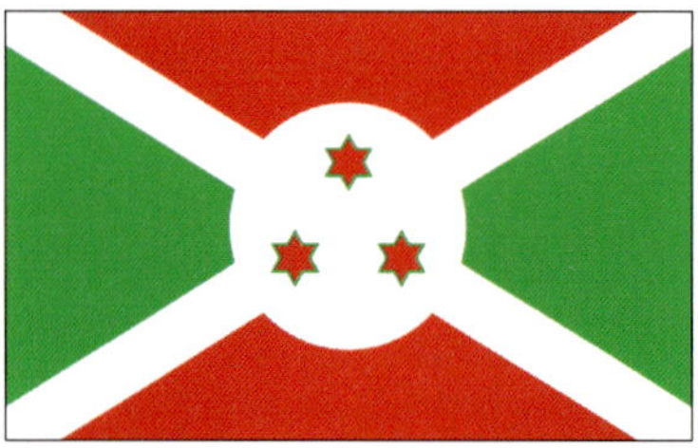

Burundi

Seychellen

Nigeria

Südafrika

Flaggen der Revolution

Großkolumbien

Venezuela

Ecuador

Bolivien

Wiphala

Mexiko

Nicaragua

El Salvador

Guatemala

Honduras

Costa Rica

Panama

Peru

Argentinien

Falkland-Inseln

Uruguay

Brasilien

Die Guten, die Bösen und die Hässlichen

Totenkopfflagge

Rotes Kreuz

Roter Halbmond

Roter Kristall

NATO

Olympische Flagge

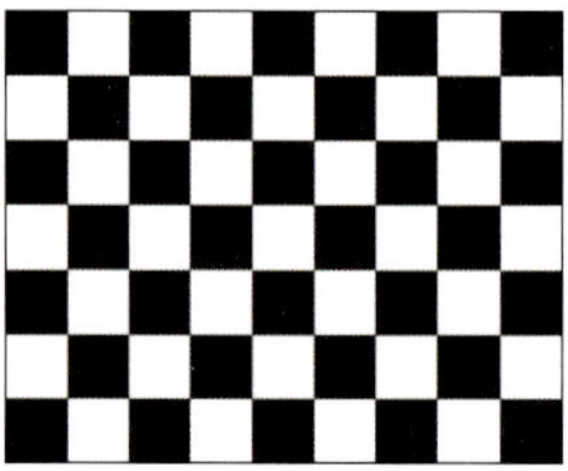

Zielflagge

Regenbogenflagge

Vereinte Nationen

Planet Erde

tet. In dieser Frage befindet sich der IS im ideologischen Wettstreit mit den Saudis: Beide hängen einer extremen sunnitischen Glaubensrichtung an, dem Wahhabismus, und beide benutzen ihn, um ihren Anspruch auf den wahren Islam zu legitimieren. In Saudi-Arabien gibt es Kreise, die den IS unterstützen, aber auf Regierungsebene erinnert man sich daran, dass man, nachdem man partiell die Entstehung von al-Qaida gefördert hatte, von einer Welle von Terroranschlägen heimgesucht wurde, als al-Qaida versuchte, das Königreich zu destabilisieren und zu übernehmen.

Der IS machte die Flagge 2007 zu seiner Standarte, aber Schwarz und die Schahada sind panislamische Symbole, die man nicht zwingend mit Terror verbinden sollte. Doch der Trick des IS besteht darin, dass er sie zu terroristischen Zeichen gemacht hat. Laut der Website des Search for International Terrorist Entities (SITE) Institute, hat die Medienabteilung des IS 2007, als er sich noch Islamischer Staat im Irak nannte, eine Erklärung mit dem Titel »Die Legitimität der Flagge im Islam« veröffentlicht, in der die Gruppe darlegte, warum sie sie benutzt. Darin hieß es, indem man sich auf den traditionellen Glauben berief: »Die Flagge des Propheten, Friede und Segen sei mit ihm, ist ein schwarzes Quadrat aus gereinigter Wolle.« Meistens sind die Flaggen, die der IS zeigt, wohl quadratisch. Der weiße Kreis soll das Siegel des Propheten darstellen: Im Museum im Topkapi Palast in Istanbul sind Briefe ausgestellt, die Mohammed geschrieben haben soll und die dieses Symbol tragen. Die Erklärung zitiert auch einen Spruch des Propheten: »Siehst du schwarze Banner nahen, eile zu ihnen, selbst wenn du über Schnee kriechen musst, denn unter ihnen ist der Kalif.«

Dies alles ist ziemlich »endzeitlich« und spricht jüngere Muslime mit einer bestimmten Geisteshaltung an: Jene Sorte, die, wenn es Christen wären, etwa mit einem Tamburin bewaffnet in Ekstase verfallen und Sie nachdrücklich auffordern würden, Ihre Sünden zu bereuen, ehe es zu spät ist. Gelegentlich schwenkt die Tamburin-Brigade um und wird selbst zur Bewegung von »Endzeitüberlebenden«. Häufig trifft man sie im Mittleren Westen der USA.

Leider arbeiten die Lehren dieser speziellen Minderheit im Islam nicht mit Tamburinen; ihre Anhänger tragen eher Schwert und Sturmmaske.

Der IS misst der Nähe zur syrischen Stadt Dabiq bei Aleppo ungeheure Bedeutung bei. Seine Propaganda-Zeitung im Internet ist sogar nach ihr benannt. Die IS-Theorie der »baldigen Apokalypse« wiederholt eine Prophezeiung, die angeblich von Mohammed stammt und besagt, dass die Heere Roms (für das man heute des Westens/der USA/Türkei/des Feinds nach Wahl einsetzen soll) und die Armeen des Islam in der Ebene von Dabiq zur Schlacht aufeinandertreffen werden. Diese Leute lieben gute Zitate – die Erklärung nimmt auch Bezug auf einen anderen Hadith oder Spruch des Propheten, in dem gedroht wird: »Schwarze Banner werden aus dem Osten auftauchen und sie werden dich auf eine Art und Weise töten, wie dies nie zuvor von einem Volk getan wurde.« Was für IS-Gegner nicht gerade beruhigend ist, vor allem, da der IS diese Ankündigung in der Tat mit einer Reihe grausamer, genau dokumentierter Morde wahr gemacht hat, die ihn seinem Ziel, alle in Angst zu versetzen, näher gebracht haben.

Die Banner, die in diesem Zitat angesprochen werden, sind die des Mahdi, des islamischen Messias. Natürlich siegt in dieser Geschichte der Islam bei Dabiq und rückt nach Istanbul vor. All dies leitet das Ende der Zeiten ein. Doch dann erscheint der Satan oder Daddschal und drängt die Armee des Mahdi zurück. Eine Rumpftruppe zieht sich nach Jerusalem zurück, wo das Ganze irgendwie feststeckt, bis der Prophet Jesus vom Himmel herabsteigt, sich an die Seite des Mahdi stellt und der Daddschal getötet wird, was wiederum das Ende der Welt und das Jüngste Gericht ankündigt. Ich fürchte, an dieser Stelle widerfährt den Ungläubigen eine unsanfte Behandlung in Form ewiger Bestrafung, die sich nicht sehr von jener unterscheidet, die in der Version vorkommt, die fundamentalistische Christen von dieser Geschichte haben.

Als ich während der ersten Jahre des syrischen Bürgerkriegs aus Damaskus berichtete, habe ich mehrfach über diese Geschichte gegrübelt. Am Ende heißt es, Jesus würde über das »Jesus-Minarett« in der Ostecke der ungemein schönen Umayyaden-Moschee in der Hauptstadt herabsteigen. Hierbei ist es wichtig zu wissen, dass, anders als im mehrheitlich post-christlichen Westen, im Nahen Osten viele Gläubige ihre heilige Schrift wörtlich nehmen. Beim Anblick des Jesus-Minaretts, während entfernte Explosionen in den Außenbezirken von Damaskus zu hören waren, und im Wissen um die Unmenge dschihadistischer Gruppen nur wenige Kilometer entfernt, war es entscheidend, im Hinterkopf zu behalten, dass »sie wirklich daran glauben«. Es ist auch verständlich, dass inmitten von Hitze, Staub, Rauch und Tod die jungen, einer Gehirnwäsche unterzogenen Kämpfer des IS und anderer Gruppen um sich herum Beweise dafür erblicken, dass die Prophezeiungen wahr werden.

Nachdem der IS 2014 den amerikanischen Katastrophenhelfer Peter Kassig angeblich enthauptet hatte, veröffentlichte er ein Video, in dem der Sprecher sagt: »Hier begraben wir den ersten amerikanischen Kreuzfahrer in Dabiq und warten sehnsüchtig darauf, dass der Rest eurer Heere eintrifft.« Das war ein direkter Verweis auf die gerade geschilderte Geschichte und ein Beispiel, wie der IS versucht, eine ausländische Armee hineinzuziehen, um das Ende aller Tage zu bewirken. Als der IS Dabiq einnahm, war mit das Erste, was seine Kämpfer taten, Hunderte von schwarzen Flaggen auf den Dächern der Stadt zu hissen und so ihrer Meinung nach jenen Teil der Prophezeiung zu erfüllen, der schwarze Banner »aus dem Osten« verheißt.

Kämpfer und Anhänger des IS neigen zur Linientreue. Nur gelegentlich kann man Fotos sehen, auf denen sie in dem Meer schwarzer Flaggen eine einzelne gelbe schwenken, und manchmal fügen sie an den Rändern der schwarzen Flagge auch gewinnende Goldornamente hinzu, doch meist belassen sie es bei der puren Version, die sich durch ihren Gebrauch und ihre Assoziationen unseren Köpfen eingebrannt hat.

Die meisten von uns sehen nur schlimmsten Fanatismus, wenn

sie diese Flagge sehen. Sie ist so »anders« als jede andere Flagge. Doch für ihre Anhänger ist sie ein Symbol für den heldenhaften Mut, Gottes Werk auf Erden zu vollbringen, egal um welchen Preis. Dass sie sofort zu erkennen ist, ist im Sinne von »Botschaftsübermittlung« ein Pluspunkt. Vergleichen wir sie einmal mit einer anderen Flagge dieser Art: der des internationalen Kommunismus. In dem Augenblick, in dem man die Rote Fahne sieht, übermittelt sie einem eine Botschaft über die Werte derjenigen, die sie tragen. Die Einzelheiten dieser Werte, seien sie maoistisch, marxistisch-leninistisch oder sogar die der Volksfront von Tooting/ Volksfront von Judäa, sind zweitrangig im Vergleich zur primären kommunistischen Botschaft, einer Ideologie, die wir zumindest begreifen können, ob wir sie teilen oder nicht. Das Grundkonzept ist das der universalen Bruderschaft (und Schwesternschaft) der Menschheit und der Gerechtigkeit für alle, auch wenn die Gesellschaften und Endprodukte, die daraus entstanden sind, weit davon entfernt waren. Die IS-Flagge hingegen brüllt einen Absolutheitsanspruch hinaus, eine absolut eingeschränkte Definition dessen, was zulässig ist, die von Menschen formuliert wurde, die überzeugt sind, dass sie den Willen Gottes ausführen. Die Rote Fahne schließt die Möglichkeit mit ein, dass Sie sich, wenn Sie von einem ihrer Anhänger gefangen genommen wurden, nach einer längeren Zeit in einem Umerziehungslager in einer Gegend, in der es sehr kalt ist, doch zu dessen Ansichten bekehrt haben könnten. Im Gegensatz dazu ist die IS-Flagge die ultimative »Wir-und-sie«-Flagge. Sie sagt: »Wenn du nicht zu uns gehörst, dann bist du ein dreckiger Kaffer, der es verdient hat, sofort zu sterben, aber nicht unbedingt schnell.«

Ähnlichkeit besteht für beide Flaggen in dem rührenden Glauben an die Fähigkeiten ihrer Anhänger und ihren sicheren Sieg, auch wenn der seinen Preis hat. Der Text der Hymne ›The Red Flag‹ (1889) ist insofern interessant, als er sich auch auf die schwarze IS-Flagge beziehen könnte, wenn man einige Begriffe austauscht. Hier ein paar Zeilen:

»The people's flag is deepest red,
It shrouded oft our martyred dead …
Then raise the scarlet standard high.
Beneath its shade we'll live and die …
With heads uncovered swear we all
To bear it onward till we fall …«

(Die Flagge des Volkes ist tiefrot
Sie war oft das Leichentuch unsrer Märtyrer …
Nun hebt die scharlachrote Standarte hoch.
In ihrem Schatten werden wir leben und sterben …
Barhäuptig schwören wir alle,
Sie voranzutragen, bis wir fallen …)*

Wahre Gläubige betrachten das jeweilige Glaubenssystem als die Antwort auf jedwede Frage, die sich stellt, und beide Systeme besitzen ein grundlegendes, leicht wiedererkennbares Symbol, um das sie sich scharen.

Organisationen, die mit ihrer Botschaft hausieren gehen, nutzen ein Symbol gern auf unterschiedliche Weise, aber wenn es um Merchandising geht, bleibt der IS bei seiner sittenstrengen Haltung: Sie werden sich schwertun, in Rakka IS-Kaffeebecher, Kulis oder Untersetzer zu finden, die für den Islamischen Staat im Irak und in der Levante (Großsyrien) werben. Der übersetzte Name lässt sich zu ISIL zusammenziehen, aber weil die Levante im Arabischen auch als al-Sham, »Land der linken Hand«, bekannt ist, wird die Gruppe ISIS (Islamischer Staat im Irak und al-Sham) oder nur IS genannt. Die »linke Hand« bezieht sich auf das Gebiet, das sich links von einem befindet, wenn man von Mekka aus nach Osten blickt. Der andere Name für die Gruppe lautet Daesch, ein Akronym aus »al-Dawla al-Islamiya fil Iraq wa al-Sham«. Den be-

* Nach der Melodie von ›O Tannenbaum‹, a. d. Ü.

nutzen die Gegner des IS sehr gern, weil er ähnlich wie das arabische Wort für ein Tier klingt, das in der arabischen Kultur oft verhöhnt wird – den Esel.

Einer der dschihadistischen Rivalen des IS in Syrien ist Dschabhat Fatah al-Sham (Front für die Eroberung Syriens/der Levante), die zuvor als Dschabhat al-Nusra oder al-Nusra-Front bekannt war und bis vor Kurzem zu al-Qaida gehörte. Auch sie benutzt eine – rechteckige – schwarze Flagge mit der Schahada, aber in klassischer arabischer Kalligraphie und mit dem Gruppennamen darunter. Dschabhat Fatah al-Sham war, als sie 2012 in den Vordergrund rückte, kurzfristig der Buhmann im syrischen Bürgerkrieg. Doch schon bald wurde sie vom IS übertroffen – nicht nur auf dem Schlachtfeld, sondern auch im PR-Krieg, einem Krieg, der von Bedeutung ist. Die groteske Form und Zahl der Morde des IS und, ebenso wichtig, die multimediale Verbreitung der Bilder dieser Tötungen sind partiell der Grund, warum die Welt das IS-Banner kennt, aber nicht das von Dschabhat Fatah al-Sham. Und mit der Wiedererkennung des Namens geht potentielle Unterstützung einher – sowohl in Form junger Muslime aus der ganzen Welt, die als Kanonenfutter dienen, als auch von möglichen reichen Wohltätern, die den globalen Dschihad befeuern wollen.

Die Listen der als »terroristisch eingestuften Organisationen«, die die USA, die EU und viele andere herausgegeben haben, sind lang und reichen rund um den Globus. So gut wie alle Gruppen definieren sich über Symbole, meist Flaggen. Auch anderswo haben Gruppen schwarze Flaggen im IS-Stil gewählt, etwa al-Schabaab in Somalia, al-Tawhid wal-Dschihad im Gazastreifen und zumindest eine Dschihadistengruppe in Tschetschenien, ebenso Boko Haram in Nigeria, allerdings ist nicht sicher, ob dies das »offizielle« Emblem ist. Die al-Schabaab-Flagge ist schwarz, wenn sie als Kriegssymbol benutzt wird, aber für »Verwaltungszwecke« kehrt man die Farben um und hat schwarze Schrift auf weißem Grund. Das ist eine simple Botschaftsübermittlung, eine klare Form, Zeit und Ort von Konflikt oder Frieden anzuzeigen. Natürlich betrachten sich die genannten Gruppen nicht als terroristische Organisationen, auch wenn sie fortgesetzt Bomben in Einkaufspassagen, auf Märkten und in Schulen zünden und Gefangene foltern und töten.

Die Ähnlichkeit der Flaggen von IS, Dschabhat Fatah al-Sham und anderen Dschihadistengruppen resultiert nicht daraus, dass eine die andere kopiert, sondern daraus, dass jede die Deutungshoheit über den Islam und damit das Recht, die Flagge des Propheten zu tragen, für sich in Anspruch nimmt. Die Flagge der panarabischen Bewegung, die im Ersten Weltkrieg die osmanische Vorherrschaft im Nahen Osten beenden wollte, hatte die Farben Weiß, Schwarz, Grün und Rot, die allesamt Bedeutung im Islam haben. Von ihr wurden viele Nationalflaggen in der Region beeinflusst (siehe viertes Kapitel). Die Dschihadisten hingegen glauben nicht an den Nationalstaat und waren dagegen, die Flagge der Arabischen Revolte zu übernehmen. Andere nichtstaatliche Organisationen im Nahen Osten haben individuelle Symbole gewählt, die ihre Zielgruppen ansprechen. Fünf gute Beispiele sind die Hisbollah im Libanon, Hamas und die Kassam-Brigaden im Gazastreifen sowie Fatah und die al-Aqsa-Märtyrer-Brigaden im Westjordanland.

Die Hisbollah ist eine schiitische Organisation mit engen Verbindungen zum Iran. Am stärksten ist sie im Süden des Libanon, in der Bekaa-Ebene, und südlich der Hauptstadt Beirut. Sie entstand als Reaktion auf den israelischen Einmarsch in den Libanon 1982. Sie ist zutiefst antisemitisch, hat sich der Zerstörung Israels und der Besetzung Jerusalems verschrieben und strebt eine schiitische Version des Kalifats an. Sie ist verantwortlich für zahllose Bombenanschläge, vor allem auf amerikanische Ziele, und die argentinische Regierung glaubt, dass sie hinter dem Anschlag auf ein jüdisches Zentrum 1994 in Buenos Aires stand, bei dem 85 Menschen starben. Im Lauf der Jahre ist sie gewachsen und zur mächtigsten bewaffneten Kraft im Multireligionsstaat Libanon geworden. Tatsächlich ist sie ein Staat im Staat, und ihre Milizen würden in einem erneuten Bürgerkrieg im Libanon wahrscheinlich die Oberhand behalten. Zudem ist es ihr verstärkt möglich, Israel mit Zehntausenden von Langstreckenraketen zu bedrohen. Trotz des Engagements in Schulen, Krankenhäusern und wohltätigen Einrichtungen gilt sie heute als Sektenbewegung, der es nur darum geht, die Belange des schiitischen Islam zu fördern. Seit sich die Hisbollah-Verbände 2012 in Syrien verstärkt an die Seite der Armee von Präsident Assad gestellt haben, nennen sie viele sunnitische Muslime im Nahen Osten nicht mehr Partei Gottes sondern Partei Satans: *Hisb al-schaytan.*

Ihre Flagge wird in verschiedenen Farben gezeigt, am häufigsten ist aber die Kombination von gelbem Hintergrund und Hisbollah-Motiv in Grün. Laut der Meinung vor Ort kennzeichnet Gelb die Bereitschaft der Hisbollah, zum Wohle Allahs und der Schiiten zu kämpfen. Das Logo besteht aus einem Globus (die Hisbollah operiert weltweit), einem Zweig mit sieben Blättern, dem Koran und einer Faust, die eine Kalaschnikow hält, um zu zeigen, dass man bereit ist, Gewalt anzuwenden, um seine Ziele zu erreichen.

Als sich die Hisbollah 1985 gründete, waren einige ihrer Wurzeln sozialistisch, und die Kalaschnikow war ein vertrautes Bild in der linken revolutionären Ikonografie jener Zeit, ähnlich der Bildsprache, die vorher von militanten Gruppen wie den Roten Brigaden in Italien und der RAF (Baader-Meinhof) in Deutschland benutzt wurde. Unter dem Gewehr erkennt man, dass zur Faust ein Arm gehört. Der ist zugleich der arabische Buchstabe »Alif«. Die von rechts nach links zu lesende Unterschrift lautet Hisbollah, wobei die Faust oben auf dem ersten Alif sitzt. Unten auf der Flagge steht: »Der islamische Widerstand im Libanon«. Die Flagge ähnelt stark der des Hauptgeldgebers der Hisbollah, der iranischen Revolutionsgarde. Diese militärische Eliteeinheit im Iran wurde nach der Revolution 1979 gebildet, sechs Jahre vor der Hisbollah, und war eindeutig Vorbild für die libanesische Gruppe. Bis heute besteht eine enge Zusammenarbeit und beide haben Seite an Seite in Syrien gekämpft.

Im Zentrum der schiitischen Vororte im Süden von Beirut liegt der Distrikt al-Dahiya. Für Staatsbeamte ist dieses Gebiet tabu. Hier ist die Hisbollah Polizei, Armee, Religionsbehörde und Regierung zugleich. Was dort sofort ins Auge fällt, sind die großen Plakate, die den Iraner Ajatollah Khomeini und Hassan Nasrallah, den gegenwärtigen Hisbollah-Führer, preisen. Außerdem findet sich ein Meer einfarbiger Flaggen in Rot, Schwarz und Grün, also den traditionellen islamischen Farben, sowie im Gelb der Hisbollah. Das Gelb hat manchmal eine Goldfärbung; diese Farbe ist häufig an schiitischen Heiligtümern zu sehen, aber es gibt keine schlüssigen Beweise, ob dies der Grund für die Benutzung ist.

Wenn die Hisbollah-Milizionäre unter ihrem Banner marschieren, kann man oft Stechschritt und den faschistischen Gruß sehen. Apologeten behaupten, es gebe keine Verbindung zum Faschismus, aber die Ideologen an der Spitze der Partei sind klug genug zu wissen, was sie tun und welche Botschaft sie übermitteln. Fragt man nach, weisen Hisbollah-Anhänger gelegentlich auf den Gebrauch des »Faschistengrußes« in Taiwan hin, übergehen aber dabei, dass er Teil der »Vereidigungsregularien« ist. Ebenso ignorieren sie, dass der Gruß in Taiwan nicht den Beiklang hat, den er in einem Nachbarland von Israel hat, und dass es im Libanon eine größere christliche Bewegung, die Phalange, gibt, die 1936 nach faschistischen Prinzipien gegründet wurde und den Gruß benutzte, den sie von den faschistischen Parteien in Europa übernahm.

Falls jemand sich nicht im Klaren über die Ideologie der Hisbollah war, lieferte Scheich Nasrallah in einer Rede 2002 (von der es Aufnahmen gibt) einen hilfreichen Leitfaden. Er sagte: »Die Juden werden aus allen Teilen der Erde kommen und sich im besetzten Palästina versammeln, nicht um den Antichrist und das Ende der Welt heraufzubeschwören, sondern weil Allah, der Glorreiche und Höchste, euch davor bewahren möchte, an alle Enden der Welt gehen zu müssen, denn sie haben sich an einem Ort versammelt – sie haben sich an *einem* Ort versammelt –, und dort wird die letzte und entscheidende Schlacht stattfinden.« Schaut man sich die Flagge der Hisbollah an, sieht man die Botschaft einer extremistischen revolutionären Organisation, die Loyalität von einer Nation innerhalb des Nationalstaats fordert – den Schiiten im Libanon – und selbst loyal gegenüber einer Religion innerhalb der Religion ist, der schiitischen im Islam.

Inmitten des großen Aufruhrs und der Dominanz des Identitätsstrebens im Nahen Osten hat sich die Hisbollah viel Unterstützung von der schiitischen Mehrheit im Libanon bewahrt, aber ihre Glanzzeiten, als man sie als den arabischen Favoriten einschätzte, der es mit Israel aufnehmen könnte, sind anscheinend vorbei. Die sektiererischen Bestrebungen, die dem syrischen Bürgerkrieg zugrunde liegen, führten dazu, dass die Hisbollah an der Seite von Präsident Assads Streitkräften gegen überwiegend sunnitische Oppositionsgruppen kämpft. Das blieb nicht unbemerkt im mehrheitlich sunnitischen arabischen Nahen Osten, wo die meisten Länder und Menschen Partei für die Opposition ergriffen haben.

Jenseits der Grenze, unten im Gazastreifen, klammert sich die Hamas an ihren Ruf als die vorrangige Organisation, wenn es darum geht, Gewalt gegen die Israelis auszuüben. Da sie eine zu 100 Prozent sunnitische Gruppierung ist, blieb ihr auch ein gewisses Maß an Unterstützung bei Teilen der sunnitischen Araber erhalten. Allerdings haben die Aufstände in der arabischen Welt die Aufmerksamkeit in diesem Jahrzehnt vom israelisch-palästinensischen Konflikt abgezogen: Die Menschen haben erkannt, dass das Ausmaß von Tod und Zerstörung anderswo viel größer ist und die Lösung dieses Konflikts nicht unbedingt die Lösung für den Nahen Osten insgesamt ist.

Die Hamas, die 1987 gegründet wurde, hat so viele Probleme wie Palästinenser im Gazastreifen eingeschlossen sind – fast zwei Millionen, und ihre Zahl wächst rasch. Auf Arabisch lautet ihr voller Name Harakat al-Muqawamah al-Islamiyyah, übersetzt »Die islamische Widerstandsbewegung«, woraus sich das Akronym Hamas bilden lässt, das zusätzlich im Arabischen »Eifer« bedeutet. An der ideologischen Front steht sie vor zwei Herausforderungen: Erstens, dass sie manchen innerhalb wie außerhalb von Palästina nicht radikal oder gewalttätig genug ist, und zweitens, dass sie anderen zu radikal und gewalttätig ist. Wenn sie die Israelis nicht weiterhin angreift, riskiert sie, Anhänger an noch extremere Gruppen wie den Islamischen Dschihad oder sogar den IS zu verlieren. Andererseits weiß sie, wenn sie das tut und Gaza daraufhin niedergemacht wird (mit der entsprechend hohen Zahl an Toten, die ein Krieg in der Stadt mit sich bringt), wird ihr wiederum vorgeworfen, Ursache für die Zerstörung zu sein, die das Gebiet erfährt. Ihre Metaphorik, Botschaften und Ikonografie stehen im Zentrum dieses schwierigen Balanceakts.

Ihre offizielle Flagge zeigt einfach die Schahada in weißer Kalligraphie auf grünem Grund. Grün gilt, wie gesagt, meist als Farbe des Islam; daher ist es unfair, dies als »die Hamasflagge« zu bezeichnen, denn ihre Bestandteile machen sie zur Flagge für jeden Muslim. Trotzdem bleibt sie das Emblem, das bei Massenveranstaltungen der Hamas in Gaza Stadt am häufigsten zu sehen ist, und unter dem sich, mit Ausnahme der wenigen Christen, die in Gaza geblieben sind, alle versammeln können, selbst wenn sie auch die Symbole der anderen Gruppen mit sich führen, die im Gazastreifen operieren, etwa die des Islamischen Dschihad. Die Hamas ist ein Ableger der heute internationalen Muslimbruderschaft, deren Ursprung in Ägypten liegt. Dahin hat die Hamas immer noch enge Verbindungen. Im Gegensatz zum IS behauptet sie nicht, die einzige Gruppe zu sein, die das Recht hat, den Islam zu vertreten, aber unter den Palästinensern herrscht trotzdem ein gewisser Unmut, dass die Hamas eine allgemeine muslimische Flagge für sich benutzt.

Eine andere Flagge, die im Gazastreifen zu sehen ist, ist die des militärischen Flügels der Hamas: die der Kassam-Brigaden. Sie sind nach Scheich Izz ad-Din al-Qassam (1882–1935) benannt, einem Prediger und Dschihad-Kämpfer gegen die französische und britische Kolonialherrschaft. Er starb bei einem Feuergefecht mit den Briten und ist auf dem muslimischen Friedhof in Haifa begraben, das heute zu Israel gehört. Die Art und Weise seines Todes machte ihn zum palästinensischen Helden und seine Rolle als Symbolfigur ist so wichtig für die Hamas, dass die Brigaden ihre selbstgefertigten Raketen, die sie auf Israel abschießen, »Kassam-Raketen« getauft haben. Die Flagge zeigt einen Mann mit Kufiya vor dem Felsendom in Jerusalem, der in der einen Hand ein M16-Gewehr hält und in der anderen einen Koran. Links neben ihm befindet sich eine grüne Flagge mit der Schahada.

Der politische Flügel der Hamas hat eine zweite Flagge mit einem Emblem, das er oft als Siegel verwendet, aber auch als Banner neben der grünen Version. Oben zeigt es den Umriss eines Landes, welches den Staat Israel, das Westjordanland und den Gazastreifen umfasst – und zwar ohne Grenzen. Damit wird das Ziel eines islamischen Staates auf dem gesamten Gebiet vom Jordan bis zum Mittelmeer symbolisiert. Dieses Ziel steht weiterhin in der Charta der Hamas und wird auch in den Sprechchören artikuliert, die gelegentlich bei propalästinensischen Demonstrationen in Europa auf Englisch zu hören sind: »From the river to the sea, Palestine must be free!« (Vom Strom bis zum Meer, Palästina muss frei sein!) Oft sind da dann auch Hamasflaggen dabei.

Unter der Landkarte befindet sich ein Bild des Felsendoms, über dem zwei gekreuzte Schwerter liegen, und das rechts und links jeweils von einer palästinensischen Flagge eingerahmt wird. Der Felsendom ist über einem Stein erbaut, von dem aus Mohammed, nach seiner berühmten nächtlichen Reise auf einem geflügelten Pferd von Mekka nach Jerusalem, die Himmelfahrt angetreten hat. Der Bau ist das drittwichtigste Heiligtum des Islam, und die Gelehrten streiten sich, ob er eine Moschee ist oder nicht und ob es wirklich genau die Stelle ist, wo die Himmelfahrt begann. Doch für die Gläubigen ist er schlicht ein zutiefst heiliger Ort, und für alle ist er der optisch schönste Teil des Aqsa-Komplexes. Für das Judentum ist dies gleichfalls ein heiliger Ort, denn auf dem Felsen wurde die Welt gegründet und Abraham war bereit, auf ihm Isaak zu opfern.

Auf der Flagge rechts vom Dom steht: »Es gibt keinen Gott außer Gott« und auf der links von ihm: »Mohammed ist der Gesandte Gottes«. Unterhalb des Schreins steht das Wort »Palästina« und wiederum darunter folgt ein Band mit der Inschrift »Islamische Widerstandsbewegung«. Die Symbolik dieser Hamasflagge ist eindeutig: Sie verwirft eine Zwei-Staaten-Lösung und deutet an, dass ein palästinensischer Sieg mit Waffengewalt errungen werden soll. Die Kassam-Brigaden geloben öffentlich, Israel zu zerstören, während der politische Flügel der Hamas, der behauptet, die Organisationen seien unabhängig voneinander, bewusst mehrdeutig formuliert, wenn es darum geht, ob er seine Charta geändert und das Existenzrecht Israels anerkannt habe.

Die Hamas agiert in allen Palästinensergebieten, aber ihre Hochburg ist der Gazastreifen, wo sie 2007 während des gewaltsamen Sturzes der Fatah, der stärksten Fraktion innerhalb der Palästinensischen Befreiungsorganisation (PLO), die Macht übernahm. (Heute operiert diese nur noch im Westjordanland erfolgreich.) Weit über hundert Menschen starben während der fünf Tage des Konflikts 2007, dann flohen Hunderte von Fatah-Kämpfern Richtung Israel und ermöglichten es der Hamas, viele der Gefangenen, die sie gemacht hatte, zu töten, indem man sie von hohen Gebäuden in Gaza Stadt stürzte. Ein Stück weit haben sich die beiden Parteien in den letzten Jahren ausgesöhnt, aber ihre Differenzen sind riesig und keine Seite scheint bereit zu sein, die Macht zu teilen. Hamas bleibt eine Partei, die von religiösem Eifer getrieben und weit weniger bereit zu Kompromissen ist. Beide Parteien behandeln die Bevölkerung schlecht, Folter und Hinrichtungen sind an der Tagesordnung, doch die Fatah und die Palästinenserbehörde arbeiten in einer Reihe von Fragen in einer Weise mit der israelischen Regierung zusammen, der sich die Hamas nicht anschließen wird. Somit ist sicher, dass die Palästinenser getrennt bleiben, nicht nur durch die 40 Kilometer zwischen dem Gazastreifen an der Küste und dem Binnengebiet Westjordanland, sondern auch politisch und ideologisch.

Im Gegensatz zur Hamas ist die Fatah offiziell säkular, aber sie trägt religiöse Elemente in sich und ihrer Symbolik. Der volle Name lautet »Harakat al-Tahrir al-watani al-Filastini« (Bewegung zur nationalen Befreiung Palästinas), was rückwärts gelesen zum Akronym Fatah wird. Und das Wort *fatah* ist wiederum ein Begriff, den arabische Muslime im religiösen Kontext benutzen, um die schnelle Ausbreitung des Islam nach dem Tod des Propheten Mohammed zu bezeichnen.

Die Flagge der Fatah ist üblicherweise gelb, gelegentlich aber auch weiß. Auf ihr sind zwei Unterarme in den Farben der palästinensischen Flagge (Schwarz, Weiß, Rot und Grün) und zwei Hände zu sehen, die jeweils ein M16-Gewehr halten, wobei sich die Gewehre über einer Karte von Westjordanland, Israel und Gaza, ebenfalls ohne Grenzen innerhalb, kreuzen. Unter den Gewehren befindet sich eine Handgranate, und in der Mitte steht, geteilt durch das Bild, das Wort »Fatah«. Oben ist in Rot »al-Asifa« (Der Sturm) zu lesen und unter dem Symbol der Name der Partei. Darunter findet sich ein weiterer Schriftzug: »Thawrah Hatta al-Naser« (Revolution bis zum Sieg).

Der größte paramilitärische Flügel sind die Aqsa-Märtyrer-Brigaden, wobei aber nicht klar ist, wie stark die Fatah diese kontrolliert. Das Emblem der Brigaden, das auf gelben Flaggen im Westjordanland zu sehen ist, ist ein Bild des Felsendoms, der den Aqsa-Komplex in Jerusalem krönt. Darum sind zwei lange palästinensische Flaggen gelegt, und über der Kuppel befinden sich zwei gekreuzte Gewehre und eine Granate. Unter dem Motiv steht der Name der Gruppe und darüber der Korantext: »Bekämpfet sie; Allah wird sie strafen durch eure Hand und sie demütigen und euch verhelfen wider sie und Heilung bringen dem Herzen eines gläubigen Volks.«

Viele Leute glauben, bei dem abgebildeten Gebäude handele es sich um die Aqsa-Moschee. Doch hier brachte mir ein Besuch bei Dr. Mahdi F. Abdul Hadi, einem der wichtigsten Intellektuellen Palästinas, Klarheit. Dr. Hadi ist Vorsitzender der in Ostjerusalem beheimateten PASSIA (Palestinian Academic Society for the Study of International Affairs). Seine Büroräume sind eine Schatzkammer mit alten Fotos, Dokumenten und Symbolen. Er war so freundlich, mir mehrere Stunden zu widmen. Auf einem riesigen Tisch breitete er Karten der Altstadt von Jerusalem aus und wies auf den Aqsa-Komplex, der oberhalb der Klagemauer liegt. »Das Heiligtum auf der al-Aqsa[-Brigaden]-Flagge ist der Felsendom. Jeder meint, es sei die Aqsa-Moschee, aber nein, der gesamte Komplex heißt al-Aqsa, und in ihm befinden sich zwei Moscheen, die Quibli-Moschee und der Felsendom. Auf Flaggen sowohl der Aqsa-Brigaden als auch der Kassam-Brigaden ist der Felsendom zu sehen«, sagte er.

Als Intellektueller und Palästinenser versteht Dr. Hadi die Bedeutung von Symbolik für politische Bewegungen, und er schlägt seit Jahren juristische Schlachten um Symbole. Auf der Palästina-Konferenz 1948 in Gaza wurde die Flagge der Arabischen Revolte als Flagge der Regierung von Palästina bestimmt. Doch dann übernahm sie die PLO 1964 als ihre Flagge. Aufgrund zahlloser PLO-Angriffe auf Israelis, prangerte Israel 1967 die PLO-Flagge als Terroristen-Flagge an und verbot sie. Das akzeptierte Dr. Hadi nicht: »Ich zog mit vielen Anwälten vor Gericht, um zu beweisen, dass dies nicht die PLO-Flagge, sondern die Palästinas ist. Aber sie verboten sie weiterhin. Erst mit den Abkommen von Oslo 1993 wurde sie akzeptiert. Dies ist heute tief im palästinensischen Bewusstsein verankert, und es gibt Stimmen, bei unseren Demonstrationen nur diese Flagge zu verwenden und nicht die anderen Flaggen der Gruppen. Doch die Fatah besteht darauf, ihre Flagge zu zeigen. Ich glaube, das tun sie, weil sie so viele Anhänger verlieren.« Er sagt auch, dass die Flagge der Fatah keine Wurzeln habe: »Sie haben keine Geschichte, sie sind nur eine Fraktion und sie müssen ihre Identität zwischen anderen etablieren. Sie sagen, sie wären die Regierung und könnten deshalb ihre Flagge hissen, aber das gefällt nicht allen, weil das Symbol der Palästinenser die palästinensische Flagge ist.«

Das Motiv der Aqsa-Brigaden ist religiös, und das verschafft den Brigaden eine gewisse Distanz zur Fatah. Das könnte es ihnen ermöglichen, weiterzumachen und allein zu operieren, wenn die Unterstützung für die Fatah zusammenbricht. All dies und noch mehr sind die subtilen und manchmal weniger subtilen Botschaften, die die Tuchstücke übermitteln, die in den wechselvollen Winden flattern, die immer noch über die Region peitschen.

Die Details sind wichtig. Alle Kulturen haben Symbole, die Menschen ansprechen, die sie entschlüsseln können. Mit ihrer Hilfe und mit der Einschätzung des lokalen Humors ist es möglich, einen Schauplatz besser zu verstehen. So wie im Vereinigten Königreich ein Mann in Jeans und mit einem zusammengerollten Exemplar der Zeitung ›Sun‹ in der Gesäßtasche, ob richtig oder falsch, der Arbeiterklasse zugeordnet werden dürfte, erlaubt in der muslimischen Kultur des Nahen Ostens der Bart eines Mannes (oder sein Fehlen) Rückschlüsse über ihn. Ist beispielsweise jemand glatt rasiert, könnte das bedeuten, dass er nicht besonders religiös ist. In Ägypten kennzeichnet ein Vollbart, der sorgfältig gepflegt ist, einen moderat praktizierenden Muslim. Ein langer, ungekämmter Bart deutet an, dass der Träger wahrscheinlich religiös konservativ ist. Und einen Bart zu tragen, aber die Oberlippe zu rasieren, verweist sicher auf eine fundamentalistische Neigung. Wenn Sie einen Mann treffen, der keinen Oberlippenbart, aber einen ungekämmten, orange gefärbten Vollbart trägt, ist davon auszugehen, dass Sie auf die ultrakonservative Fraktion gestoßen sind.

All dies transportiert Informationen, die auch verstanden werden sollen. Und auf ähnliche Weise erfassen die Palästinenser die tiefer liegenden Botschaften dieser Flaggen. Die Fatah-Flagge beispielsweise widerspricht eher der politischen Position der Palästinenserbehörde, bei der die Fatah führendes Mitglied ist. Die Flagge impliziert den Gebrauch von Gewalt, um die Ziele der Fatah zu erreichen, und die dargestellten Umrisse des Landes ohne innere Grenzen zeigen das angestrebte Ziel. Offizielle Politik ist es jedoch, friedlich eine Zwei-Staaten-Lösung auszuhandeln. Die Fatah könnte die Gewehre und die Handgranate aus ihrem Emblem entfernen, aber wenn sie das tut, würde sie sich jenen Teilen der palästinensischen Gesellschaft entfremden, die an den bewaffneten Kampf glauben. Viele von ihnen würden dann die Fatah aufgeben und sich militanteren Gruppen anschließen.

Die Botschaften von Hamas, Fatah, al-Aqsa und al-Kassam sind lokal begrenzt, etwas weniger deutlich ist das bei der Hisbollah der Fall. Doch wenn wir uns wieder dem IS zuwenden, sehen wir nicht nur eine panarabische islamistische Botschaft, sondern auch ein panmuslimisches Signal, das der globalen Gemeinschaft als *umma* bekannt ist. Sie steht für die Verwirklichung des Kalifats fast einhundert Jahre nach der Zerschlagung des Osmanischen Reichs. Die erfolgreiche Wiedererschaffung des Kalifats, wenn auch nur temporär, hat den IS zur angesagten Dschihadisten-Gruppe gemacht und Kämpfer aus der ganzen Welt angezogen. Der IS hat erreicht, worüber al-Qaida nur theoretisierte, aber sobald er den Weg von al-Qaida geht und schrumpft, wird er ebenso durch »Söhne des IS« ersetzt werden, wie er selbst aus al-Qaida entstanden ist. Die Schlacht um die Symbole und ihre Bedeutung wird weitergehen.

Der IS beendete die Erklärung zu »seiner« Flagge 2007 mit einem Gebet: »Wir bitten Gott, gepriesen sei Er, diese Flagge zur einzigen Flagge aller Muslime zu machen.« Theoretisch könnte sie tatsächlich die Flagge aller Muslime sein. Man muss sehr dankbar dafür sein, dass sich im Verhältnis zur Anzahl der Muslime insgesamt nur relativ wenige um sie versammeln, wenn es darum geht, den IS zu unterstützen.

SECHSTES KAPITEL

JENSEITS VON EDEN

»Die heiligen Formeln der Gebetsflagge …
werden dir eine lange, glückliche Reise schenken.
Guter Wind wird in deine Flagge wehen.«
Henning Haslund-Christensen,
›Zajagan: Menschen und Götter in der Mongolei‹

Vorhergehende Doppelseite: Die tägliche Flaggenzeremonie auf dem Platz des Himmlischen Friedens in Peking, aufgenommen im Mai 2008. Die chinesische Flagge wurde für die kommunistische Revolution entworfen, aber ihre Symbolik hat tiefe Wurzeln in der Geschichte des Landes. Heute repräsentiert sie ein zunehmend stärkeres und über die Grenzen blickendes postkommunistisches China.

Jenseits oder östlich von Eden ist dort, wo der Halbmond des Islam zu verblassen beginnt, Chinas Sterne emporsteigen und wir schließlich zur aufgehenden, aber nie untergehenden Sonne Japans gelangen.

Die meisten Bibelanalytiker lokalisieren den Garten Eden in der Region Ur im heutigen Südirak. Zum Teil basiert das auf Genesis 2,10–14. Die Verse beziehen sich auf Eden und nennen vier Flüsse, darunter Euphrat und Tigris. Solange man kein Biblizist ist, sollte man jedoch die Wahrscheinlichkeit für die Richtigkeit mit der gleichsetzen, dass König Oengus von Schottland im 9. Jahrhundert das Andreaskreuz am Himmel erblickt hat. Sie ist, ehrlich gesagt, gering. Die Wahrnehmung ist bedeutsamer als die Wirklichkeit, und gelegentlich wird die Wahrnehmung zur Wirklichkeit.

Von größerer Bedeutung ist es, dass diese Region als jene gilt, der die drei großen abrahamitischen monotheistischen Glaubensrichtungen entstammen. Gott erklärte Abram, der in Ur in Chaldäa lebte, es würde ihm zum Segen gereichen, wenn er auswanderte. Auf verschlungenen Wegen erreichte Abram schließlich das heutige Israel und Palästina. Mittlerweile hatte Gott seinen Namen in Abraham geändert und ihm gesagt, er würde »Stammvater einer Menge von Völkern« werden. Und siehe da, es geschah, dass eines dieser Völker, das ihn als Ibrahim kennt, den Islam gründete, der sich, wie wir wissen, rasch nach Osten und Westen ausbreitete.

Die ungefähre Grenze der Ausbreitung des Islam nach Westen nehmen wir wahr, wenn wir die Kreuze auf den Flaggen und Standarten Europas betrachten. Nach Osten hin finden sich in Staatsemblemen der Halbmond und andere islamische Symbole auf dem Weg von Aserbaidschan bis zu einigen der »Stans« in

Zentralasien und weiter nach Malaysia. Danach verlieren sie sich allmählich, auch wenn sie noch in Außenposten wie Brunei und auf Regionalflaggen bestimmter Länder erscheinen. Das Kaleidoskop der Flaggen, das wir antreffen, wenn wir uns Richtung Osten bewegen, spiegelt die stürmischen Züge von Ideen, Menschen und Religionen durch diesen riesigen Kontinent wider. In vielen Fällen markieren sie einen Wendepunkt in der Geschichte eines Landes – beispielsweise eine Reaktion auf den Kommunismus oder den Imperialismus. Und wir finden Hinweise auf die große kulturelle und historische Bandbreite, die den Flaggen dieser modernen Nationalstaaten tief in die Geschichte reichende Wurzeln gibt.

Von den Flaggen der fünf zentralasiatischen »Stans« weisen nur zwei den Halbmond auf, obwohl in allen die Mehrheit der Bevölkerung muslimisch ist. Allerdings haben sie zugleich starke nichtmuslimische russische Minderheiten. Es handelt sich zwar um uralte Kulturen, jedoch junge Staaten, die sich erst nach dem Zusammenbruch der Sowjetunion 1991 gebildet haben.

Nachdem sie über so viele Jahrzehnte Sowjetrepubliken gewesen waren, war nun einiges an hastigem Staatsaufbau nötig. Sobald die durchgreifenden sowjetischen Repressionen aus der Welt waren, beeilten sich die Eliten, ihre eigenen Repressionen vor Ort zu etablieren. Wie sonst fast überall auch, wurde der Mythos vom unsterblichen Sowjetmenschen von der Oberfläche der Kultur abgeschminkt. Der Einheimische wachte schlicht aus einem langen Albtraum auf und machte als der weiter, der er immer gewesen war – allerdings mit der zusätzlichen Komplikation, dass die Sowjetjahre Bevölkerungswanderungen mit sich gebracht hatten, die heute zu regionalen Spannungen innerhalb der neuen Staaten führen können.

Das deutlichste Beispiel bildet das Ferghanatal, wo die Grenzen von Tadschikistan, Usbekistan und Kirgisistan, die die Sowjets willkürlich gezogen haben, in einer möglicherweise toxischen Mischung zusammenkommen. Hier treffen Turkvölker wie Usbeken und Kirgisen auf Tadschiken, und gelegentlich brechen ethnische Streitigkeiten über Land und Wasser aus.

Die Flagge von Turkmenistan strotzt geradezu vor Symbolik und ist nahezu ein Kunstwerk. Sie ist eine Bekräftigung der Unabhängigkeit von Moskau, indem sie keinerlei Hinweis auf die Sowjetzeit enthält. Auf grünem Grund stehen in der linken Hälfte oben ein weißer Halbmond und fünf weiße Sterne und links davon verläuft ein senkrechter, rot gemusterter Streifen.

Das Grün und der Halbmond sind offenkundig Verweise auf den Islam, der seit dem 18. Jahrhundert die vorherrschende Religion ist, aber das Weiß des Halbmonds und der Sterne soll auch Gelassenheit vermitteln. Die fünf Sterne stehen für die fünf Provinzen von Turkmenistan – Ahal, Balkan, Daşoguz, Lebap und Mary – und der Legende nach symbolisieren die Sternspitzen die fünf Aggregatzustände der Stoffe: fest, flüssig, gasförmig, kristallin und plasmatisch.

Als wäre das noch nicht cool genug, wartet der rote senkrechte Streifen links mit einer weiteren Fünfzahl auf – diesmal handelt es sich um fünf *guls*, symmetrische Medaillons, die bei der traditionellen turkmenischen Teppichherstellung verwendet werden und sich auf die nomadischen Vorfahren des Volks beziehen. Das Teppichknüpfen wird nach wie vor betrieben, aber die Bevölkerung ist heute überwiegend sesshaft – abgesehen von der großen Zahl, die auf der Suche nach Arbeit ins Ausland geht.

Das Land hat eine gut entwickelte Gasförderindustrie, deren Pipelines nach Norden führen. Das bedeutet, dass die Regierung bemüht ist, sich gut mit Russland zu stellen. Doch die Lage des Landes und seine ethnische Zusammensetzung sorgen auch dafür, dass es gute Beziehungen zur Türkei und zum Iran unterhält. Unten auf dem roten Streifen erkennt man gekreuzte Olivenzweige. Sie spiegeln die Neutralitätspolitik wider, die der Staat 1995 verkündet und in einem Gesetz festgeschrieben hat: »Die Staatsflagge von Turkmenistan ist ein Symbol der Einheit und Unabhängigkeit der Nation und der Neutralität des Staates.«

Die Vereinten Nationen erkennen diese »dauerhafte Neutralität« an, auf die die Bevölkerung sehr stolz ist, obwohl es nicht immer leicht ist, dies zu überprüfen, denn eine der Regierungsdefinitionen von Neutralität scheint zu sein, das Land partiell gegen Ausländer abzuschotten und gleichzeitig die Aktivitäten der Bevölkerung zu überwachen. Natürlich kommt dieser Aspekt in der Nationalhymne nicht vor, die sich der Neutralität mit den Worten »Mein Land ist geheiligt, meine Flagge weht in der Welt« brüstet und mit der bemerkenswerten Zeile »Lebe lang und in Frieden, Turkmenistan!« endet – was wohl der einzige unfreiwillige Verweis auf ›Star Trek‹ ist, den es je in einer Nationalhymne gab.

Nordöstlich von Turkmenistan liegt der Binnenstaat Usbekistan, dessen Flagge es in Sachen poetische Symbolik mit der von Turkmenistan aufnehmen will. Usbekistan ist mit über 30 Millionen Einwohnern das bevölkerungsreichste Land von den »Stans« in Zentralasien. Es war die erste Teilrepublik, die nach dem Zerfall der Sowjetunion ihre Unabhängigkeit erklärt hat: Der neue Staat wurde am 31. August 1991 ausgerufen, und eine neue Flagge wurde zweieinhalb Monate später angenommen.

Auf den ersten Blick handelt es sich um eine simple Trikolore mit drei horizontalen Streifen in Blau, Weiß und Grün. In der Ecke links oben befinden sich ein weißer Halbmond und zwölf weiße Sterne. Blau rührt daher, dass die Usbeken, wie ihre Nachbarn, ein Turkvolk sind: Blau ist die traditionelle Farbe der Turkvölker. Es war auch die Farbe des turk-mongolischen Militärführers Timur Lenk (der Lahme) im 14. Jahrhundert, der in der Nähe von Samarkand, der zweitgrößten Stadt des Landes, geboren wurde. Zu jener Zeit war die Region als Transoxanien bekannt und umfasste mehr oder weniger das Gebiet des heutigen Usbekistan. Die Eroberungen Timur Lenks mit seinem Nomadenheer reichten von Indien bis Russland, und von überall sandte er die Reichtümer nach Samarkand, wo sich heute sein großartiges Grab befindet, ein Juwel islamischer Baukunst.

Unter dem blauen Streifen folgen der weiße und der grüne. Weiß steht für Frieden, Grün für die Natur und die Tatsache, dass die Mehrheit der Bevölkerung Muslime sind – überwiegend gemäßigte Sunniten, deren Glauben die brutalen Sowjetversuche, ihn zu zerschlagen, überstand. Doch wie seine Nachbarn hat das Land ein schwelendes Problem mit islamistischen Extremisten, von denen einige ins Ausland gegangen sind, um sich Gruppen wie al-Quaida oder IS anzuschließen. Die Schönheit der Flagge entsteht aus zwei schmalen roten Streifen, die das weiße Feld säumen. Sie sollen »den Kreislauf vitaler Energie in jedem lebenden Körper symbolisieren« und verbinden den blauen Himmel mit der grünen Erde durch das Weiß des Friedens.

Laut der usbekischen Regierung kann der Mond als Verbindung zum Islam gesehen werden, aber hier handelt es sich offiziell um einen Neumond, ein »Symbol für die Geburt der Unabhängigkeit der Republik«. Und die zwölf Sterne stehen für die zwölf Monate des traditionellen usbekischen Sonnenjahrs. Die Monate sind nach den zwölf Konstellationen benannt, was darauf verweist, dass die Usbeken Pioniere der Astronomie waren, deren Wissen weit in der Zeit zurückreicht – eine Erklärung, die weit romantischer ist als die andere offizielle Verlautbarung, dass sie auch Symbole der zwölf Prinzipien der Staatsführung seien.

Die Flaggen der anderen »Stans« – Kasach-, Tadschiki- und Kirgisi- – wiederholen die poetische Natur jener der ersten beiden auf unterschiedliche Weise. Die von Kasachstan zeigt beispielsweise einen Steppenadler, der unter der Sonne fliegt, was für die Kasachen Freiheit darstellt. Und auf der von Kirgisistan befindet sich etwas, das für Uneingeweihte ein wenig so aussieht, als würde ein Tennisball die Sonne vor einem roten Hintergrund abdecken. Nähere Betrachtung und ein Anruf beim kirgisischen Informationsbüro ergeben, dass es sich tatsächlich um eine Sonne mit 40 Strahlen handelt, die der Zahl der kirgisischen Stämme entsprechen, und die Linien auf der Sonnenmitte stellen die Stangen im Dach einer traditionellen kirgisischen Jurte dar.

In den letzten Jahren sind Jurten im Westen auf edlen Campingplätzen als Yuppie-Zelte in Mode gekommen, doch für das kirgisische Volk symbolisieren sie ein Zuhause, Familienleben und die Einheit von Raum und Zeit. Sie erinnern die zahllosen Stämme auch an ihre gemeinsame Nationalität in einer vielfältigen Umgebung.

Diese Gefühle und die Symbole, durch die sie übermittelt werden, appellieren an die tief sitzenden kulturellen Strömungen, die ein Land in den Zeiten des Wandels vereinen können – oder Politikern helfen, ihre Macht zu etablieren. Weniger anziehend als die Symbolik ist das politische Klima in all diesen Republiken. Die Demokratie hat keine Tradition und die Zivilgesellschaft ist schwach. Experimente mit vielen Parteien, die sich zur Wahl stellten, wurden durch Eliten, die ihre Macht festigten, rasch beendet. Häufig schalteten frühere sowjetische Apparatschiks, die ein Leben lang vorgegeben hatten, Kommunisten zu sein, einfach auf Nationalismus um.

Ein wachsendes Problem stellt der islamistische Extremismus dar, für den Gruppen wie der IS in der Region Anhänger rekrutieren. Ein Weckruf war der Anschlag auf den Flughafen von Istanbul im Juni 2016, bei dem zwei der Täter aus Usbekistan beziehungsweise Kirgisistan stammen sollen. Am ersten Tag des Jahres 2017 folgte ein Massaker in einem Nachtclub in Istanbul, bei dem mindestens 39 Menschen getötet wurden. Die Polizei sagte, der Schütze sei aus Kirgisistan. Obwohl der IS sich nicht zu der Tat bekannt hat, schrieb die türkische Regierung diese und andere Angriffe einer IS-Kampagne gegen die Türkei zu, die wegen der türkischen Rolle bei den Kämpfen gegen den IS in Syrien erfolgt sei.

Auch der mutmaßliche Lkw-Attentäter von Stockholm 2017 ist ein Usbeke. Die Russen im Norden machen sich ebenfalls Sorgen über den zunehmenden Einfluss des radikalen Islam in den »Stans«, denn sie wissen, dass die Ausbildung und Erfahrung, die die Kämpfer in Afghanistan und jenseits davon bekommen, sich letztlich gegen sie richten können.

Beide Länder wissen, dass, da die IS-Kämpfer durch ihre Niederlagen im Irak und in Syrien verstreut sind, Hunderte von ihnen einen Weg zurück in die zentralasiatischen Republiken suchen, einige mit der Absicht, ihren »Dschihad« in einem Gebiet fortzusetzen, das immer fruchtbarer für den Aufstand wird.

Afghanistan ist (wie der Iran, siehe viertes Kapitel) ein nichtarabisches Land, dessen Nationalemblem den Siegeszug des Islam aus Arabien heraus symbolisiert. Afghanistan hat seine Nationalflagge im 20. Jahrhundert wohl öfter als jedes andere Land geändert – und ist damit noch nicht am Ende. Die derzeitige Version datiert aus dem Jahr 2002 (2004 noch einmal leicht abgeändert) und entstand nach dem Sturz der Taliban. Sie hat drei vertikale Streifen – in Schwarz, Rot und Grün – und trägt in der Mitte das afghanische Nationalemblem. Schwarz soll, wie diese Farbe bei vorhergehenden Versionen der Flagge, die Vergangenheit repräsentieren, Rot das Blut, das vergossen wurde, um das Land von der Besetzung zu befreien, und Grün nicht nur den Islam, sondern auch die Hoffnungen auf die Zukunft. In der Mitte befindet sich das Emblem, das eine weiße Moschee zeigt, die die Religion des Landes symbolisiert. Darüber steht die Schahada und darunter *Allahu Akbar* – Gott ist groß. Dann folgt unter der Moschee die Jahreszahl 1298: Das ist das islamische Datum für 1919, das Jahr, in dem Afghanistan von den Briten unabhängig wurde. Und ganz unten steht »Afghanistan« auf einem Ährenkranz, der die Moschee einrahmt und Weizen als eine der häufigsten Feldfrüchte repräsentiert. Eine weitere häufige Feldfrucht ist Schlafmohn, aber der hätte wohl das falsche Signal gesendet. Als Beitrag zur Einigung des Landes war der Flagge nur mäßiger Erfolg beschieden. Das Land bleibt zerrissen, und vor allem im Süden verspüren erhebliche Teile der Bevölkerung wenig Loyalität für die Flagge, obwohl sie Angst vor der weißen Flagge der Taliban haben, die in zahllosen Städten und Dörfern weht.

Ich hielt mich 2012 einige Wochen bei den britischen und afghanischen Streitkräften in Sangin in der Provinz Helmand auf. Bei einem Patrouillengang bestanden die Afghanen darauf, sich unter einem Zeitaufwand von mehreren Stunden und mit einem erheblichen persönlichen Risiko zu einer Talibanflagge vorzuarbeiten, um sie von dem Gebäude herunterzuholen, auf dem sie gehisst war. Das war ihnen wichtig, weil sie die Flagge einer anderen Macht nicht gutheißen konnten. Bei dieser Gelegenheit bemerkte ich, dass viele von ihnen aus dem Norden kamen und eine andere Sprache als die Leute in Helmand sprachen. Das verhieß nichts Gutes. Nachdem die Briten (und Amerikaner) abgezogen sind, kämpft die afghanische Armee ums Überleben, und die Einheimischen haben wenig Vertrauen in eine Regierung, die Hunderte von Kilometern entfernt in Kabul sitzt. In gewisser Weise ist die afghanische Flagge die Flagge der Hauptstadt. Kein Wunder, dass die Talibanflagge und jetzt die des IS gehisst sind und in einem Wind wehen, der nichts Gutes verspricht. Noch ein Punkt hinsichtlich der afghanischen Flagge verdient erwähnt zu werden. In ihrem Flaggengesetz von 1974 bestimmte die afghanische Regierung auch »den Einsatz in jedem Raumschiff, das Afghanistan startet«. Es ist ein Land, das wahrlich Optimismus braucht.

Südöstlich von Afghanistan finden wir das vorletzte Beispiel für den Halbmond als Symbol des Islam im Osten – die Flagge von Pakistan. Sie hat an der Mastseite einen vertikalen weißen Streifen, dann folgt ein grüner Hintergrund, auf dem mittig ein großer weißer Stern und der Halbmond stehen. Die ursprüngliche Form stammt aus dem Jahr 1906 und war die Flagge der gesamtindischen Muslimliga, die damals schon einen eigenen Staat für die indischen Muslime forderte. Den weißen Streifen hatte diese Flagge nicht, der kam erst hinzu, als Pakistan 1947 unabhängig wurde, und er repräsentiert die nichtmuslimischen Minderheiten des Landes. Das ist die richtige Botschaft für die rund fünf Prozent der Bevölkerung, die Sikhs, Hindus oder Christen sind, aber im Alltag durchleben alle Minderheiten, darunter auch die Schiiten, harte Zeiten in diesem Jahrhundert mit seinem wachsenden Fundamentalismus. Das grüne Feld mit Halbmond und Stern ruft die üblichen Assoziationen mit dem Islam hervor, doch offiziell steht der Halbmond für Fortschritt und der Stern für Licht und Wissen. Beide werden auch in der dritten Strophe der Nationalhymne erwähnt: »Diese Flagge mit Halbmond und Stern / Weist den Weg zu Fortschritt und Vollkommenheit.«

Die pakistanische Regierung hat eine nützliche Anleitung für potentielle Gratulanten (oder für Terroristen) herausgebracht, in der die Würdenträger aufgeführt sind, die die Nationalflagge an ihrer offiziellen Residenz hissen müssen, wenn sie anwesend sind. Außerdem gibt es eine weitere Liste mit Personen, die berechtigt sind, die Flagge am Auto zu haben – allerdings nur, wenn sie sitzen. Offenbar steht, wenn ein Sieg über die Kricketmannschaft von Indien vorausgegangen ist, auf dieser Liste nahezu die gesamte Bevölkerung des Landes, denn dann sind die Städte voll mit Autos, die mit Flaggen bedeckt sind und Stoßstange an Stoßstange hupend durch die Straßen fahren.

Jenseits des Industals liegt ein anderes Land, das Grün in seiner Flagge hat: Indien. Und dazu gibt es die eine oder andere Geschichte.

Die indische Flagge ist als »Tiranga« bekannt, was Trikolore bedeutet. Sie hat drei horizontale Streifen in Safrangelb (oben), Weiß (in der Mitte) und Grün (unten). In der Mitte steht ein blaues Rad mit 24 Speichen, das als Chakra bezeichnet wird. Dieses Rad entspricht dem, das sich auf dem Löwenkapitell der Säule des Königs Ashoka (3. Jahrhundert v. Chr.) in Sarnath befindet und das später zum Nationalemblem Indiens wurde.

Der Flaggenentwurf wurde am 22. Juli 1947, kurz vor der Unabhängigkeit, angenommen. Zuvor hatte Mahatma Gandhi dem Subkontinent klargemacht, wie wichtig es ist, die richtige Symbolik zu finden. Er sagte:

> »Eine Flagge ist für alle Nationen eine Notwendigkeit. Millionen sind für sie gestorben. Sie ist zweifellos etwas Verehrungswürdiges, dessen Zerstörung eine Sünde wäre. Denn eine Flagge re-

präsentiert ein Ideal. Das Entfalten des Union Jack weckt in der englischen Brust Gefühle, deren Stärke kaum zu messen ist. Die Stars and Stripes bedeuten den Amerikanern alles. Der Stern und der Halbmond sind Anlass zu höchster Tapferkeit in der islamischen Welt. Es ist nötig, dass wir Inder, Muslime, Christen, Juden, Parsen und all wir anderen, für die Indien Heimat ist, eine gemeinsame Flagge annehmen, für die wir leben und sterben.«

Gandhi hatte den Prototyp der Flagge 1921 vorgeschlagen. Zu dem Zeitpunkt hatte man schon jahrzehntelang diskutiert, wie eine indische Flagge aussehen könnte. Bei einer Sitzung des Indischen Nationalkongresses zeigte ein junger Mann Gandhi einen Flaggenentwurf, der nur zwei Streifen – Rot und Grün – aufwies, um die Hauptgemeinschaften – Hindus und Muslime – zu repräsentieren.

Gandhi gefiel das, aber er schlug vor, für die zahllosen weiteren Gemeinschaften Indiens einen weißen Streifen hinzuzunehmen. Außerdem fügte er dem weißen Streifen ein Spinnrad hinzu: ein Symbol, das für den gesamten Subkontinent Wiedererkennungswert hatte und, wie er glaubte, den Indern helfen würde, Selbstvertrauen zu gewinnen. »Das Spinnrad ist das, was alle in Indien auf alle Fälle in der Zeit des Übergangs drehen müssen, und die große Mehrheit auch ihr Leben lang«, argumentierte er 1927.

Dies entsprang der Überzeugung, dass das Spinnrad nötig sei, um indische Waren zu schaffen, die Wirtschaft des Landes zu stärken und so die Praxis zum Verschwinden zu bringen, dass man in Indien in England gefertigte Tuche (nicht selten aus indischer Baumwolle) verarbeitete. All das sollte den Weg in die Unabhängigkeit ebnen. Das Rot im oberen Streifen wurde 1931 gegen Safrangelb ausgetauscht und nun hieß es, die Farben hätten keine religiöse Bedeutung, sondern stünden für Mut und Entbehrung, Frieden und Wahrheit, Glauben und Tugend. Gandhis Spinnrad wurde beibehalten.

Als es schließlich um die Flagge für den neuen Nationalstaat ging, blieben die Farben gleich, aber das Spinnrad verschwand und wurde durch das Rad des Gesetzes, das Dharmachakra, ersetzt. Dieser Kreis steht für das ewige kosmische Gesetz, das die Ordnung des Universums der Reinkarnationszyklen aufrechterhält. Hinduismus, Buddhismus, Jainismus wie Sikhismus kennen das Konzept Dharma gleichermaßen, so dass das Zeichen einen sehr großen Teil der Bevölkerung anspricht, auch wenn nicht allen die Bedeutung jeder einzelnen Speiche bewusst ist. Beispielsweise weiß nicht jeder, dass nach buddhistischer Interpretation eine Speiche für *sparśa*, Berührung oder Kontakt steht – Liebende, die miteinander verkehren, sich küssen oder umschlingen – und eine andere für *bhava* – unter anderem ein Paar beim Geschlechtsverkehr.

Auf prosaischerer Ebene soll das Rad auch, und das für jedermann, die Vorstellung von Vorwärtsbewegung und Fortschritt repräsentieren. Es heißt, Gandhi sei nicht so begeistert gewesen, sein Spinnrad zu verlieren, aber nachdem er eine Weile meditiert hatte, habe er es akzeptiert. Auf alle Fälle war dieses Symbol eine bessere Wahl als einige der anderen, die in den Dekaden zuvor vorgeschlagen worden waren. Darunter war auch der Hindu-Gott Ganesha gewesen, der wegen seines Elefantenkopfs wohl gewöhnungsbedürftig gewesen wäre.

Offiziell werden die heutigen Farben nicht mehr mit Religion verbunden, aber jeder weiß, dass Grün für den Islam steht und Safrangelb für Hindus, Buddhisten und Jains Bedeutung hat. Letzteres soll Loslösung und Entsagung von der materiellen Welt darstellen und ist daher die Farbe der Wahl für viele buddhistische Mönche, aufstrebende Gurus sowie Männer und Frauen, die durch die Straßen der Innenstädte tanzen, Tamburine schlagen und »Hare Krishna« singen. Nach inoffizieller Interpretation verbindet der weiße Streifen in der Flaggenmitte Safrangelb und Grün in Frieden.

Laut Gesetz darf die Flagge nur aus einem bestimmten Typ von handgesponnenem indischen Tuch, *khadi*t, hergestellt werden, das Gandhi populär gemacht hat. Die Zerstörung oder Schändung der Flagge kann mit bis zu drei Jahren Gefängnis bestraft werden. Der indische Staat hat seine Lektion in Bürokratie vom britischen Beamtentum gelernt und begnügt sich selten mit einer Vorschrift, wenn es auch drei tun. Von 1947 bis 2002 gehörte zu den Dutzenden von Gesetzen zur Flagge auch eines, das bestimmte, dass diese nur auf öffentlichen Gebäuden und an Dienstfahrzeugen wehen durfte. Die indische Beamtenschaft wurde anscheinend von Tennyson inspiriert: »Vorwärts, sie hinterfragen nicht / Vorwärts, sie schreiben Vorschriften mindestens dreifach.«

Ein Industrieller namens Naveen Jindal, der den teuflischen Vorstellungen von Freiheit ausgesetzt war, die in den Vereinigten Staaten, wo er studierte, verbreitet sind, beschloss eines Tages im Jahre 2001, die Flagge auf seinem Bürogebäude wehen zu lassen. Die Polizei kam, holte die Flagge ein, beschlagnahmte sie und drohte mit Strafverfolgung. Herr Jindal kam dem zuvor, indem er die Angelegenheit als Fall von öffentlichem Interesse beim Obersten Zivilgericht in Delhi vorbrachte. Er plädierte, es verstoße gegen seine Bürgerrechte, wenn man ihn daran hindere, die Liebe zu seinem Land durch das Hissen der Flagge auszudrücken.

Der Fall ging durch alle Instanzen bis zum Obersten Gerichtshof, der zu Jindals Gunsten urteilte und die Regierung aufforderte, eine Gesetzesänderung zu bedenken. 2002 wurde das Flaggengesetz dahingehend ergänzt, dass Privatpersonen die Flagge jeden Tag hissen dürfen, wenn sie das wollen, ohne eine Strafverfolgung fürchten zu müssen.

Und wie sie das wollten. Das Rad in der Mitte der Flagge scheint tatsächlich die meisten Inder, die auf »diesem Subkontinent der Nationalitäten« leben, wie Muhammad Ali Jinnah, der Gründer Pakistans, es ausdrückte, zu einen. Indien hat Probleme, etwa durch Separatistenbewegungen, aber es ist ein altes und zugleich modernes Land, dessen beste Jahre noch vor ihm liegen könnten. Es ist aus einer der mächtigsten antikolonialen Unabhängigkeitsbewegungen des 20. Jahrhunderts erwachsen, und die Geschichte seiner Flagge spiegelt die religiöse, ethnische und politische Komplexität wider, die diese mächtige Nation ausmacht.

Indien definiert sich selbst nicht durch den Gegensatz zu anderen Ländern, sondern als zunehmend wichtigeren Mitspieler auf der globalen Bühne. Seine Beziehungen und der Wettbewerb mit China, sowohl in ökonomischer als auch militärischer Hinsicht, werden zu den bestimmenden geopolitischen Geschichten dieses Jahrhunderts gehören.

Machen wir uns auf den Weg über den Himalaja. Dabei lohnt es, kurz Pause zu machen und einen Blick auf die einzige Nationalflagge dieser Welt zu werfen, die nicht rechteckig oder quadratisch ist.

Nepal tut sich mit einer Flagge aus zwei übereinanderstehenden Dreiecken hervor. Diese sind karminrot und werden von einem schmalen tiefblauen Rand eingefasst. Sie repräsentieren die Berge des Himalaja und die beiden großen Religionen des Landes, Hinduismus und Buddhismus. Im oberen Dreieck steht ein weißer Halbmond, über dem eine halbe Sonne aufgeht, im unteren Dreieck sieht man eine weiße Sonne mit zwölf Strahlen. Früher standen sie für die königliche Familie und die Familie des Premierministers, aber seit Nepal eine säkulare Republik ist, sollen sie die Hoffnung symbolisieren, dass das Land so lange wie die Gestirne bestehen wird.

Gewiss wird es länger überleben als das letzte Königspaar, das 2001 zusammen mit acht weiteren Personen vom Kronprinzen erschossen wurde, der anschließend wohl Selbstmord beging. Nach einer bemerkenswert kurzen Ermittlung übernahm der Bruder des Königs, der beim Massaker abwesend war, die Krone. Er war so unbeliebt, dass er die maoistische Revolte beflügelte, durch die er sich dann wiederum überreden ließ, die Monarchie ganz zu beenden. Das Resultat: ein neues System, aber die gleiche Flagge. Aufgrund der ungewöhnlichen Form gibt es für diese Flagge die wohl ausführlichste Herstellungsanleitung. Um beispielsweise die

Sonne im unteren Dreieck einzusetzen, muss man »die Linie AF bei U teilen und eine Linie UV parallel zur Linie AB ziehen, die BE bei V berührt. Um den Mittelpunkt W, dem Punkt, wo sich HI und UV schneiden, wird ein Kreis mit dem Radius MN gezogen.« Und Gott brauchte dafür nur einen Tag.

Hier lassen wir das Göttliche hinter uns und betreten die Welt der gottlosen Kommunisten in China. Innerhalb seiner jetzt ausgeweiteten Grenzen leben Hunderte Millionen von Gläubigen, aber die derzeitigen Machthaber von China ziehen es vor, dies nicht anzuerkennen. Die Flagge der Volksrepublik China enthält jedoch Symbolik, die um mehrere Tausend Jahre weiter zurückreicht als der Kommunismus.

Viele Vexillologen glauben, dass die Chinesen zu den ersten Völkern gehören, die Tuchflaggen als Erkennungszeichen und Anweisungshilfe einsetzten. Vor über 2500 Jahren schrieb Sunzi in ›Die Kunst des Krieges‹: »Auf dem Schlachtfeld herrschen scheinbar nur Lärm und Verwirrung, aber die Flaggen und Banner haben vorgeschriebene Anordnungen, die Klänge der Becken feste Regeln.« Mindestens 2000 Jahre früher trugen die Ägypter und Völker im heutigen Iran Stäbe mit Symbolen daran, aber wie Dr. Whitney Smith in seinem bahnbrechenden Werk ›Die Zeichen der Menschen und Völker‹ (1975) schreibt: »Wahrscheinlich muss den Chinesen die Erfindung seidener Fahnen zugeschrieben werden. Sie sind in China sowohl zur See wie an Land viel früher als im Westen gebraucht worden.« Smith führt auch aus, dass wir es den Chinesen verdanken, Stoff seitlich an eine Stange zu heften statt Objekte wie ein geschnitztes Tier an der Spitze zu befestigen.

Unklar ist, ob sich Seidenflaggen dann in den Nahen Osten ausbreiteten oder bloß die Seide über die Handelsrouten kam und von Menschen zu Flaggen verarbeitet wurde, die bereits Vorläufer von ihnen verwendeten. Besser gesichert ist, dass die westliche Welt während der Kreuzzüge begann, die Flaggen der Araber zu kopieren.

Mehrere Hundert Jahre später schloss sich der Kreis. Die Chinesen benutzten eine ungeheure Vielfalt von Flaggen auf Schiffen und zu militärischen Zwecken, hatten sich aber nie die Mühe gemacht, eine Flagge zu entwickeln, die China und die Chinesen symbolisieren sollte. Schon lange hatten sie sich als ein Volk – und in der Tat eine Kultur – verstanden, aber es war für die Bewohner des Reichs der Mitte so offenkundig, wer sie waren, dass eine Flagge unnötig war. Das änderte sich, als Mitte des 19. Jahrhunderts in großer Zahl die Europäer und ihre Nationalflaggen auftauchten.

Bis zum Jahre 1863 hatten die Europäer Kaiser Tongzhi »überredet«, dass er nicht nur eine Marine (natürlich unter europäischer Kontrolle) brauchte, sondern diese auch eine Flagge. Hilfreich war, dass Tongzhi zu diesem Zeitpunkt erst sieben Jahre alt war. Weisungsgemäß wurde eine gelbe Flagge mit einem blauen Drachen gehisst. Ursprünglich war sie dreieckig, aber die europäischen Bürokraten meinten, das wäre nicht richtig, und ließen sie zu einem Rechteck ändern.

Als der Drang zur Unabhängigkeit Anfang des 20. Jahrhunderts stärker wurde, tauchten Stoffembleme mit verschiedenen Annäherungen an ein China auf, das überwiegend von Außenstehenden kontrolliert wurde. Darunter war 1932 die kommunistische Kriegsflagge der »Chinesischen Sowjetrepublik«. Diese »Republik« war bloß Teil einer Provinz namens Jiangxi und bestand dort nur zweieinhalb Jahre. Doch immerhin wehte während dieser Zeit eine rote Flagge mit Hammer und Sichel in Gelb und einem fünfzackigen gelben Stern oberhalb davon über diesem Teil von China. Sie war der Prototyp jener Flagge, die schließlich das gesamte Festland repräsentieren sollte.

Die Volksrepublik China wurde am 1. Oktober 1949 ausgerufen. Und wie das so oft der Fall ist, brauchte der neue Staat – besser: das neue System – eine neue Flagge. Entworfen hatte sie Zeng Liansong, ein junges Mitglied der Kommunistischen Partei. Er hatte den Wettbewerb gewonnen, bei dem mehrere Tausend Vorschläge eingereicht wurden. Die Vorgaben der Partei waren, dass sie sich auf die chinesische Geographie, Nationalität, Geschichte und Kultur bezog und auch auf die Allianz von Arbeitern und Bauern bei der Regierung verwies.

Liansong lebte damals in Shanghai und arbeitete in seiner Mansarde nächtelang. Man denkt, dass ihn die frühere Jiangxi-Version inspirierte, doch gesagt wird (und eine gute Geschichte sollte man nicht kaputt machen), dass er in den Himmel starrte und an das uralte chinesische Sprichwort »Sehnsucht nach dem Mond und Sehnsucht nach den Sternen beweist Liebe« dachte. Nachdem er sich in der Geschichte ein bisschen kundig gemacht hatte, kam ihm die Idee, dass die Kommunistische Partei Retterin des Landes sei und durch einen großen Stern dargestellt werden sollte, während vier kleinere Sterne Mao Zedongs Begriff der vier Klassen des chinesischen Volkes repräsentierten, den er in dem Text »Über die demokratische Diktatur des Volkes« dargelegt hatte.

Es verwundert also nicht, dass Zengs Ideen Mao ziemlich gut gefielen, auch wenn sie bis zum Endprodukt mehrere Stadien durchlaufen mussten, darunter eines, bei dem Hammer und Sichel herausgenommen wurden, weil sie zu stark an die von Russen dominierte Sowjetunion erinnerten – zu jener Zeit stand das Konzept der internationalen Bruderschaft der Kommunisten aufgrund der engen chinesisch-russischen Beziehungen unter einem gewissen Stress. Der Entwurf wurde schließlich von der Partei abgesegnet, die auch wusste – wie wir schon am Beispiel der Behördenüberlegungen zur Flagge der Islamischen Revolution im Iran sahen –, dass er die kollektive Erinnerung mit moderner Botschaftsvermittlung verbinden musste.

Die Rote Fahne steht somit für den Kommunismus und der große fünfzackige Stern oben links für die Führung durch die Kommunistische Partei. Doch es ist noch eine Menge mehr enthalten. Die vier kleineren fünfzackigen Sterne sind Maos »Einheitsfront« der zuvor erwähnten präkommunistischen Klassen. Dies sind die Arbeiterklasse, die Bauernschaft, das Kleinbürgertum und die »nationale Bourgeoisie«. Ihnen wurde gesagt, dass sie nun beim Aufbau des Kommunismus vereint seien.

Der letzte Stern erwies sich als ziemlich guter Zufall oder sogar weitsichtig, wenn man bedenkt, dass die Partei vierzig Jahre später erkannte, sie müsse zu einem »Kapitalismus mit chinesischen Charakteristika« übergehen, und die Mehrzahl der 1,2 Milliarden Chinesen anscheinend bereitwillig wurden, was sie immer gewesen waren – nämlich nicht kommunistisch.

Dass die Sterne fünf Zacken haben, ist Absicht und zielt auf den Glauben an die uralte Bedeutung dieser Zahl. Die vorkommunistische chinesische Philosophie sprach von fünf Elementen, einem allumfassenden System, das fünf Tugenden, fünf Herrscher, fünf Phasen etc. einschließt und sich durch Ausgewogenheit, Stärke und Vollkommenheit auszeichnet. Heute wird den fünf Zacken auch noch eine modernere populäre inoffizielle Bedeutung zugeschrieben: dass sie die Han-Mehrheit und die anderen vier traditionellen »chinesischen« Völker – Mongolen, Mandschu, Tibeter und Hui – repräsentieren. Angesichts der langen Geschichte, die die Han-Chinesen als Kolonisatoren ihrer Nachbarn haben, kaufen die Nachbarn diese Vorstellung vielleicht nicht ab. Der offiziellen Bedeutung entspricht es nicht, doch es gibt auch einen gewissen Anklang an die »Flagge der fünf Völker«, die von 1912 bis 1928 wehte und fünf Farben aufwies, die für die verschiedenen chinesischen Völker standen.

Heute symbolisiert die Flagge alles, was hier genannt wurde. Zengs angenommener und angepasster Flaggenentwurf wurde zum ersten Mal an einem Fahnenmast auf dem Platz des Himmlischen Friedens in Peking gehisst, um die Gründung der Volksrepublik China offiziell zu verkünden.

Das chinesische Recht besagt heute, dass die Provinzen des Landes keine eigenen Flaggen haben sollen. Das ist sicher ein Stück weit dem Wissen der Partei geschuldet, dass sie eine der Zentripetalkräfte ist, die ein disparates Land zusammenhalten. Beispielsweise gibt es in der Region, in der die mehrheitlich muslimischen Uiguren leben, so etwas wie die Ostturkestanische Bewegung. Sie hat eine hellblaue Flagge mit Halbmond und Stern, aber keine Erlaubnis, sie zu hissen, denn das würde die regionale Identität und damit die Unabhängigkeitsbewegung stärken. Das Gleiche gilt für Tibet, wo der Besitz einer tibetischen Flagge eine schwere Straftat darstellt. Das hindert manche Menschen dennoch nicht daran, die sich immer noch für mehr Autonomie einsetzen. Sie nehmen das Risiko auf sich, um an ihrer Kultur festzuhalten, die die Tiefe der tibetischen Identität widerspiegelt.

Der chinesische Zangengriff scheint jedoch stärker zu werden. Peking hofft, dass durch die Unterdrückung solcher Symbole die tibetische Kultur und Identität im Lauf der Jahrzehnte allmählich verblassen werden. In weniger instabilen Regionen wird die Einhaltung des Gesetzes nicht immer so strikt beachtet. Das reflektiert den Balanceakt, den die Partei zwischen ihrem Anspruch, die einzige Kraft im Land zu sein, und der Anerkennung regionaler Unterschiede vollbringen muss.

Zeng starb 1999 im Alter von 82 Jahren in Shanghai. Ihm blieb damit die Erfahrung einer Taktlosigkeit erspart, die die Partei 2011 erboste: Die vietnamesische Regierung hatte es fertiggebracht, Tausende von chinesischen Flaggen mit sechs statt fünf Sternen zu produzieren. Und am Schlimmsten war, dass sie während des Staatsbesuchs von Xi Jinping, damals noch chinesischer Vizepräsident, in Hanoi im Einsatz waren. Ähnliches passierte, als 2006 chinesische Unterhändler nach Neu-Delhi kamen. Jeder, der sich auch nur ein bisschen mit Protokoll auskennt, weiß, dass es auf solche Dinge ankommt.

Das 1990 verabschiedete »Nationalflaggengesetz der Volksrepublik China« ist eine faszinierende Lektüre, wenn man die entsprechende Ader hat. Ehe man zu dem Absatz kommt, der die Ausrichtung der Sterne festhält – »Die vier kleinen fünfzackigen Sterne sind so geneigt, dass sie genau auf die Mitte des großen Sterns zeigen« –, hat man nicht nur das Übliche erfahren über hissen, niederholen, hissen, dann auf halbmast setzen, danach auf vollmast vor dem Einholen, das die meisten Länder kennen, sondern auch, dass die Flagge nicht nur anlässlich des Todes des Präsidenten und diverser nachfolgender Ränge auf halbmast gesetzt wird, sondern ebenso beim Tod von »Personen, die herausragende Beiträge zum Weltfrieden oder zum menschlichen Fortschritt geleistet haben«.

Artikel 19 besagt auch, dass man, sollte man dummerweise eine chinesische Flagge verbrennen, vielleicht anlässlich eines Junggesellenwochenendes in Peking, mit bis zu drei Jahren Gefängnis zu rechnen hat. Die gute Nachricht ist jedoch, dass man, sollte die Tat als relativ geringfügig erachtet werden (was bedeutet, dass man einen guten Anwalt oder mächtige Verwandte hat), »vom Organ für öffentliche Sicherheit in Anwendung der Richtlinien für Verwaltungsstrafen zur öffentlichen Sicherheit nicht länger als fünfzehn Tage festgehalten« wird. Man sollte gewarnt sein.

Die chinesische Flagge ist eine der bekanntesten der Welt und wurde im Rahmen einer chinesischen Raumfahrtmission im Dezember 2013 sogar auf dem Mond gehisst. Das Aufstellen der Flagge auf dem Jade Rabbit Moon Rover war ein zutiefst symbolisches und bedeutendes Ereignis. China wurde nach den USA und der UdSSR das dritte Land, das seine Nationalfarben auf dem Mond zeigte, und signalisierte seine Absicht, eine führende Rolle in der Raumfahrt und der Raumfahrttechnologie zu übernehmen. Es war das erste Mal seit 1976, dass ein Fahrzeug eine weiche Mondlandung machte, eine Quelle enormen Nationalstolzes und ein Beweis für Chinas Fortschritte in diesem Jahrhundert.

Ihre Flagge ist zunehmend auch auf den Ozeanen zu sehen, denn China baut, mit dem Ziel, zur Weltmacht auf dem Meer zu werden, eine Hochseemarine auf. Zudem ist die Flagge rund um die Welt zu finden, auch an weit entfernten Orten wie der Demokratischen Republik Kongo, wo China (und andere) Edelmetalle fördert, oder Angola, wo China eine Schnellstraße ermöglicht hat, um die Erze zum Hafen zu befördern, oder aber Gwadar in Pakistan, wo ein Hafen und eine Schnellstraße gebaut wurden, um Waren hinauf nach China zu transportieren und so die enge Straße von Malakka zu umgehen, die zwischen Malaysia und Indonesien liegt und faktisch von den Amerikanern kontrolliert wird.

Das Symbol des Reichs der Mitte ist heute in nahezu jedem Königreich, jeder Republik und jedem Gebiet aufgetaucht und hat dessen schnelle Expansion und wachsenden Einfluss im Lauf der letzten fünfzig Jahre verstärkt.

Die Flagge weht auch auf den künstlichen Inseln, die China im Südchinesischen Meer angelegt hat und die Peking zufolge jetzt souveränes chinesisches Staatsgebiet sind. Die Nachbarn – darunter Vietnam, Taiwan und die Philippinen – sind davon nicht überzeugt. Und auch nicht die US-Marine, die dadurch dafür sorgt, dass die Stars and Stripes auf ihren Schiffen gut zu erkennen sind, dass sie nahe genug an diesen Inseln vorbeifährt, um ihren Standpunkt deutlich zu machen.

Nicht so leicht wie die Rote Fahne ist die Flagge von Taiwan beziehungsweise der Republik China rund um die Welt zu entdecken. Nachdem sie den Bürgerkrieg in den 1940ern verloren hatten, zogen sich die antikommunistischen Kräfte auf die Insel vor dem Festland zurück, die nun ihre eigene Flagge hat, sich aber fragt, was ihre Identität ist. Die Flagge ist als »blauer Himmel, weiße Sonne und eine sehr rote Erde« bekannt und geht zurück auf die der besiegten Kuomintang (Nationale Volkspartei Chinas), deren Anhänger unter Chiang Kai-shek 1949 nach Taiwan flohen. Die Republik China erklärt, ihre Regierung sei die rechtmäßige Regierung für ganz China, aber auf der anderen Seite des Meeres sieht das die Volksrepublik China ganz anders. Peking bezeichnet Taiwan als Provinz, die behauptet, unabhängig zu sein.

Weil die Volksrepublik so mächtig ist und daher nur wenige Staaten die Republik China anerkennen, darf Taiwan seine Flagge bei internationalen Zusammenkünften oder Sportereignissen wie den Olympischen Spielen nicht zeigen. Stattdessen wird die Flagge durch die von »Chinese Taipei« (nach der Hauptstadt Taipeh) ersetzt – ein Kompromiss, der für beide Seiten akzeptabel ist, den beide aber gern ändern würden, wenn sie jeweils ihre Ansicht durchsetzen könnten. Taiwan, das sich aus seiner Sicht nie von China unabhängig erklärt hat, ist bereit, dieses besondere Opfer seines Nationalsymbols zu bringen, weil es den viel größeren Bruder nicht provozieren will.

In gewisser Hinsicht sind die beiden Nationalflaggen ein Symbol für die Uneinigkeit des chinesischen Volkes. Und als solches sind sie ein Spiegelbild der beiden Flaggen, die nicht weit entfernt wehen.

Eine koreanische Halbinsel, geteilt durch zwei Koreas, macht zwei Flaggen. Es hätte auch anders sein können und beide hätten die Vorkriegsflagge genommen. Das hätte widergespiegelt, dass es sich um ein Volk handelt. Doch nur Südkorea, auch als Republik Korea bekannt, hat sich entschieden, diese zu behalten. Die »Flagge der großen Extreme« oder Taegeukgi, wie sie auf Koreanisch heißt, ist nicht nur ein Kunstwerk, sondern auch ein zutiefst spirituelles Symbol. Deshalb wollten die gottlosen Kommunisten im Norden auch nichts mit solchem, ihrer Meinung nach, religiösen Brimborium zu tun haben – nein, sie wollten ihr eigenes politisches Brimborium haben.

Der Name Taegeukgi kommt vom roten und blauen Yin-Yang-Symbol in der Mitte der Flagge, das als *taeguk*-Kreis bekannt ist. Seine beiden Flächen sind gleich groß, die rote steht für die positive Kraft des Yang und die blaue für die negative Kraft des Yin. Die traditionelle Philosophie der Region besagt, dass diese beiden große kosmische Kräfte repräsentieren, die im Gegensatz zueinander, zusammen aber für perfekte Harmonie und Ausgewogenheit stehen.

In den Ecken der Flagge befinden sich insgesamt vier Trigramme. Sie stammen aus dem chinesischen ›I-Ging‹ oder ›Buch der Wandlungen‹, das, so die Legende, weit über 2000 Jahre alt ist. Diese Trigramme, die das *taeguk* umgeben, repräsentieren Yin und Yang im Durchlauf einer Spirale von Wachstum und Wandel. Das Zeichen oben links steht für Himmel, das unten rechts für Erde, das oben rechts für Wasser, das unten links für Feuer. Jedes der vier Trigramme hat dazu noch weitere Bedeutungen, beispielsweise repräsentiert das oben rechts nicht allein Wasser, sondern auch den Mond, Klugheit und Weisheit. All dies steht vor einem weißen Hintergrund, der Reinheit und Friedfertigkeit bedeutet. Zu besonderen Gelegenheiten tragen die Koreaner gern Weiß, was ihnen den Spitznamen »das Volk in Weiß« verschafft hat.

Als Ganzes genommen symbolisiert die Flagge das Ideal, dass das koreanische Volk sich immer gemeinsam und in Harmonie mit dem Universum entwickeln wird. Das komplette Gegenteil davon ist Teilung, doch die war 1947 die politische Realität, und die Herrscher in Nordkorea wollten das unterstreichen. Am Ende des Zweiten Weltkriegs waren die japanischen Kolonialherren abgezogen und das Land entlang des 38. Breitengrads geteilt. Den Norden überwachten die Russen, den Süden die Amerikaner. Nachdem sich die Russen später zurückgezogen hatten, übernahm China die Beschützerrolle für den Norden.

Der offizielle Name für Nordkorea lautet Demokratische Volksrepublik Korea (DVRK). Wie die meisten Länder, die die Begriffe »demokratisch« und »Republik« im Namen zusammen verwenden, ist es keines von beiden. Es gilt als die tückischste, wahnsinnigste, mörderischste Diktatur, die besteht, auch wenn im Fall DVRK weniger von »Stehen« als besser von Torkeln die Rede sein sollte. Faktisch hat eine Königsfamilie, haben Mitglieder der Kim-Dynastie das Land vom ersten Tag an regiert und der Welt eine politische Komödie geboten, den eigenen Untertanen aber kaum Gutes.

Zur Geschichte der nordkoreanischen Flagge gibt es wenig konkrete Informationen, doch ein Artikel von Fyodor Tertitskiy auf DailyNK.com legt nahe, dass 1947 die eigentlichen Herrscher im Norden, die Sowjets, verfügten, dass ein neuer Staat, den sie aufbauten, auch eine neue Flagge haben müsse. Kim Du-bong, Ende 50 und führendes Parteimitglied, wurde in das Büro von Generalmajor Lebedew einbestellt, wo er sich für die bisherige Flagge einsetzte: »Kim begann, die Bedeutung der Flagge in allen Einzelheiten zu erklären. Doch für einen sowjetischen Militär und seine Weltsicht war die chinesische Philosophie, auf der die Gestaltung basierte, kaum mehr als mittelalterlicher Aberglaube. Nachdem er sich die Geschichten über die Yins, Yangs und Trigramme aus dem ›Buch der Wandlungen‹ und andere östliche Vorstellungen eine Weile angehört hatte, unterbrach Lebedew Kim mit einem knappen ›Genug!‹. Ein sowjetischer Oberst, der bei dem Gespräch anwesend war, grinste: ›Das hört sich für mich wie ein Märchen an.‹«

Ein paar Monate später kamen Anweisungen und die Flagge der DVRK war geboren. Sie ist vom Typus der Standardflagge der Sowjetära, die, wie auch die Standardarchitektur der Sowjets, eine gewisse Direktheit aufweist. Laut der Website der Regierung repräsentiert das vorherrschende Rot die revolutionäre Tradition. Die blauen Streifen oben und unten stehen für »den Wunsch, in Einheit mit den fortschrittlichen Völkern der Welt für den Sieg der Ideale Unabhängigkeit, Frieden und Freundschaft zu kämpfen«. Die schmalen weißen Streifen zwischen Blau und Rot »repräsentieren das homogene koreanische Volk mit seiner langen und prächtigen Kultur«, während der große rote Stern »Vorreiterschaft und den Kampfgeist des koreanischen Volkes symbolisiert«.

Im folgenden Jahr veröffentlichte Kim Du-bong ein Buch mit dem Titel ›Über die Einführung der neuen Nationalflagge und die Abschaffung der Flagge der großen Extreme‹. Darin schrieb er, die neue Flagge sei das Symbol eines »glücklichen Landes, das sich strahlend entwickelt«, die Flagge der großen Extreme hingegen sei »unwissenschaftlich und abergläubisch«. Ihre überflüssige Unverständlichkeit und Vielfältigkeit bewirke Uneinigkeit, und das wäre schlecht.

Als die 1950er Jahre begannen beseitigte das zunehmend nationalistische Nordkorea in klassisch diktatorisch-kommunistischer Manier jede Spur eines sowjetischen Einflusses auf die Gestaltung der Flagge, und auch Kim Du-bong verschwand aus allen Ämtern. Nun hatte der Große Führer Kim Il-sung nicht nur die Kaiserlich japanische Armee (mit ein klein wenig Moskauer Hilfe) zerschmettert, sondern sogar auch die glorreiche Flagge der Volksrepublik geschaffen.

Wie wir heute wissen, kennt die Großartigkeit der Kim-Dynastie keine Grenzen. Kim Il-sungs Sohn Kim Jing-il war nicht nur »Leitstern des 21. Jahrhunderts« und »Ewiger Schoß heißer Liebe«, sondern auch die »Strahlende Sonne des Juche«. Mit dem letzten Titel wird unterstrichen, dass die DVRK ihr eigenes politisches System entwickelt hat, das als »Juche« bekannt ist – eine Art Mischung von kommunistischer und nationalistischer Philosophie des Selbstvertrauens. Warum soll man jemand in sein Land lassen, wenn es sich selbst genug ist? Warum sollte jemand das Land verlassen, wenn es so wunderbar ist? Entsprechend heißt es in der Nationalhymne: »Uns stemmend gegen die tobenden Wellen mit hochfliegender Stärke, / Lasst uns auf ewig dieses Korea glorifizieren, grenzenlos reich und stark.« Der gegenwärtige Führer, Kim Jong-un, muss ebenfalls unter der Last Hunderter weiterer Titel durchs Leben gehen, die seine Verdienste rühmen.

Eine Halbinsel, ein Volk, zwei sehr unterschiedliche Flaggen – man sollte meinen, dass man die nicht so leicht verwechseln dürfte. Doch genau das schafften die Organisatoren der Olympischen Spiele 2012 in London. Die Mitglieder der Damenfußballmannschaft der DVRK wurden vor ihrem Spiel gegen Kolumbien auf einer großen Videowand vorgestellt. Name und Bild jeder Spielerin erschien, daneben jeweils … die Flagge von Südkorea. Das ging endlos so, von den Verteidigerinnen über das Mittelfeld zu den Stürmerinnen und auch noch zu den Ersatzspielerinnen. Mit jeder neuen Einblendung wurden die Nordkoreanerinnen ärgerlicher und verließen schließlich das Spielfeld. Sie hatten einen guten Grund: Schließlich befindet sich Nordkorea immer noch im Krieg mit dem Süden – der Koreakrieg endete 1953 mit einem Waffenstillstand, nicht mit einem Friedensvertrag.

Die Spielerinnen erklärten, sie würden nur zurückkommen, wenn der Fehler behoben wäre. Es brauchte einiges an hektischer Video-Arbeit und gründlichen Entschuldigungen, doch nach einer Stunde konnte das Team zurückkommen und nach einer Kontrolle der Videowand Kolumbien mit 2 : 0 besiegen.

Im Flaggenkrieg ist keines der beiden Koreas bisher ohne Fehl geblieben. Von der ersten Minute an hat der Süden die Flagge des Nordens auf seinem Staatsgebiet verboten. Daher überraschte es nicht, dass bei den Qualifikationsspielen für die Fußballweltmeisterschaft 2008 ein Spiel, das in der nordkoreanischen Hauptstadt Pjöngjang stattfinden sollte, nach China verlegt werden musste, weil die DVRK sich weigerte, die südkoreanische Hymne abzuspielen und seine Flagge zu hissen.

Nächste Station: Asienspiele 2014 im südkoreanischen Incheon. Der Süden weigerte sich, das Gesetz aufzuheben, dass die Flagge von Nordkorea nicht auf der Straße gezeigt werden darf. Im Athletendorf wehte sie, aber nirgendwo sonst, obwohl der Olympische Rat Asiens (OCA) im Artikel 58 seines Regelwerks festlegte: »In allen Stadien und in ihrer Umgebung müssen die OCA-Flaggen zusammen mit den Flaggen der teilnehmenden [Länder] unbehindert wehen.« Daraufhin beschloss der Norden: Wenn die Menschen daran gehindert würden, seine Flagge zu sehen, dann sollte auch niemand seine 350 Cheerleader zu sehen bekommen, bekannt als »Kader der Schönheiten«. Den jungen Frauen, die ausgewählt worden waren, um ihre Athleten anzufeuern, waren zwei Dinge gemeinsam: Sie waren nicht nur prächtig anzuschauen, sondern auch, wie man uns sagte, allesamt fanatische Anhängerinnen des Regimes von Kim Jong-un. Als sich der Süden über die Größe der Flaggen beschwerte, die die Cheerleader tragen sollten, verließen die nordkoreanischen Diplomaten unter Protest das Treffen und sagten den Auftritt der Schönheiten ab.

Die beiden Koreas bleiben so weit auseinander und einander so nah wie eh und je. Krieg ist eine ständige Bedrohung. In der südkoreanischen Megastadt Seoul weiß jeder, dass man sich in Reichweite der Artillerie des Nordens befindet, die sich entlang des 38. Breitengrads eingegraben hat. Zudem macht das Atomwaffenprogramm des Nordens der gesamten Region Angst.

Familienstreitigkeiten können oft die heftigsten sein, doch wenn man diese mit dem Verhältnis der beiden Koreas zur japanischen Flagge vergleicht, ist kaum zu entscheiden, welcher Hass tiefer geht.

Japans imperiale Flagge wehte im 20. Jahrhundert 35 Jahre lang über Korea. Dass die Flagge heute eine stabile, friedliche Demokratie repräsentiert und doch der Standarte jener barbarischen Zeit ähnelt, ist … problematisch. Korea galt damals als Teil des japanischen Imperiums. Die Jahre der japanischen Misswirtschaft waren brutal. Dafür war die japanische Flagge ein Symbol. Sie wehte auf den öffentlichen Gebäuden und jeden Morgen, wenn sie gehisst wurde, sangen die Schulkinder die japanische Nationalhymne.

Der Inselstaat im Pazifik ist als »Land der aufgehenden Sonne« bekannt, sein Name bedeutet wörtlich »Ursprung der Sonne«, und die Flagge wird offiziell Nisshoki genannt, »Sonnenwappenflagge«. Doch ihre populäre Bezeichnung lautet Hinomaru, »Sonnenscheibe«. Dank ihrer frappierenden Schlichtheit erkennt man sie sofort – ein roter Kreis vor weißem Hintergrund. Die andere Flagge, die sich in unser Bewusstsein gebrannt hat, ist die japanische Kriegsflagge, bei der die Sonne auch vor einem weißen Hintergrund steht, aber 16 rote Strahlen hat, die bis zum Rand laufen.

Verschiedene Formen der Hinomaru wurden auf den japanischen Inseln schon seit Jahrhunderten benutzt, ehe sie zum Symbol des Nationalstaats wurde. Die Hunderte von japanischen Inseln liegen am Ostrand der eurasischen Landmasse, und wenn man von ihnen aus nach Osten blickt, sieht man nichts als Wasser, über dem sich jeden Tag die Sonne erhebt.

Der früheste Hinweis auf die Sonne als Symbol Japans stammt aus dem Jahr 607 n. Chr., als ein relativ dreister japanischer Kaiser einen Brief an seinen chinesischen Kollegen schrieb, der mit den Worten begann: »Vom Sohn des Himmels in dem Land, wo die Sonne aufgeht, an den Sohn des Himmels in dem Land, wo die Sonne untergeht.« Der zweite Sohn des Himmels, dort, wo die Sonne untergeht, war nicht beeindruckt.

Die japanische Tradition besagt, dass die Sonnengöttin Amaterasu Japan vor 2700 Jahren gründete. Sie ist die Hauptgöttin der Shinto-Religion und Vorfahrin des ersten Kaisers. Der derzeitige Kaiser ist als »Sohn der Sonne« bekannt und gilt den Gläubigen als göttlich eingesetzter direkter Nachkomme von Amaterasu. Genau wie die Chinesen sahen die Japaner nicht die Notwendigkeit, sich über ihre eigene Identität gesondert zu verständigen, und lange gab es kein Symbol, das die Nation repräsentierte.

Als die Europäer Mitte des 19. Jahrhunderts in großer Zahl nach Japan kamen, erkannte die Regierung der frühen Meiji-Zeit, dass es nötig sei, im Volk ein Gefühl von Einheit zu schaffen. Sie verfügte, die Flagge mit der aufgehenden Sonne als Flagge der Marine zu benutzen. Für das Inselvolk der Japaner war die Flotte eine ebenso wichtige Streitkraft wie für die Briten, und daraus entwickelte sich die Vorstellung, dass diese Flagge das Land repräsentierte. Das Kimigayo, die Nationalhymne, folgte.

Danach kam aber der Geist des Militarismus, partiell dadurch ausgelöst, dass Japan zur Industriemacht wurde, selbst jedoch überhaupt keine Rohstoffe besaß, um diesen Prozess zu unterhalten. Die Nachbarn im Westen verfügten jedoch über solche Materialien, während Japan die militärische Stärke hatte, sie sich anzueignen. Das imperiale Japan führte eine Reihe von Kriegen, die ihren Höhepunkt in der größten Katastrophe fanden, den die Nation in ihrer langen Geschichte erleben musste.

Am Anfang stand der Erste Chinesisch-Japanische Krieg (1894–1895), dann folgten der Russisch-Japanische Krieg (1904–1905), eine begrenzte Verwicklung in den Ersten Weltkrieg (1914–1918), der Zweite Chinesisch-Japanische Krieg (1937–1945) und schließlich der Zweite Weltkrieg, der nach den Atombomben auf Hiroshima und Nagasaki mit der bedingungslosen Kapitulation endete. Bis zu diesem Zeitpunkt hatte Japan mehrere Länder okkupiert und brutal unterjocht.

Die Flagge, die nach japanischem Selbstverständnis einst »die Finsternis der Welt erhellen« sollte, war selbst zum Symbol der

Finsternis geworden. Die Hinomaru wurde in Japan, Korea, China, Singapur, auf den Philippinen und andernorts heruntergerissen. Und als das Ausmaß der japanischen Gräueltaten in Japan selbst bekannt wurde, untersuchten die einheimischen Medien die Kriegsberichte, um der Nation zu helfen, das zu bewältigen, was geschehen war.

Dieser Prozess hält heute noch an, ebenso der gebremste Versöhnungswille, den wir bei den Nachbarn Japans beobachten, insbesondere bei den beiden Koreas, aber auch bei China – so gebremst, dass dort eine Generation existiert, die es immer noch nicht ertragen kann, das Symbol der Kriegsjahre, das derartige Auswirkungen auf ihr Leben hatte, zu sehen.

Die amerikanische Verwaltung in Japan schränkte zunächst den Gebrauch der National- wie der Kriegsflagge drastisch ein. Doch 1947 gestattete General Douglas MacArthur, die Hinomaru an verschiedenen Regierungsgebäuden zu hissen. Im Jahr darauf wurde auch den normalen Bürgern erlaubt, sie an Nationalfeiertagen zu zeigen, und 1949 wurden alle Einschränkungen aufgehoben. Der lange Prozess, sie sich wieder als Nationalemblem anzueignen, hatte begonnen.

Doch der war schwierig.

Das Problem bei der modernen japanischen Flagge war, dass es sich um die alte Flagge handelte, die auch im Zweiten Weltkrieg geweht hatte. Für manche ist das eine ähnliche Vorstellung, wie wenn die Hakenkreuzflagge die moderne deutsche Flagge wäre. Allerdings ist das nicht ganz fair, denn das Nazisymbol ist die Verkörperung des Bösen und die japanische Kriegsmaschine war bei allen ihren schrecklichen Taten nicht, wie bei den Nationalsozialisten, darauf ausgerichtet, aus ideologischen Gründen ganze Völker systematisch und mit industriellen Methoden auszurotten.

Es gibt noch einen weiteren Unterschied. Die japanische Flagge existierte schon vor jener Zeit, in der die militaristische Nation in Südostasien wütete, während die Naziflagge von einer Partei eingeführt wurde, die den Nationalstaat übernahm und deren Herrschaft nur zwölf Jahre dauerte. Die Flagge von Kriegsdeutschland steht für eine Partei, eine Ideologie und eine bestimmte Zeitspanne, während die Flagge von Kriegsjapan für das Land steht. Schließt man sich dem Argument an, Japan sollte seine Flagge wegen einer bestimmten Epoche seiner Geschichte ändern, dann müsste man die gleiche Forderung an viele Staaten stellen – beispielsweise an Großbritannien wegen Kolonialismus und Sklavenhandel.

Andererseits lässt sich das theoretische Argument anführen, eine Änderung der Flagge hätte zur Aussöhnung nach dem Krieg beitragen können, weil damit anerkannt worden wäre, welche Wut dieses Symbol auslösen kann.

Wenn es um die japanische Kriegsflagge geht, werden die Dinge allerdings komplizierter. Diese Flagge hätte viel leichter geändert werden können, doch als 1954 die japanischen Selbstverteidigungsstreitkräfte geschaffen wurden, haben sie alle die alte Flagge mit der aufgehenden Sonne und den sechzehn Strahlen übernommen. Das war eine merkwürdige Entscheidung, eine, die Menschen, die etwas von Geschichte verstehen oder die Kriegsjahre miterlebt haben, seltsam vorkommen kann. Diese Flagge zu ändern, wäre Teil einer Bewusstmachung des Unheils gewesen, das die japanische Militärmaschinerie in den 1930ern und 1940ern angerichtet hatte. Eine Änderung der Nationalflagge wäre hingegen traumatischer für das japanische Volk gewesen, hätte einen partiellen Verlust seiner nationalen Identität bedeutet.

Mitte der 1950er war Japan bereits ein demokratisches, friedliches Land. Trotzdem waren Teile der Bevölkerung immer noch traumatisiert wegen des Verhaltens der Streitkräfte in den 1930ern und 1940ern – was die Entscheidung hinsichtlich der Militärflagge noch rätselhafter macht. Allerdings sollte man nicht vergessen, dass in Japan die »intellektuelle Entmilitarisierung« nicht so tief ging wie in Deutschland.

Und es waren auch viele Jahre später noch die Auswirkungen zu spüren. Machen wir beispielsweise einen Zeitsprung in die 1970er. Da empfahl die nach links tendierende japanische Lehrergewerkschaft ihren Mitgliedern, sich weder vor der Nationalflagge zu verbeugen noch die Nationalhymne zu singen. Die Flagge wurde seit 1947 benutzt, aber sie wurde nie mit Enthusiasmus angenommen und war auch nicht als Symbol des Landes auf Gesetzessammlungen zu finden.

Der Tod von Kaiser Hirohito, der auch während des Zweiten Weltkriegs auf dem Thron gesessen hatte, öffnete 1989 den Raum für eine Debatte über das Hissen der Flagge. Und 1999 ergriff das Parlament anlässlich einer Neufestsetzung ihrer Maße die Gelegenheit, die Flagge offiziell zum Emblem des Nationalstaats zu erklären – nicht ohne eine erbitterte emotionale Debatte, die dem vorausging.

Noch im selben Jahr gab das Bildungsministerium Richtlinien mit der Anweisung heraus, bei Abschlusszeremonien die Flagge zu hissen und die Nationalhymne zu singen. Gerechtfertigt wurde das mit dem Argument, dass japanische Schüler nicht in der Lage wären, die Symbole anderer Länder zu respektieren, wenn sie nicht gelernt hätten, ihre eigenen Symbole zu respektieren.

Nicht jeder war damit einverstanden, darunter der Direktor einer Mittelschule in der Präfektur Hiroshima. Dem Mann namens Toshihiro Ishikawa widerstrebte es derartig, solche Anweisungen umsetzen zu müssen, dass er Selbstmord beging. Der Fall fand landesweit viel Beachtung und die Debatte war 2002 noch so virulent, dass bei der Endrunde der Fußballweltmeisterschaft, die in diesem Jahr in Japan (und Korea) ausgetragen wurde, nur wenige Flaggen geschwenkt wurden, um die eigene Nationalmannschaft anzufeuern.

Mit dem Vergehen der Zeit verblassen auch die schrecklichsten Ereignisse des 20. Jahrhunderts und werden Geschichte. Und die japanische Flagge kann sich von den Schatten der Kriegszeit lösen. Doch trotzdem fühlte sich der japanische Premierminister Shinzō Abe auch 2016 noch gezwungen, eine »dringende Empfehlung« an die Universitäten des Landes herauszugeben, die Flagge auf ihrem Gelände zu hissen.

Doch so wenig, wie die Sonne im Osten untergeht, so wenig läuft ihre Darstellung auf einem Stück Tuch, die das Land der aufgehenden Sonne repräsentiert, derzeit Gefahr, ins Dunkel der Geschichte zu tauchen.

Würden wir uns jetzt weiter nach Osten bewegen, kämen wir dort an, wo wir begonnen haben, bei den Stars and Stripes. Daher ist es an der Zeit, nach Süden zu blicken – zum Rot, Gold, Schwarz und Grün von Afrika und zum Blau von Lateinamerika.

SIEBTES KAPITEL

FLAGGEN DER FREIHEIT

»Die beste Möglichkeit zu lernen, ein unabhängiger, souveräner Staat zu werden, ist es, ein unabhängiger, souveräner Staat zu sein.«

Kwame Nkrumah,
erster Premierminister von Ghana

TENSE CHIC
Hair Studio

FRICAN - CORNE
RESTAURANT & BA

Vorhergehende Doppelseite: Fußballfans aus Ghana versammeln sich im Januar 2013 im Johannesburger Stadtteil Yeoville in Südafrika, um das Spiel ihrer Nationalmannschaft bei der Fußball-Afrikameisterschaft anzuschauen. Die Nationalmannschaft von Ghana wird oft als »Schwarze Sterne« bezeichnet: Der schwarze Stern in der Mitte der ghanaischen Flagge und die Farbzusammenstellung aus Rot, Gold und Grün wurden von den panafrikanischen Idealen jener Menschen inspiriert, die gegen den Kolonialismus kämpften und die Zukunft in einem modernen Afrika mit mehr Selbstvertrauen sahen.

Im Lauf der Jahrhunderte hat Afrika vieles exportiert, allerdings nicht immer freiwillig. Zu den Dingen, die mit dem Segen des Kontinents in die Welt gelangt sind, gehört eine Vorstellung, die auf symbolischen Farben basiert – Rot, Gold, Grün und Schwarz –, und das ist die Vorstellung der afrikanischen Unabhängigkeit oder, um es anders zu formulieren, der Freiheit.

Die Ursprünge für die Verwendung dieser Farben reichen mindestens bis ins 19. Jahrhundert zurück. Sie stammen von der Flagge Äthiopiens, des einzigen Landes auf dem Kontinent, das nicht kolonialisiert wurde, auch wenn Italien sich nach Kräften bemühte. Äthiopiens heutige Flagge zeigt stolz das Rot, Gold und Grün einer langen Tradition, zu denen 1996 in der Mitte ein blauer Kreis mit einem gelben Stern und fünf Strahlen hinzugekommen ist. Die Strahlen stehen für die verschiedenen Völker des Landes, der Stern repräsentiert ihre Gleichheit und Einheit und wird verschiedentlich auch als Davidstern oder Stern Salomons bezeichnet, weil der erste Kaiser Menelik der Legende nach Sohn des Königs Salomon und der Königin von Saba war.

Beim »Wettlauf um Afrika« war Italien spät dran. Anfang der 1890er hatten sich Briten, Franzosen, Deutsche und Belgier bereits der Mehrheit jener Territorien bemächtigt, die als die wertvollsten galten. Für Italien blieb nur das heutige Eritrea übrig, doch es benutzte seine dortige Kolonie als Sprungbrett für Einfälle in das damalige Abessinien, das heutige Äthiopien. 1895 kam es zu heftigen Kämpfen, und zu ihrer Überraschung wurden die Italiener im folgenden Jahr zurück nach Eritrea gedrängt, nachdem sie mindestens 7000 Mann verloren hatten. Afrika hatte nun einen Sieger und ein inspirierendes Beispiel dafür, was erreichbar war.

Einfarbige Wimpel in Rot, Gold und Grün waren in Äthiopien schon Jahrzehnte vor dem militärischen Triumph benutzt worden, nicht selten auch zusammen. In dem Land, dessen Bevölkerungsmehrheit Christen waren, setzte die Überlieferung diese Farben mit dem Regenbogen gleich, den Gott nach der Sintflut der Welt zeigte, wie im Buch Genesis beschrieben. Also waren sie die Farben der Wahl, als Kaiser Menelik II. nach dem Sieg über die Italiener 1897 die erste offizielle Flagge in Auftrag gab. Sie war die erste afrikanische Nationalflagge. Hinzugefügt war das kaiserliche Wappen, das den »Erobernden Löwen Judas« zeigt, der einen Stab mit den Landesfarben hält. Damit sollte auf die königliche Abstammung des ersten Kaisers Menelik hingewiesen werden. Dieses mit dem Königtum verbundene Symbol blieb bis zur marxistischen Revolution 1974 auf der Flagge. Dann wurde es entfernt, aber es lebt weiter auf der Flagge der Rastafaribewegung (dazu später mehr).

Die Italiener kamen in den 1930ern, in der Ära des Faschisten Mussolini, zurück, um einen erneuten Versuch zu machen. Diesmal schloss die moderne Kriegsmaschinerie Senfgas ein: Die Invasion gelang und das Land wurde besetzt. Doch Abessinien/Äthiopien, ein bis dahin selbstständiger Staat, war auch Mitglied des Völkerbunds, des Vorläufers der Vereinten Nationen. Da viele (aber nicht alle) Mitgliedsländer sich weigerten, die Annexion des Landes anzuerkennen, gilt die fünfjährige Besetzung durch ausländische Truppen völkerrechtlich als Aberration, als Verirrung, aber nicht als Kolonialzeit wie anderswo.

Die Briten und Franzosen, gleichfalls Mitglieder des Völkerbunds, verständigten sich insgeheim mit Italien, dass es mit seinem Akt der Aggression durchkommen würde, und dass der Völkerbund hier versagte, gilt als einer der wesentlichen Gründe für sein Scheitern als Organ der Friedensbewahrung im Vorfeld des Zweiten Weltkriegs. Die Satirezeitschrift ›Punch‹ veröffentlichte 1935 einen für seinen Sarkasmus berühmten Cartoon, der auf einem beliebten Varietélied des 19. Jahrhunderts basierte. Der ursprüngliche Text lautete:

We don't want to fight, but by Jingo! if we do,
We've got the ships, we've got the men, we've got the money too.
(Wir wollen keinen Krieg, doch zum Donnerwetter! wenn wir in ihn ziehn,
Haben wir die Schiffe, haben wir die Leute, haben wir das Geld.)

›Punch‹ stellte den Völkerbund als Varieténummer dar und schrieb den Text um, so dass Großbritannien und Frankreich im Duett an Mussolini gerichtet sangen:

We don't want to fight, but by Jingo if you do,
We will probably issue a joint memorandum, suggesting a mild disapproval of you.
(Wir wollen keinen Krieg, doch zum Donnerwetter, wenn du ihn anfängst,
Veröffentlichen wir ein gemeinsames Memorandum, in dem wir einen milden Tadel für dich fordern.)

Bis 1941 waren die Italiener erneut vertrieben und Äthiopien erlangte seinen Status als souveräner Staat zurück. Damit war es in der Lage, ein Beispiel für einen Kontinent zu setzen, auf dem nach dem Ende des Kriegs ein frischer Wind einsetzte.

Während der oben geschilderten stürmischen Jahrzehnte entwickelte sich Tausende von Kilometern westlich von Äthiopien, in den USA, etwas, das Ähnlichkeit damit und weitreichende Konsequenzen hatte.

Der Gedanke schwarzen politischen Bewusstseins hat viele Eltern, sowohl in Amerika als auch in Afrika. Zu ihnen gehörte der in Jamaika geborene Marcus Mosiah Garvey, ein außergewöhnlicher Mann, der Rassentrennung propagierte und einer der Begründer der Initiative »Zurück nach Afrika« war. Nachdem er die UNIA (Universal Negro Improvement Association, Universaler Zusammenschluss zur Verbesserung der Situation der Neger) in Jamaika ins Leben gerufen hatte, etablierte er die Bewegung 1916 in New York, wo sie gedieh und sich rasch landesweit ausbreitete.

Er trat nicht nur dafür ein, dass Afroamerikaner stolz auf ihre Herkunft sein sollten, sondern auch dafür, dass sie in die Heimatländer ihrer Vorfahren zurückkehren sollten. Um dieses Ziel zu erreichen und die Überfahrt anzubieten, gründete er eine Schifffahrtsgesellschaft mit Namen »Black Star Line«. Die Gesellschaft ging pleite, Garvey wurde wegen finanzieller Unregelmäßigkeiten verhaftet, ins Gefängnis geworfen und 1927 nach Jamaika abgeschoben. Doch voher hatten er und die UNIA etwas in die Welt gesetzt, das rund um den Erdball als panafrikanische Flagge bekannt werden sollte.

Er und viele andere in Amerika waren durch ein rassistisches Lied angestachelt worden, das aus dem Jahr 1900 stammte und 1920, als Garveys Flagge entwickelt wurde, immer noch gesungen wurde. Es trug den Titel »Jede Rasse hat eine Flagge, nur nicht der Coon (Nigger)« und gehört zu den drei Liedern, die H. L. Mencken, ein amerikanischer Schriftsteller und Satiriker des 20. Jahrhunderts, dafür verantwortlich macht, dass sich der beleidigende Begriff »Coon« für Schwarze so weit verbreitete.

Als Antwort darauf gab Garvey die rot-schwarz-grüne Flagge in Auftrag, die für den Panafrikanismus stand, eine Bewegung, die alle Menschen afrikanischer Herkunft vereinen, für die Beendigung des Kolonialismus kämpfen und wirtschaftliche Möglichkeiten in Afrika und der afrikanischen Diaspora aufbauen wollte. Die Flagge wurde 1920 bei einer internationalen Konferenz in New York enthüllt, an der Repräsentanten von 25 afrikanischen Ländern teilnahmen, die sich darüber im Klaren waren, dass sie ein gemeinsames Symbol brauchten, das ihre Bemühungen verkörperte.

Einige Jahre später wurde Garvey in einem Sammelband der ›African Times and Oriental Review‹, bei der er selbst einst gearbeitet hatte, folgendermaßen zitiert: »Zeigen Sie mir die Rasse oder das Land, das keine Flagge hat, und ich zeige Ihnen eine Rasse von Menschen ohne jeden Stolz. Jawohl! In Lied und Parodie hieß es ›Jede Rasse hat eine Flagge, nur nicht der Coon‹. Wie wahr! Jawohl! Aber das konnte man uns vor vier Jahren noch nachsagen. Heute können sie das nicht mehr sagen …«

Artikel 39 der 1920 von der UNIA verabschiedeten ›Erklärung der Rechte der Negervölker der Welt‹ besagt: »Dass die Farben Rot, Schwarz und Grün die Farben der afrikanischen Rasse sind.« Doch warum diese Farben? Im folgenden Jahr veröffentlichte die UNIA den ›Universalen Negerkatechismus‹, in dem erklärt wurde: »Rot ist die Farbe des Bluts, das Menschen für ihren Loskauf und ihre Freiheit vergießen mussten; Schwarz ist die Farbe der edlen und herausragenden Rasse, zu der wir gehören; Grün ist die üppige Vegetation unseres Heimatlands.«

Es wurde mehrfach spekuliert, ob Garvey, den die Unabhängigkeit Äthiopiens inspirierte, irrtümlich angenommen hätte, die äthiopische Trikolore sei Rot, Schwarz und Grün und nicht, wie in Wahrheit, Rot, Gelb und Grün. Ein Hinweis darauf findet sich bei dem amerikanischen Journalisten Charles Mowbray White, der Garvey interviewte. In den ›Marcus Garvey Papers‹ heißt es: »Garvey hat die Bedeutung der äthiopischen Trikolore einmal folgendermaßen beschrieben: ›Das Rot zeigt ihre Sympathie für die Roten dieser Welt und das Grün ihre Sympathie für die Iren und ihren Freiheitskampf und das Schwarz – den Neger‹ … Ein anderes Mal merkte Garvey an, die rot-schwarz-grüne äthiopische Flagge zeige ›wie die schwarze Rasse zwischen Blut und Natur ihre Rechte erlangt‹.«

Was immer auch stimmt, der Einfluss Äthiopiens auf Garvey ist eindeutig. Laut dem Katechismus der Garvey-Anhänger beginnt die Nationalhymne »unserer Rasse« mit: »Äthiopien, du Land unseres Vaters«. Und zuvor heißt es, der 32. Vers des 68. Psalms habe sich erfüllt: »Die Fürsten aus Ägypten werden kommen; Mohrenland wird seine Hände ausstrecken zu Gott.« Das beweise, heißt es weiter, »dass Neger ihre eigene Herrschaft mit Herrschern ihrer Rasse in Afrika errichten werden.«

Irrtum oder nicht, die Flagge schlug ein, und so war es zu spät, sie zu ändern. Die Farben wurden mit Afrika assoziiert, ebenso wie das Rot, Grün und Gelb oder Gold der äthiopischen Flagge. Das ist Teil von Garveys Vermächtnis, über das der amerikanische Historiker George Shepperson bereits 1960 im ›Journal of African Studies‹ schrieb: »Seine massive Propaganda für Stolz – statt Scham – in einer schwarzen Haut hat ein unauslöschliches Zeichen für den gesamten afrikanischen Nationalismus gesetzt.«

Garvey starb 1940 in London, ohne dass er einen Fuß auf den afrikanischen Kontinent gesetzt hätte. Begraben ist er in Jamaika, wo er als Volksheld gilt, und sein Einfluss ist immer noch weltweit zu spüren. Es ist kein Zufall, dass die Farben der jamaikanischen Nationalflagge Schwarz, Grün und Gold sind.

Garvey gilt der Rastafaribewegung, die Anfang der 1930er in Jamaika entstand, als ein Prophet. Er hatte 1920 gesagt: »Schaut nach Afrika: Wenn ein schwarzer König gekrönt wird, ist der Tag der Erlösung nahe.« Damit meinte er die Ankunft des Messias. Zehn Jahre später wurde Ras Täfäri Makonnen als Haile Selassie I. zum Kaiser von Äthiopien gekrönt. Ras ist amharisch für »Kopf« oder »Prinz«, Täfäri bedeutet »einer, der verehrt wird«. Einige sahen darin und in der Behauptung, Haile Selassie sei der 225. Nachfolger von König David, die Erfüllung der Prophezeiung. Daraus folgte, dass Haile Selassie die zweite Inkarnation von Jesus sei, des Sohns von Jah, Gott. Als solcher war er auch der Löwe Judas, was erklärt, warum die Rasta-Flagge der alten Flagge von Äthiopien entspricht, der mit dem Löwen in der Mitte.

Garvey selbst glaubte das nicht alles. Trotzdem wird er von den Rastas nach wie vor verehrt, und seine Ideologie erfüllt die Bewegung. Diese hat weltweit stärkeren Einfluss als man von einer Glaubensrichtung mit nur rund einer Million Anhängern erwarten würde. Das verdankt sich überwiegend der Popularität der Reggaemusik und ihrer Interpreten, allen voran Bob Marley, der sich häufig auf Garvey und Haile Selassie bezog. Beispielsweise benutzte er das Garvey-Zitat »Emanzipiert euch von der mentalen Sklaverei, niemand außer uns selbst kann unsere Gedanken befreien« in ›Redemption Song‹ und ganze Passagen aus einer Rede Haile Selassies 1963 vor den Vereinten Nationen in seinem großartigen Song ›War‹: »Solange die Philosophie, die eine Rasse für überlegen und eine andere für minderwertig hält, nicht endlich und auf Dauer diskreditiert und abgeschafft ist … Und solange die ehrlosen und unseligen Regime, die unsere Brüder in Angola, in Mosambik und in Südafrika in unmenschlichen Fesseln halten, nicht gestürzt und zerstört sind … So lange wird der afrikanische Kontinent keinen Frieden kennen.«

Wenn Marcus Garvey lange genug gelebt hätte, hätte er die überraschende Erfahrung machen können, dass seine Reden Eingang in die weltweite Popkultur gefunden haben. Sein Einfluss auf die afrikanische Politik ist weniger überraschend, aber durchaus auch bemerkenswert. Als junge Männer mögen spätere afrikanische Führer wie Kenias Jomo Kenyatta und Ghanas Kwame Nkrumah nicht an seine Doktrin der Rassentrennung geglaubt haben, aber seine Schriften, Reden und Arbeiten waren Teil ihrer politischen Bildung. Beide glaubten an das panafrikanische Kerndogma, dass trotz aller ethnischen, sprachlichen und kulturellen Unterschiede zwischen den Menschen auf dem Kontinent und in der Diaspora etwas existiert, das sie alle verbindet, und das ist Afrika.

Nkrumah, der von 1935 bis 1945 in den USA lebte, hatte Garveys Texte gelesen und sie sich zu Herzen genommen, ehe er Premierminister und später Präsident von Ghana wurde. Das Land, das von den Briten kontrolliert wurde und als Goldküste bekannt war, wurde 1957 unabhängig und war damit das erste Land südlich der Sahara, das die Ketten des Kolonialismus abschütteln konnte. Die Regierung in der Hauptstadt Accra entschied sich bei der Flagge für die Farben Äthiopiens, drehte aber ihre Abfolge um, so dass Rot oben, Gold in der Mitte und Grün unten steht.

Nkrumah genehmigte auch einen schwarzen Stern in der Mitte des goldenen Streifens – zum einen war das eine Hommage an

Marcus Garveys Schifffahrtsgesellschaft »Black Star Line« und zum anderen war der fünfzackige Stern »zum Symbol der afrikanischen Emanzipation und Einheit im Kampf gegen den Kolonialismus geworden«, so Theodosia Salome Okoh, die Designerin der Flagge. Das Motiv ist auch der Grund, warum die Fußballnationalmannschaft von Ghana bis heute als »die schwarzen Sterne« bezeichnet wird. Leider war Nkrumah dann einer der Ersten aus der neuen Generation afrikanischer Führer, die ihrem Land mit ihrem eigenen despotischen Regime Ketten anlegten – und die Ideale ihres Kampfes für die Befreiung und alles, wofür ihre neuen Flaggen standen, verrieten.

In den 1960ern befreiten sich mehr und mehr afrikanische Länder vom Kolonialismus. Die Einflüsse von Äthiopien, Garvey, Ghana und Nkrumah führten dazu, dass viele von ihnen für ihr Nationalsymbol eine der beiden Versionen der Farben wählten, die zu den panafrikanischen geworden waren. Mehrere Karibikstaaten folgten dem Beispiel, gaben den Farben aber häufig, wie in Afrika, neue Bedeutungen. Beispielsweise ordnet Ghana das Gold den Bodenschätzen zu, die im Land zu finden sind, während in Gabun der mittlere gelbe Streifen der Flagge widerspiegeln soll, dass das Land auf dem Äquator liegt.

Die nächsten fünf Länder südlich der Sahara, die unabhängig wurden, machten Rot, Gold und Grün zu ihren Farben: Guinea, Kamerun, Togo, Mali und der Senegal entschieden sich für Variationen zum Thema, bekannten aber zugleich, dass es sich um panafrikanische Farben auf einem Kontinent handele, der in der Ablehnung von Fremdherrschaft und der Suche nach einer besseren Zukunft vereint ist.

Die Variationen zeugen von der Individualität der verschiedenen Regionen, aber jeder sieht den gemeinsamen Faden, der in jede dieser Flaggen eingewebt ist. Kamerun beispielsweise entschied sich für drei vertikale Streifen, links Grün, in der Mitte Rot und rechts Gelb. Dabei steht Gelb für die Sonne, Grün für Hoffnung, Rot für Einheit und der gelbe Stern im roten Feld ist der

»Stern der Einheit«. Das Design ist einzigartig, summiert sich aber, wie die Regierung erklärt, zum panafrikanischen Geist.

Andere Länder entschieden sich für Garveys Flagge und nahmen Rot, Grün und Schwarz. Malawi etwa hat horizontale Streifen, unten in Grün, in der Mitte in Rot und oben in Schwarz (das das Volk repräsentiert). Auf dem schwarzen Streifen ist eine rote aufgehende Sonne hinzugefügt, die die Freiheit und die Hoffnung der Menschen überall auf dem Kontinent repräsentiert.

Jomo Kenyatta, der erste Präsident von Kenia, autorisierte eine Flagge in den drei Garvey-Farben mit Grün unten, Rot in der Mitte und Schwarz oben, fügte aber dazwischen zwei schmale weiße Streifen ein und setzte – in radikaler Abweichung – in die Mitte einen Massai-Kriegsschild mit zwei gekreuzten Speeren dahinter. Schwarz repräsentiert die Mehrheit des Volks, Rot das Blut, das für die Freiheit vergossen wurde, und Grün die natürlichen Ressourcen. Die weißen Trennstreifen stehen für Frieden und Aufrichtigkeit, und Schild und Speere schützen all diese Werte.

Interessant ist, und unter anderen Umständen wäre das sehr problematisch, dass hier in einem Land mit höchst unterschiedlichen Ethnien nur ein bestimmtes Stammessymbol verwendet wird und keine weiteren. Doch die Massai machen nur 1,8 Prozent der 44 Millionen Kenianer aus und sind so keine Bedrohung für die größeren Machtblöcke im Land, die häufig konkurrieren: Kikuyu, Luo und Kalenjin. Daher galt die Verwendung eines Schilds, der ein deutlicher Bezug auf traditionelle Lebensweisen ist, im Muster und in den Farben eines der bekanntesten afrikanischen Stämme als akzeptabel. Swaziland entschied sich auch für einen traditionellen Kriegsschild. Dieser ist zur Hälfte schwarz und zur Hälfte weiß und symbolisiert die Hoffnung, dass die verschiedenen Völker des Landes miteinander auskommen. Mosambik ging da, gelinde gesagt, noch ein bisschen weiter.

Die Flagge von Mosambik ist zumindest interessant. Je nach Standpunkt kann man sie auch problematisch, anregend, beängstigend oder vielleicht berechtigt finden. Die interessanteste Einzelheit ist das AK-47-Sturmgewehr mit aufgestecktem Bajonett auf ihrer linken Seite. Dies ist die einzige Nationalflagge der Welt, auf der eine moderne Waffe abgebildet ist. Die Flagge hat fünf Farben: Rot, Gelb, Grün, Schwarz und Weiß. In diesem Fall repräsentiert Gelb den Reichtum des Landes an Bodenschätzen. Das rote Dreieck links enthält einen gelben Stern, der für die sozialistische Überzeugung der Regierung steht, auf dem sich ein Buch befindet, was die Bedeutung von Bildung kennzeichnet, des Weiteren eine Hacke, die die Bauern repräsentiert, und die Kalaschnikow, die die Entschlossenheit des Landes zeigt, seine Freiheit zu verteidigen – mit allen notwendigen Mitteln.

Die AK-47 war das Sturmgewehr, das die Mosambikanische Befreiungsfront, die FRELIMO, beim Unabhängigkeitskrieg gegen Portugal einsetzte. Die FRELIMO war die wichtigste revolutionäre Kraft und übernahm dann auch 1975 die Macht, als fast ein halbes Jahrtausend portugiesischer Herrschaft endete. Die gegenwärtige Flagge wurde 1983 eingeführt. Sie ähnelt der alten FRELIMO-Flagge und die FRELIMO ist auch weiterhin die dominierende politische Kraft in Mosambik. Die Darstellung des Gewehrs stört viele Normalbürger. Sie tun sich schwer damit, dies als Symbol nationaler Einheit zu betrachten, nicht nur, weil die Flagge insgesamt Parteipolitik signalisiert (die FRELIMO basiert auf Politik, nicht auf Stammeszugehörigkeit, auch wenn die Leitungsstruktur ein Stammeselement aufweist), sondern auch, weil das Gewehr ihrer Meinung Gewalt und Bürgerkrieg bedeutet, was nicht das Bild ist, das sie der Welt vermitteln wollen.

Seit über einem Jahrzehnt gibt es eine heftige Debatte, ob man die Waffe entfernen sollte, aber da der Druck, das zu tun, überwiegend von Oppositionsparteien kommt und die Regierung nicht willens ist, nachzugeben, bleibt es dabei. Die Flagge wirkt schon ein bisschen merkwürdig, wenn sie bei internationalen Zusammenkünften neben anderen Nationalflaggen weht.

Mindestens 18 Nationalflaggen von Ländern südlich der Sahara bestehen aus Variationen der panafrikanischen Farben Rot,

Gold, Schwarz und Grün und viele weitere sind eindeutig davon beeinflusst. Die Flaggen der Kolonialmächte wurden überwiegend rundweg abgelehnt, nur gelegentlich findet sich eine Andeutung dieser Periode der afrikanischen Geschichte. Gute Beispiele sind die Flaggen von Uganda und Sambia.

Die von Uganda ist eine ausgeprägt bunte, gestreifte Angelegenheit, die nur deshalb nicht wie ein Würfel Lakritzkonfekt aussieht, weil sich auf den mittleren beiden Streifen ein weißer Kreis befindet, in dem ein prächtiger Kronenkranich majestätisch auf einem Bein steht. Der Kranich, der als sanfte Kreatur gilt, ist das Nationalsymbol des Landes, und seine Würde reflektiert, so sagt man, die des ugandischen Volks. Sambia wählte ein ungewöhnlich gestaltetes Emblem – überwiegend in Grün, aber mit einem Block in Rot, Schwarz und Orange unten rechts. Darüber fliegt ein Adler, der das Wappentier des Landes ist und hier symbolisiert, wie sich das sambische Volk über die Probleme des Landes erhebt.

Aufgrund seiner ungewöhnlichen Geschichte bildet Liberia eine Ausnahme vom Muster in Rot, Gold, Grün und Schwarz. Seine Flagge erinnert stark an die Stars and Stripes, weil ehemalige afroamerikanische Sklaven Mitbegründer des Landes waren. Der Name Liberia kommt vom lateinischen Wort *liber*, frei. Anfang des 19. Jahrhunderts kauften Abolitionisten und freigelassene Sklaven lokalen Stämmen an der westafrikanischen Küste Land ab, das dann von Zehntausenden von Afroamerikanern besiedelt wurde.

Zuerst wurde eine Flagge im US-Stil, aber mit einem Kreuz links oben, verwendet. Mit der Gründung der Republik 1847 wurde der Ruf nach einer Nationalflagge laut und das Endergebnis hatte elf Streifen, die für die elf Männer stehen, die die Unabhängigkeitserklärung Liberias unterzeichneten, und das Kreuz wurde gegen einen Stern ausgetauscht.

Es gibt noch weitere Ausnahmen. Das sind keine Absagen an den Panafrikanismus, einen Gedanken, der auf dem ganzen Kontinent immer noch Gültigkeit hat, sondern üblicherweise Reaktionen auf besondere Ereignisse oder Umstände im Land. Beispielsweise leidet die Region Zentralafrika seit Jahren unter Konflikten, vor allem in der Demokratischen Republik Kongo, in Ruanda und Burundi. Nach dem Genozid 1994 in Ruanda war man sich allgemein einig, dass eine Aussöhnung nötig ist. Dazu gehörte auch der Gedanke eines Neubeginns und deshalb schaffte das Land 2001 seine Flagge in Rot, Gold und Grün, die mit dem Hutu-Extremismus verbunden wurde, zugunsten einer in Blau, Gelb und Grün ab. Grün steht für Wohlstand durch vereinte Anstrengungen, Gelb für wirtschaftliche Entwicklung und Blau für Frieden. Rechts steht in dem blauen Band, das oben liegt, eine Sonne, die die allmähliche Aufklärung der Menschen symbolisiert. Zusätzlich änderte Ruanda auch sein Wappen und die Nationalhymne, um zu unterstreichen, dass es einen Neubeginn nach dem Schrecken der Massenmorde gibt.

Ethnische Gewalt ist in jüngerer Zeit erneut in Burundi ausgebrochen, dessen Flagge entworfen wurde, um die Hauptethnien des Landes einzuschließen, dessen Politik aber leider damit zu kämpfen hat. Die Flagge gehört zu den ungewöhnlichen: rote und grüne Dreiecke mit einem weißen Kreis in der Mitte, von dem Balken zu den vier Ecken der Flagge laufen. In dem Kreis befinden sich drei rote Sterne, die grün eingefasst sind. Weiß steht für Frieden und die drei Sterne symbolisieren das Landesmotto »Einigkeit, Arbeit, Fortschritt«, verweisen aber auch auf die drei ethnischen Hauptgruppen Tutsi, Hutu und Twa.

Wie das benachbarte Ruanda wurde das frühere belgische Protektorat Burundi durch schreckliche ethnische Auseinandersetzungen zwischen Hutu und Tutsi zerrüttet. Im Bürgerkrieg von 1993 bis 2005, als die Mehrheitspopulation der Hutu mit den Streitkräften aneinandergeriet, die von der Minderheit der Tutsi dominiert wurden, kamen fast 300 000 Menschen um. Danach gab es Versuche, das Militär und auch die politischen Parteien besser zu integrieren, aber die jüngsten Wellen von Gewalt, die im Sommer 2015 begannen, zeigen die Grenzen dieser Bemühungen um völlige Aussöhnung und den Aufbau eines wirklich geeinten Staates auf.

Viele der afrikanischen Länder werden und wurden von Sektierertum und ethnischen Streitigkeiten gebeutelt. Ein Stück weit sind dafür die Linien verantwortlich, die Kolonialmächte im 19. und 20. Jahrhundert auf den Landkarten zogen und die dazu führten, dass sich ganz verschiedene Völker mit verschiedenen Sprachen plötzlich zusammen innerhalb der Grenzen neu geschaffener Nationalstaaten wiederfanden. In manchen dieser Länder wurde nichts getan, um die Einigkeit im Land selbst zu fördern, obwohl die Flaggen im Einklang mit den Gedanken des Panafrikanismus gestaltet wurden. Diese »National«-Flaggen verstärkten einzig die Grenzen, die der Bevölkerung aufgezwungen worden waren.

Manche Regierungen in diesen Ländern, etwa in Burundi, erkannten das und versuchten, eine Flagge zu schaffen, die die Völker vereinen würde; andere, beispielsweise die auf den winzigen Seychelleninseln, machten keinen Verweis auf eine bestimmte Gemeinschaft, sondern feierten ihren Vielvölkerstaat. Um die Unabhängigkeit von Großbritannien zu betonen, nahmen die Seychellen 1996 einen wunderschönen Entwurf mit fächerartigen Strahlen in fünf Farben an. Keine der Farben bezieht sich auf eine Rasse, aber sie stehen für die fünf wichtigsten politischen Parteien, und wenn sie von links unten nach rechts oben breiter werden, verkörpern sie die multiethnische Gesellschaft und die Geburt eines neuen Staats, der auf dem Weg in eine dynamische Zukunft ist.

Andere entschieden, überhaupt keine Verweise zu machen. Ein gutes Beispiel ist Nigeria, ein Land, das 1914 von den Briten konstruiert und aus Teilen der früheren Königreiche Benin und Oyo sowie des Kalifats von Sokoto und weiterer Einheiten zusammengebastelt wurde. Das Land weist rund 250 Völker, 36 Bundesstaaten und zwei Hauptreligionen, Islam und Christentum, auf. In seiner fast sechzigjährigen Geschichte gab es immer wieder unruhige Zeiten, darunter Militärputsche, ethnische Zusammenstöße, Separatistenkriege und in jüngster Zeit Anschläge der islamistischen

Terrorgruppe Boko Haram, die zum IS gehört. Die nigerianische Flagge hat drei senkrechte Streifen in Grün-Weiß-Grün, wobei Grün für die üppigen Wälder und Felder des Landes steht und Weiß für Frieden.

Sie wurde 1959 von dem 23-jährigen Michael Taiwo Akinkunmi entworfen, der in London Elektrotechnik studierte. Er las eine Zeitungsannonce, die zur Einreichung von Entwürfen für eine Flagge des neuen souveränen Staates aufforderte, der im nächsten Jahr unabhängig von Großbritannien werden sollte. Akinkunmi machte sich ans Werk und schickte seinen Entwurf per Post nach Hause, wo über 2000 Vorschläge eingingen. Seine Familie besitzt noch immer den Brief mit Datum vom 14. Februar 1959, den er aus Lagos von einem Colonel Hefford bekam, der im Amt für die Unabhängigkeitsfeiern arbeitete: »Danke für Ihren Vorschlag hinsichtlich der Nationalflagge. Das Auswahlkomitee wird sich zu gegebener Zeit damit beschäftigen.«

Das tat es, und Akinkunmi wurde im Jahr darauf in das Londoner Amt des Beauftragten für Nigeria eingeladen. Dort gab es eine gute und eine schlechte Nachricht. Die schlechte war, dass dem Komitee die rote Sonne mit Strahlen nicht gefiel, die er in der Mitte seines eingereichten grün-weiß-grünen Entwurfs gestellt hatte. Deshalb hatte man diese entfernt. Die gute Nachricht war, dass das, was übrig blieb, gefiel und sein Vorschlag somit ausgewählt worden war. Er gewann ein Preisgeld von £ 100, und ihm hätte eigentlich ein Platz in den Geschichtsbüchern Nigerias gebührt. Aber dazu kam es erst über vierzig Jahre später – dank der Hartnäckigkeit eines nigerianischen Studenten.

Anno 2006 lebte Taiwo Akinkunmi als Beamter im Ruhestand in einem ärmlichen Bezirk der Stadt Ibadan, rund 110 Kilometer nördlich von Lagos. Er hatte keine weitere Anerkennung bekommen und war völlig unbekannt. Sunday Olawale Olaniran, ein Student an der Universität Ibadan, beschäftigte sich mit der Geschichte Nigerias und stieß auf den Namen des Flaggendesigners, den er später als »Held ohne Auszeichnung« bezeichnete.

Olaniran setzte sich mit der überregionalen Zeitung ›Daily Sun‹ in Verbindung und gemeinsam machten sie Akinkunmi ausfindig, dessen Gedächtnis bereits nachließ. Sein Gesundheitszustand war schlecht und er lebte in Armut. Seine Pensionszahlungen kamen so unregelmäßig, dass er sich nicht davon ernähren konnte. Aufgrund des Zeitungsartikels über ihn spendeten nigerianische Bürger für Akinkunmi Nahrungsmittel und Kleidung, aber Olaniran war noch nicht am Ende seiner Bemühungen. Er rief eine Kampagne ins Leben, damit Taiwo Akinkunmi die angemessene Anerkennung für den Dienst zuteilwürde, den er seinem Land erwiesen hatte.

Es dauerte mehrere Jahre, doch 2010, anlässlich der Fünfzigjahrfeier der Unabhängigkeit, bezeichnete die Regierung ihn als »herausragenden Nigerianer« – seine erste Auszeichnung. Dank der Publicity wurde er als »Flaggenmann« bekannt und 2014 reiste er, mittlerweile blind, in die Hauptstadt Abuja, wo ihn Präsident Goodluck Jonathan zum Officer of the Federal Republic (OFR) ernannte und ihm eine lebenslange Rente als Presidential Special Assistant zusprach.

Taiwo Akinkunmis ursprünglicher Entwurf mit der roten Sonne war viel eindrucksvoller, ohne sie ist die Flagge eine der am wenigsten bemerkenswerten der Welt. Doch auch wenn es keinen großen Wiedererkennungswert hat, ist Grün-Weiß-Grün heute das anerkannte Symbol des nigerianischen Staates. Allerdings gibt es auch Kritiker. Farooq A. Kperogi schrieb 2012 auf der intellektuellen nigerianischen Website ›Village Square (Marketplace for Ideas)‹, er finde, die Flagge seines Landes sei »zweifellos eine der am schlechtesten gestalteten Flaggen der Welt« und fügte hinzu: »Sie ist einfallslos, ästhetisch unerfreulich und hinsichtlich Bildsprache und Symbolik steril. Sie ist, soweit ich weiß, eine der wenigen Nationalflaggen, die eine fade Farbe doppelt zeigt.«

Das sind harsche Worte, doch wie Farooq Kperogi sagt: »Es mag als triviale Angelegenheit erscheinen … aber die jüngsten Ereignisse in Nigeria sollten uns allen Anlass sein, über unsere repräsentative Bildsprache und das Verhältnis dieser Darstellungen zu unseren Erfahrungen und Realitäten nachzudenken … Ich habe es nie geschafft, die Rechtfertigung für die Wiederholung der Farbe Grün bei unseren Nationalfarben in meinen Kopf zu bekommen. Man sollte meinen, die Farbe Grün sei in Gefahr gewesen, aus dem Verkehr gezogen zu werden und hätte deshalb der Hege und Pflege auf einer Flagge bedurft.«

Es lohnt sich, Mr. Kperogi ausführlich zu zitieren, denn er kommt zum Kern der Sache in einer Debatte, die anhält, aber nicht auf einem Niveau, das tatsächlich zu einer Änderung der Flagge führt. »Sind Farben die einzigen symbolischen Mittel, die wir heranziehen können, um unsere Kultur, Besonderheiten und Geschichte darzustellen? Was ist mit den beeindruckenden, altehrwürdigen Flüssen, die kreuz und quer durch unsere Landschaften strömen? Was ist mit dem reichhaltigen, labyrinthischen Bildteppich unserer Geschichte? Oder unseren einzigartig kostbaren kulinarischen Leckerbissen? Unseren heldenhaften vorkolonialen Reichen …? Warum ist nichts davon repräsentativ auf unserer Nationalflagge festgehalten? … wir sind jetzt seit 52 Jahren ›unabhängig‹ von der britischen Kolonialherrschaft. Ist es da nicht an der Zeit, dass wir die Gestaltung und die Farben unserer Nationalflagge neu überdenken? Zum einen ist sie ein Überbleibsel aus dem Kolonialismus; sie ist nicht das Ergebnis von Bemühungen nach der Unabhängigkeit … Wir haben überhaupt nichts zu tun mit einer grün-weiß-grünen Nationalflagge.«

Auweia. Aber solche Dinge sind emotionsgeladen und äußerst subjektiv. Und Farooq Kperogi ist nur eine Stimme in dieser Angelegenheit.

Fred Brownell war sich dieses emotionalen Aspekts voll und ganz bewusst, als er sich hinsetzte und lange und scharf nachdachte, nachdem er gebeten worden war, die Flagge für das Südafrika nach der Apartheid zu entwerfen – für ein Land, das von Konflikten zerrüttet war, das darum kämpfte, sich einem völlig neuen Status quo anzupassen, und dessen Bevölkerung immer noch extrem gespalten und voller Misstrauen gegeneinander war. Man benötigte ganz dringend ein Symbol, das Einheit förderte. Es war ein historischer Moment, ein Moment, in dem sich tausendfache kollektive Entscheidungen zur Zukunft einer Nation summierten, zu Leben und Tod. Eine dieser Entscheidungen traf Fred.

Er ist ein ruhiger, bescheidener Mann, der nicht zu Hochflügen der Fantasie oder Übertreibungen neigt. Wahrscheinlich ist das der Grund, warum er der Herausforderung gewachsen war, als sie sich ihm stellte. Seine Stunde kam, als an einem Samstagabend im Februar 1994 das Telefon in seiner Wohnung in Pretoria klingelte. Präsident de Klerks Amtszeit neigte sich dem Ende zu, Nelson Mandela war bereits aus dem Gefängnis entlassen und stand kurz davor, das höchste Amt im Staat zu erlangen, und das neue Südafrika brauchte eine neue Flagge. Die vorhandene hatte sich an der der Niederlande orientiert und wurde mit Kolonialismus und Apartheid gleichgesetzt.

Der Anruf kam, nachdem 7000 Entwürfe verworfen worden waren und auch die Ideen von Grafikdesignateliers keine Lösung erbracht hatten. Es waren rauschhafte Tage und es erwies sich als unmöglich, es allen recht zu machen. Die Institutionen, die den Machtwechsel überwachten, stellten Fred Brownell die Frage: »Wie sollte unsere neue Flagge aussehen?« Dafür hatte er eine Woche Zeit.

Fred, der 74 und im Ruhestand war, als ich ihn traf, arbeitete damals als Staatsheraldiker beim südafrikanischen Heraldikamt und seine Aufgabe war es, Flaggen, Abzeichen und Siegel für den Staat amtlich zu registrieren. Glücklicherweise hatte er bereits ein wenig über die Sache nachgedacht. Im Sommer zuvor hatte er an einer internationalen Flaggenkonferenz in Zürich teilgenommen. Während eines besonders langweiligen Vortrags hatte er begonnen, ein paar Ideen für eine neue südafrikanische Realität zu skizzieren, die auf dem wiederholten Appell von Nelson Mandela basierten, die vielen verschiedenen »Farben« Südafrikas sollten zusammenbleiben und zusammenarbeiten.

In meinem Interview für dieses Buch erklärte Fred seinen Ansatz: »Die Idee in meinem Hinterkopf, das, worüber ich mir den Kopf zerbrochen hatte, war die, dass wir nach etwas Neuem suchten, etwas, das für Annäherung und Vorstellung stehen sollte. Ich wusste, dass wir etwas brauchten, das alle Seiten als akzeptabel ansahen.«

Er schlug eine Form mit einer Art liegendem Y vor, bei den Farben dominierte Grün, ergänzt durch Rot oben und Blau unten, außerdem fügte er Schwarz und Gold hinzu, Farben, die auch die Flaggen des Afrikanischen Nationalkongresses (ANC), der Inkatha Freedom Party der Zulu und anderer politischer Gruppierungen bestimmten.

»Rot, Gold und Grün waren bestehende politische Realitäten, und ich dachte mir, wenn ich die alle bei der Gestaltung zusammenbringe, wäre das eine Annäherung, eine Annäherung von Farben, von Menschen, von Sprachen. Da war auch unsere bisherige Nationalflagge, bei der Orange, Weiß und Blau dominierten. Statt Orange wählte ich Chilirot, das in der Mitte zwischen Rot und Orange steht und eine wunderbare Farbe ist. Mir wurde vorgeworfen, ich würde zwischen den Stühlen Rot und Orange sitzen, aber nein, ich habe die beiden zusammengeführt.«

Fred war sich bewusst, dass Chilirot auch in der Mitte der Farben der britischen und niederländischen Kolonialzeitflaggen steht, sagt aber auch, dass keine der eingesetzten Farben notwendigerweise ein Symbol für irgendetwas sein muss – wie etwa Grün für Vegetation –, doch dass sie zusammen eine Synopse der Flaggengeschichte des Landes bilden und dass die Form, vor allem das liegende Y, die Annäherung von Vergangenheit und Gegenwart und all der verschiedenen Völker widerspiegelt.

Er nahm sich auch den Rat von Olof Eriksson zu Herzen, einem Freund und Flaggenexpertenkollegen: »Er sagte zu mir, wenn du deine Gestaltung nicht auf die Größe einer Briefmarke verkleinern kannst, ohne dass die Details verschwinden, dann hast du einen schlechten Entwurf. Nun, meinen Entwurf kann man auf sechs mal vier Millimeter verkleinern, auf einem ein Quadratzoll großem Blatt 16 Stück unterbringen und immer noch erkennen, worum es sich handelt. Bei all diesen vielen Flaggen der Welt, insbesondere den dreifarbigen, muss selbst ich nachschlagen, damit ich weiß, um welche es sich handelt. Aber unsere Flagge – sie ragt definitiv hervor und sticht ins Auge.«

Zwei Varianten seines Entwurfs stachen der Kommission ins Auge; schlussendlich entschied man sich für diese beiden und drei weitere Vorlagen von anderen Teilnehmern und legte sie Präsident de Klerk vor. Er war sich der Problematik der Entscheidung voll und ganz bewusst und spürte, dass er nicht alleine entscheiden sollte. Also zeigte er die Entwürfe dem eilig zusammengerufenen Kabinett, das die heute bekannte Version auswählte. Sie wurde dann an Cyril Ramaphosa, den Chefunterhändler des ANC, geschickt. Der wiederum meinte, die Entscheidung über die potentielle symbolische Verkörperung der neuen Nation sollte auch den Segen der physischen Verkörperung der neuen Ära haben, also faxte er den Entwurf an Nelson Mandela.

An diesem Punkt kommt eines jener faszinierenden Details der Geschichte ins Spiel. E-Mail war damals noch kaum verbreitet und Faxe waren schwarz-weiß. Fred gluckerte, als er erzählte, was als Nächstes geschah. Allerdings war er sich dessen seinerzeit nicht bewusst: »Mr. Mandela befand sich gerade oben im Nordosten, als das Fax eintraf. Irgendwer musste dort in den örtlichen Laden rennen und Buntstifte kaufen, zurückeilen und das Fax einfärben. Man hat mir berichtet, Mandela habe es genau angesehen und dann gesagt: ›Prima, das nehmen wir.‹«

Damit war der Wettlauf gegen die Zeit eröffnet. Die neue Flagge sollte bis zum 27. April fertig sein und eingesetzt werden, dem Tag der allgemeinen Wahlen, die de facto die Machtübergabe bedeuteten. Das waren etwas mehr als fünf Wochen. Das Transitional Executive Council (Übergangsrat) nahm den Entwurf nur Stunden nach Mandelas Startsignal an und stieß sofort auf ein Problem. Im Land standen rund 100 000 Flaggenmasten, an denen am Tag der Übergabe die neue Flagge wehen sollte, aber im Land konnten pro Woche nur 5000 Stück produziert werden – was drei Viertel der Masten beschämend nackt gelassen hätte. Niederländische Fabriken sprangen ein und retteten den Tag. Allerdings verbrauchten sie dafür die gesamten europäischen Reserven an Material zur Flaggenherstellung.

Und das Ergebnis? »Anfangs reagierte die Öffentlichkeit eher gedämpft«, sagt der Designer. Aber in den Wochen zwischen dem Wahltag und Nelson Mandelas Amtseinführung als Präsident sickerten die Gestaltung und die Farben in das kollektive Bewusstsein ein: »Binnen zwei oder drei Wochen änderte sich die Haltung, und ganz oft entwickelten die Leute eine liebevolle Bindung daran. Heute haben sie sie komplett akzeptiert – schlussendlich sind Farben eine psychologische Komponente des Lebens, Teil der Essenz des Lebens.«

Und ist er stolz darauf? »Also, ich habe getan, was ich für meine Aufgabe hielt. Es war meine Pflicht, mein Bestes zu geben. Ich bin sehr froh, dass ich mein kleines Teil beitragen konnte.«

Es war mehr als ein kleines Teil – Fred spielte wahrlich eine Rolle in dem komplizierten Versöhnungsprozess nach dem Ende der Apartheid. Aber wenn die Flagge als Erfolg verbucht wurde, lässt sich das für die Einheit der Regenbogennation selbst inzwischen weniger sagen. Offenbar ist es ihr Schicksal, für einige Zeit noch ein unfertiges Projekt zu bleiben. Die Ideale und die Idee, die die Zusammenstellung der Farben symbolisieren, haben zu kämpfen angesichts fortbestehender nationaler Gräben, die sich heute durch Einwanderung und eine schwächelnde Wirtschaft noch verbreitern.

Ein weiteres unfertiges Projekt ist die Entwicklung der in der Mehrzahl relativ jungen afrikanischen Nationalstaaten. Rot, Gold, Grün und Schwarz werden immer dazu beitragen, die Idee der Einheit über den Kontinent hinweg zu propagieren, aber innerhalb der riesigen Landmasse besteht die Realität darin, dass Tausende von Völkern die Identität Dutzender von Staaten aufbauen sollen.

In diesen Wechselspielen von Macht, Politik und ethnischer Zugehörigkeit kommt der Symbolik jeder einzelnen Flagge eine wichtige Rolle zu. Die Herausforderung besteht darin, die Embleme der Souveränität zu festigen. Die neuen Flaggen bieten den Menschen eine Chance, sich damit zu identifizieren, aber ältere Identitäten können und werden stark bleiben.

ACHTES KAPITEL

FLAGGEN DER REVOLUTION

»Ironischerweise verschaffen lateinamerikanische Länder aufgrund ihrer Instabilität Schriftstellern und Intellektuellen die Hoffnung, dass sie gebraucht werden.«

Manuel Puig

Vorhergehende Doppelseite: Die bolivianische Flagge und die Wiphala nebeneinander: Die Wiphala ist in neuerer Zeit zum Symbol für die Rechte der indigenen Völker in der gesamten Andenregion geworden. Der bolivianische Präsident Evo Morales gab 2009 die umstrittene Anweisung, dass vor öffentlichen Gebäuden immer die regenbogenfarbige Wiphala und die bolivianische Trikolore zusammen gehisst werden.

Gondwana hatte nie eine Flagge. Dafür gibt es solide wissenschaftliche Gründe, allen voran den, dass dort keine Menschen herumliefen, die eine hätten herstellen können. Und *Tyrannosaurus rex* kam mangels opponierbarem Daumen nicht in Frage. Ein ebenso guter Grund ist: Sie wäre heute überflüssig, denn der letzte große Superkontinent der Erde fiel vor etwa 180 Millionen Jahren auseinander, so dass wir statt Gondwana, neben anderen Regionen, die Kontinente Afrika und Südamerika haben.

Erst in den 1620ern unserer Zeit, als genauere Karten von den Küsten Westafrikas und der Ostküste Südamerikas verfügbar waren, konnte man feststellen, dass diese beiden Bereiche offenbar wie Puzzlestücke aneinanderpassen. Doch eine breite Anerkennung wurde dieser Annahme erst in den 1960ern zuteil – dank der als Plattentektonik bezeichneten Theorie.

Nach ihrem Auseinanderbrechen hatten die beiden Kontinente wenig miteinander zu tun. Das änderte sich erst, als die Epoche des Kolonialismus und der Sklaverei begann. Von da an wurden beide von Europäern beherrscht und es folgte ein ungeheurer Strom des Menschenhandels von Westafrika nach Südamerika. Als schließlich beide die Ketten des Kolonialismus abwarfen und es um die Frage der Nationalsymbole ging, wählten sie jedoch unterschiedliche Wege.

In Südamerika existieren regionale Gruppierungen von Farben, die für die gemeinsame regionale Geschichte von Bedeutung sind, aber es gibt kein pansüdamerikanisches oder panlateinamerikanisches Farbenset. Außerdem hat man in Lateinamerika verhältnismäßig mehr Flaggen im europäischen Stil, etwa Trikoloren, als in Afrika. Verweise auf alte Kulturen und Völker sind vorhanden, besonders markant auf der mexikanischen Flagge, aber sie sind vereinzelt. Das mag den unterschiedlichen Zeitpunkten geschuldet sein, zu denen die beiden Kontinente kolonialisiert und später dann unabhängig wurden. In Afrika waren die Perioden der vollständigen Okkupation und Kolonialisierung meist kürzer als in den Amerikas, in vielen Fällen umfassten sie keine 100 Jahre. Über solche Zeiträume konnten nicht nur große Teile der einheimischen Kulturen überleben, sondern auch Menschen. Somit war es nur natürlich, dass die Embleme der Besatzer in der postkolonialen Ära verworfen wurden.

Im Gegensatz dazu waren die indigenen Bevölkerungen Lateinamerikas – Azteken, Maya, Inka und so weiter – durch Kriege und Krankheiten, die die Europäer mitgebracht hatten, nahezu ausgelöscht. Viele der Überlebenden zogen sich in abgelegene Gebiete zurück und hatten so wenig Einfluss auf ihre Gesellschaften während der fast drei Jahrhunderte andauernden spanischen, portugiesischen und, in weit geringerem Maß, britischen und französischen Kolonialzeit. Heute beträgt ihr Anteil an der Gesamtbevölkerung von 626 Millionen Menschen keine 10 Prozent.

Daher hatten, als die Bewohner von Lateinamerika begannen, lautstark die Unabhängigkeit zu verlangen, viele von ihnen sprachlich wie kulturell die gleiche Herkunft wie ihre Kolonialherren. Das bedeutete, dass sie weniger psychologische Anreize hatten, die Symbole der alten Ordnung zu verwerfen. Nur wenige holten sich Anregungen von den Kulturen, an deren Unterdrückung sie so massiv beteiligt gewesen waren. Die Amerikanische Revolution hatte gezeigt, dass sich die Nachkommen europäischer Siedler von den europäischen Mächten lossagen und ihre eigenen, neuen Identitäten etablieren konnten. In den Anfangsjahren des 19. Jahrhunderts war die Französische Revolution noch nicht lange vorbei und die lateinamerikanischen Revolutionäre machten sich, wie die meisten Nachkommen der Europäer, die Freiheitsgedanken zu eigen, die die französische Trikolore mittlerweile verkörperte. Außerdem kam ihnen die Instabilität zugute, die Napoleons Marsch durch Europa bewirkt hatte, da er auch die Monarchien erst in Spanien und später in Portugal schwächte.

Die Definitionen von Lateinamerika variieren, der Einfachheit halber verstehe ich darunter die Landmasse, die sich von Mexiko im Norden über 9000 Kilometer bis zur Südspitze von Argentinien erstreckt und auf der die meisten Einwohner Spanisch oder Portugiesisch sprechen.

Kolumbus ging 1498 im heutigen Venezuela an Land, wo ihn der starke Zustrom von Süßwasser im Meer vor der Küste sehr beeindruckte. Er schrieb an seine Gönner, König Ferdinand und Königin Isabella von Spanien, er habe den Himmel auf Erden gefunden:

> »Ich habe nie gelesen oder gehört, dass sich eine derart große Menge Süßwasser im Salzwasser oder überhaupt so dicht bei ihm befindet. Die äußerst milden Temperaturen bekräftigen das gleichfalls. Doch wenn das Wasser, von dem ich spreche, nicht aus dem Paradies strömt, dann handelt es sich um ein noch größeres Wunder, weil ich nicht glaube, dass je jemand gehört hat, dass ein so großer und tiefer Fluss auf Erden existiert.«

Den Spaniern gefiel das und auch die Aussicht, den Rest des Kontinents als zweite Heimat zu bekommen, ziemlich gut. Binnen weniger Dekaden kamen sie in Scharen. Bis 1717 war die gesamte Region um Kolumbus' Ankerplatz Teil des spanischen Reichs und wurde Neugranada genannt. Es entsprach in etwa dem Gebiet, das wir heute als Venezuela, Kolumbien, Panama und Ecuador kennen.

Knapp ein Jahrhundert später betrat Simón Bolívar die Bühne. Er war in der Provinz Venezuela geboren, fuchsteufelswild über das alles und nicht gewillt, den spanischen Kolonialismus und sein Neugranada länger hinzunehmen. 1810 hatten er und eine Militärjunta den spanischen Gouverneur aus der Provinz vertrieben und erklärten im Jahr darauf die Unabhängigkeit von Venezuela. Es folgten zwei stürmische Jahrzehnte, in deren Mittelpunkt Bolívar stand. Nach einigen erstaunlichen Schlachten erreichte er 1819 Bogotá und rief die Republik Kolumbien aus, die das heutige Kolumbien, Panama, Ecuador, Venezuela und kleine Teile von Peru und Brasilien umfasste.

Mittlerweile als Befreier bekannt, ließ er sich kaum Zeit zum Atemholen und machte sich daran, die Spanier nicht nur aus Kolumbien zu vertreiben, sondern aus der gesamten Region. 1822 war seine Republik Wirklichkeit geworden. Um Verwechslungen mit dem heutigen Kolumbien zu vermeiden, bezeichnen Historiker Bolívars Republik als Großkolumbien.

Er wählte als Flagge eine Trikolore mit horizontalen Streifen in Gelb, Blau und Rot. Laut Überlieferung steht das oben befindliche Gelb für den Wohlstand des Landes, das Blau in der Mitte für das Meer, das nun die Republik von Spanien trennte, und das Rot für den Mut und das Blut jener, die gegen die spanische Herrschaft gekämpft hatten. Die Flagge war bereits 1806 von Francisco de Miranda, einem von Bolívars Mitrevolutionären entworfen worden. De Miranda schrieb seine Inspiration zwei Faktoren zu: Zum einen erinnerte er sich an ein Fresko, das er in Italien gesehen hatte und Christoph Kolumbus zeigte, wie er eine gelb-blau-rote Flagge entrollte, als er venezolanischen Boden betrat, zum anderen an eine Unterhaltung mit dem großen deutschen Dichter Johann Wolfgang von Goethe einige Jahrzehnte zuvor.

De Miranda schrieb, Goethe habe, nachdem er von seinen Abenteuern in den Amerikas gehört hatte, zu ihm gesagt: »Ihre Bestimmung ist es, in Ihrem Land eine Flagge zu schaffen, die die Primärfarben nicht verfälscht.« Goethe hatte lange und gründlich über Farben nachgedacht und de Miranda berichtet, Goethe habe ihm bewiesen, »warum Gelb die wärmste Farbe ist, edel und dem Licht am nächsten, warum Blau diese Mischung aus Reiz und Ruhe ist, eine Ferne, die an Schatten erinnert, und warum Rot die Steigerung von Gelb und Blau ist, die Synthese, das Verschwinden des Lichts in den Schatten.« Und dann habe er hinzugefügt: »Der

Weg eines Landes beginnt mit einem Namen und einer Flagge, dann verkörpert es sie, ebenso wie ein Mann seiner Bestimmung folgt.«

Die Völker von Großkolumbien bemühten sich, Stolz auf ihre Flagge zu entwickeln, doch regionale Streitigkeiten und der Ehrgeiz der Anführer erwiesen sich als hinderlich, und da es keine Bindung durch lange bestehende, starke staatliche Einrichtungen gab, begannen die Regionen, ihre eigenen, separaten Wege zu gehen. Als Bolívar in Peru Revolution machte, führte einer seiner venezolanischen Kollegen eine Revolte gegen ihn an. Ähnliche Erhebungen gab es in Ecuador, und nach einem Attentatsversuch erklärte 1830 ein erschöpfter und zunehmend kranker Bolívar seinen Abschied und wollte sich in Europa zur Ruhe setzen. Er kam noch bis zur kolumbianischen Atlantikküste, wo er der Tuberkulose erlag.

Die Flagge von Venezuela zeigt im blauen Streifen acht weiße Sterne, wovon sieben die Provinzen symbolisieren, die am Unabhängigkeitskampf gegen Spanien beteiligt waren. Bolívar wird nach wie vor so sehr verehrt, dass Präsident Hugo Chávez das Land in den 1990ern in Bolivarische Republik Venezuela umbenannte. Und 2006 führte Chávez sogar eine neue Flagge ein, auf der das Wappen zusätzlich Pfeil und Bogen bekam, um die winzige indigene Minderheit des Landes zu symbolisieren. Sie wurde zwar nicht populär, aber sie spiegelte wider, dass in diesem Jahrhundert, im Gegensatz zu Bolívars paternalistischer Haltung gegenüber der indigenen Bevölkerung, vermehrt ein Bewusstsein für den Platz der eingeborenen Völker in den modernen lateinamerikanischen Gesellschaften aufgekommen ist.

Die Flagge von Ecuador zeigt in der Mitte ein großes Wappen, das von einem Kondor, dem Nationalemblem, gehalten wird. 1860 kamen vier Tierkreiszeichen – Widder, Stier, Zwillinge und Krebs – hinzu, um an die vier Monate der Revolution 1845 – März, April, Mai und Juni – zu erinnern, als der spanische General Juan José Flores gestürzt wurde: Ein Ereignis, das typisch für die Geschichte der Republiken ist, die aus der Gewalt geboren wurden und ständig von Politgangstern schlecht regiert werden.

Die eine Tyrannei durch eine andere zu ersetzen, war nicht die ursprüngliche Absicht Simón Bolívars gewesen, aber dann entwickelte er selbst gewisse diktatorische Tendenzen, die mit der Vorliebe einhergingen, frühere Freunde einsperren zu lassen und sich selbst größte Macht zu gewähren. Neben Kolumbus ist Bolívar einer der wenigen Personen, nach denen ein Land benannt wurde – was mehr ist, als Emiliano Zapata, der berühmte mexikanische Revolutionär des 20. Jahrhunderts, geschafft hat. Außerhalb von Mexiko ist er eher für seinen gewaltigen Schnurrbart bekannt als für die Veränderung der Geschichte. Das ist kaum besser als das Schicksal, das dem italienischen Revolutionär Garibaldi widerfuhr, der in Großbritannien als Keks fortlebt.

Die Flagge des nach Bolívar benannten Landes ist Standardkost: eine Trikolore mit waagrechten Streifen in Rot, Gelb und Grün, die nur ein Wappen in der Mitte des gelben Streifens von der Masse unterscheidet. Dieses zeigt gekreuzte Waffen, darüber einen Kondor und im Zentrum ein Tier, das dem ungeübten Auge als Lama erscheint, aber tatsächlich ein Alpaka ist, bekanntermaßen erheblich kleiner als ein Lama.

Interessanter als die Flagge mit dem Alpaka sind die beiden anderen Flaggen, die in Bolivien wehen. Die eine ist die der bolivianischen Marine – weniger wegen ihrer Gestaltung, sondern vielmehr, weil diese Marine im Binnenland Bolivien auf 3800 Meter Höhe in den Anden operiert und die meisten ihrer Seeleute das Meer noch nie gesehen haben. Das geht zurück auf den Vertrag, der 1884 den Salpeterkrieg beendete und mit dem Bolivien knapp 400 Kilometer Küste an Chile abtreten musste, so dass es den Zugang zum Meer verlor.

Den will Bolivien zurückbekommen, nicht bloß, um den chilenischen Witzeleien ein Ende zu machen, mit denen die Nachbarn zum Wochenendpicknick am Strand eingeladen werden, sondern vor allem wegen des damit einhergehenden Auftriebs für das Handelseinkommen und den Nationalstolz. Deshalb halten bolivianische Präsidenten ihre Reden gelegentlich vor dem Hintergrund alter Landkarten, die die ursprünglichen Grenzen zeigen, und die Marineflagge hat einen großen gelben Stern, der den diplomatischen Standpunkt des Landes symbolisiert: Man habe ein Recht auf einen souveränen Zugang zum Meer und nicht nur auf den gegenwärtigen Zugang, den man chilenischer Großzügigkeit verdankt. In der Marine mag es nützlich sein, wenn man den Atem anhalten kann, aber die 5000 bolivianischen Seeleute müssen sich darum nicht kümmern, denn es ist unwahrscheinlich, dass sich die Grenzen in absehbarer Zeit ändern. Außerdem sind sie damit beschäftigt, auf dem Titicacasee und 8000 schiffbaren Flusskilometern zu patrouillieren.

Die andere interessante Flagge im Land ist die Wiphala, die zum zweiten Nationalemblem geworden ist, aber auch zum Symbol der indigenen Andenvölker in Ecuador, Peru, Bolivien und Chile. Es handelt sich um eine quadratische Flagge, die 49 Quadrate in Weiß und den sechs Farben des Regenbogens enthält. Der Begriff Wiphala kommt aus der Sprache der Aymara, wo er einfach »Flagge« bedeutet. Es gibt viele Diskussionen über die Herkunft dieser Flagge und ob die Farben auf das Inkareich verweisen. Unterm Strich steht fest, dass Variationen von ihr heute die indigenen Völker repräsentieren und sie in den letzten Jahrzehnten zunehmend populär geworden sind, weil diese Menschen sich stärker politisch organisieren.

Als Präsident Evo Morales, der aus einer Aymara sprechenden Familie stammt, 2009 verfügte, dass die Wiphala neben der rot-gelb-grünen Nationalflagge auf allen öffentlichen Plätzen und Gebäuden, darunter auch Schulen, gehisst wird, kam das in Teilen Ostboliviens, wo die Mehrheit der Bevölkerung keine indigenen Wurzeln hat, nicht allzu gut an. Der Erlass wurde an manchen Orten ignoriert. Diejenigen, die gegen die Wiphala sind, befürchten, dass sie letztlich an Stelle der Trikolore als Nationalflagge eingeführt werden soll und/oder Spaltungen zwischen Ethnien und

Klassen befördert. Die Befürworter sagen beschwichtigend, dass sie nur eine Minderheit der Dutzenden von verschiedenen Kulturen repräsentiere und dass genau jene Unterschiede berücksichtigt wurden, als Morales den Landesnamen in Plurinationaler Staat Bolivien änderte.

Für die Aymara ist die Flagge zum einen ein Bekenntnis zu ihrer schweren Geschichte, zum anderen messen sie ihren Farben auch bestimmte Bedeutungen zu: Gelb steht für Energie, Weiß für Zeit, Grün für Natur, Blau für den Himmel, Orange ist ein Ausdruck der Gesellschaft, Violett eine Farbe der gesamten Anden und Rot repräsentiert den Planeten Erde. Archäologen mutmaßen, dass die moderne vielfarbige Flagge von uralten Symbolen abgeleitet wurde, aber dafür gibt es keine belastbaren Beweise. Auf alle Fälle aber ist sie mittlerweile in der gesamten Region etabliert.

Die einzige Nationalflagge, die die Ikonographie indigener Völker einbezieht, ist weiter nördlich, in Mexiko zu finden. Oft heißt es, die mexikanische Flagge sehe wie die italienische aus. Das ist allerdings nicht ganz fair, denn die vertikalen Streifen in Grün, Weiß und Rot standen bereits mehrere Jahrzehnte für Mexiko, als sich Italien überhaupt erst formierte. Trotzdem wurde die derzeit offizielle Version 1968 eingeführt, weil Mexiko in jenem Jahr Gastgeber der Olympischen Spiele war und man Verwechslungen zwischen den beiden verhindern wollte. Deshalb wurde angeordnet, dass bei der mexikanischen Flagge immer ein Adler im weißen Band in der Mitte zu stehen habe (und nicht nach Belieben weggelassen werden dürfe, wie das zuvor Tradition war). Der Adler sitzt auf einem Kaktus, der inmitten eines Sees wächst, und in seinem Schnabel trägt er eine Schlange. Dahinter verbirgt sich eine dieser großartigen »Geburt-der-Nation«-Geschichten.

Der Name Mexiko stammt vom aztekischen oder Nahuatl-Wort *metzlixcictlico* (so die übliche Form). Die Azteken, die sich auch Mexihcah nannten, kamen im 13. Jahrhundert in das Gebiet, das wir heute als Tal von Mexiko bezeichnen. Der Legende zufolge hatten die aztekischen Priester gesagt, ihr Gott habe befohlen, sich einen neuen Ort zum Leben zu suchen. Sie würden erkennen, wenn sie ihn erreicht hätten, weil sie dort einen riesigen Adler auf einem Kaktus stehend anträfen. Und siehe da, da war er: auf einem Kaktus, auf einem Felsen auf einer Insel, in einem See.

Ab hier wird es ein bisschen komplizierter, denn die Einheimischen nannten den See *metztli iapan*, »Mondsee«. Die Insel dürfte aber, so nehmen Etymologen an, *metztli iapan ixic* genannt worden sein, was dann, um einen langen Begriff und eine lange Geschichte abzukürzen, wohl zu »Mexic-co« geworden ist. Das KÖNNTE ist dabei offenkundig ziemlich groß, aber egal wie es war, es ist nicht vorstellbar, dass die Spanier, die 300 Jahre später kamen, sich darum kümmerten, was die Originalversion war.

Und mit Sicherheit waren sie nicht begeistert von der Geschichte von dem Adler und dem Kaktus, weil sie ihrem katholischen Geschmack nicht entsprach – und zwar so wenig, dass sie sich daranmachten, viele der aztekischen Darstellungen, die sie zeigten, zu zerstören. Aus Dokumenten von Dr. Juan de Palafox y Mendoza, der 1642 als spanischer Vizekönig amtierte, geht hervor, dass er den Oberen in Mexiko-Stadt wütende Briefe schrieb und verlangte, Darstellungen des Adlers zu entfernen und durch christliche Bilder zu ersetzen. Trotzdem landete der Adler Anfang des 19. Jahrhunderts auf einigen der revolutionären Flaggen in Mexiko, was die Macht der Legende und ihres Symbols beweist. Seinen Platz in der nationalen Ikonografie bezeugt auch die Mischkultur, die sich in diesem Teil der Neuen Welt gebildet hatte: Um sich von Spanien abzusetzen, griffen die Mexikaner zurück auf die Geschichte der Region. Das Volk, das sie ursprünglich repräsentierte, ist zwar Geschichte geworden (obwohl es nach wie vor Menschen in der Region gibt, die Nahuatl sprechen), doch das uralte aztekische Symbol ist geblieben und steht mitten auf der Flagge. Ohne Frage sind die indigenen Kulturen sowohl unterdrückt als auch verwässert worden, aber auch Kolonialisten kommen nicht darum herum, Elemente lokaler Kulturen aufzunehmen.

Der mexikanische Unabhängigkeitskrieg gegen Spanien (1810–

1821) wurde von verschiedenen Gruppen mit unterschiedlichen Bannern geführt, doch dann fanden sie als Armee der drei Garantien zusammen und kämpften unter einer Trikolore in Grün, Weiß und Rot. Diese war die Basis der Nationalflagge, die 1821 entworfen wurde und 1822, als sie erstmals wehte, den Adler zeigte. Der vorläufige Regierungsrat hatte ein Dekret veröffentlicht, das festsetzte, die Flagge solle »dreifarbig sein und für immer die vertikal angeordneten Farben Grün, Weiß und Rot annehmen, mit dem gekrönten Adler im Zentrum des weißen Streifens«. Der wichtigste Militärführer, Agustín de Iturbide, nahm das mit dem »gekrönt« so ernst, dass er sich im Mai 1822 als Augustin I. zum Kaiser von Mexiko erklärte und daranmachte, ein Reich zu schaffen.

Doch in diesen turbulenten Revolutionszeiten bestand sein »Reich« nur ganze zehn Monate, dann musste er nach Europa fliehen. Das Reich wurde aufgelöst und die Krone des Adlers musste gleichfalls weichen. Als Agustín 1824 aus England zurückkehrte, hatte der Adler nichts auf dem Kopf und dafür eine Schlange in der rechten Kralle. Unglückseligerweise hatte Agustín das Memorandum nicht erhalten, in dem stand, dass er in Abwesenheit zum Tode verurteilt worden war. Bei seiner Rückkehr wurde er umgehend an die Wand gestellt und von einem Hinrichtungskommando erschossen.

Die Fahne mit ihren drei Streifen in Grün, Weiß und Rot blieb jedoch bestehen. Allerdings unterlag sie mehreren Änderungen – beispielsweise wurden ein Lorbeerkranz und Bänder in den Nationalfarben hinzugefügt, und der Adler wirkte, abhängig davon, welcher Führer gerade das Sagen hatte, eher imperial oder neoimperial. Jedenfalls sah er selten so aus, als würde er für eine demokratische Republik stehen, die Mexiko ja sein sollte. Das änderte sich 1916, als Präsident Venustiano Carranza im Gefolge einer weiteren Revolution um eine Flagge bat, die weniger nach etwas aussah, das sich an der Spitze einer römischen Standarte befinden könnte. Er entschied sich für den »aztekischen Adler«, der im Profil zu sehen ist und auf die Schlange einhackt, die er in den

Krallen trägt – ein Symbol, das eindeutig die Nation gegen das Böse verteidigt. Zugegebenermaßen war der Vogel immer noch ein wenig furchteinflößend, aber das war in Ordnung, denn nun starrte er nicht mehr, wie unter dem früheren Präsidenten, den Betrachter hochnäsig an, als wolle er klarstellen: »Hier habe ich das Sagen«.

Zur Bedeutung der Farben der Bandera de México gab es zu den verschiedenen Zeiten viele Interpretationen, doch der weltweit anerkannte Doyen der Vexillologen, Dr. Whitney Smith, hielt 1975 fest: »Grün soll die Unabhängigkeit bedeuten, Weiß die Reinheit der Religion und Rot (die spanische Nationalfarbe) die Einheit.«

In vielerlei Hinsicht ist das heute nicht mehr von Belang, weil sie zusammen mit dem Wappen zum Symbol eines modernen Mexiko geworden ist, einem aufsteigenden Staat mit 125 Millionen Einwohnern, der neben dem portugiesischsprachigen Brasilien Lateinamerika dominiert. Dieser Staat ist nach wie vor schwach und Armut weit verbreitet, doch die Wirtschaft wächst seit Jahren, was sich zum Teil niedrigen Produktionskosten verdankt, mit denen manchmal sogar noch China unterboten wird. Trotz der unzähligen Probleme, nicht zuletzt dem Problem, dass der Arm der Drogenbanden bis in staatliche Institutionen reicht, ist Mexiko ein Land, das zunehmend an Selbstbewusstsein gewinnt und eine sehr stolze Bevölkerung hat. In Mexiko bildet, wie in ganz Lateinamerika, die Befreiung von der Kolonialherrschaft eine entscheidende Gründungsgeschichte, und die Revolution gegen Spanien ist eine wesentliche Quelle des Nationalstolzes, der mit Grün, Weiß und Rot am Unabhängigkeitstag landauf, landab gezeigt wird.

Südlich von Mexiko liegen die sieben weit kleineren Staaten Zentralamerikas, und hier finden wir unser zweites Set überregionaler Farben. Blau und Weiß waren die Farben der kurzlebigen Bundesrepublik von Zentralamerika, die die heutigen Staaten Guatemala, Honduras, El Salvador, Costa Rica und Nicaragua umfasste. Nachdem sie sich 1821 von Spanien unabhängig erklärt hatte, war die Republik nicht allzu scharf darauf, Teil des ersten mexikanischen Kaiserreichs zu werden, das im selben Jahr ausgerufen wurde. Also erhoben einige Länder die Waffen.

Nach dem unglückseligen Ende von Agustín de Iturbide schlug das Reich nicht zurück und Mexiko ließ die Region ihren eigenen Weg gehen; entsprechend wurde 1823 ein souveräner Staat namens »Vereinigte Provinzen von Zentralamerika« gegründet. Als Flagge wählte man blau-weiß-blaue horizontale Streifen mit einem Wappen auf dem mittleren weißen Streifen, das aus einem Kreis bestand, der von den Worten *Provincias Unidas del Centro de América* umgeben war. Im Kreis befanden sich fünf Berge, die die fünf Regionen repräsentierten, die den Staat bildeten. Im Jahr darauf, als das Land zur Republik wurde, wurde aus dem Kreis ein Oval und der Text in *República Federal de Centro América* geändert.

Das Vorbild für die Flagge in Blau und Weiß stammte wohl aus Argentinien, wo Revolutionäre schon seit 1810 ähnliche Farben benutzten. Einige von ihnen, so heißt es, zeigten eine ihrer Flaggen Milizen aus El Salvador, die sich bildeten, um gegen Mexiko zu kämpfen. Im Lauf der Zeit hieß es aber auch, der weiße Streifen repräsentiere das Land und die beiden blauen den Atlantik und den Pazifik zu beiden Seiten davon.

Die gemeinsame Sache, die die fünf Regionen verband, war einzig der Widerstand erst gegen die spanische und dann gegen die mexikanische Herrschaft. Ohne diesen Einigungsgrund wurden die politischen und geografischen Unterschiede zwischen ihnen und den Parteien in den einzelnen Ländern immer deutlicher. Nach Jahren der Instabilität war Nicaragua 1838 des erste Land, das die Föderation verließ, und bis 1840 war sie zerfallen. Die Folge waren fünf unabhängige, aber instabile und von Armut geschlagene souveräne Staaten, von denen jeder eine Flagge benötigte. Alle bezogen sich dabei auf die gemeinsame Geschichte und verwiesen auf die Möglichkeit einer künftigen Wiedervereinigung.

Die Flagge von Nicaragua etwa ist nahezu eine direkte Kopie jener der Bundesrepublik, außer dass die beiden blauen Streifen etwas dunkler sind. Das Wappen im mittleren weißen Streifen zeigt die fünf Berge und ist von den Worten *República de Nicaragua América Central* umgeben. Die Flagge von El Salvador ist auch ähnlich, aber El Salvadors Wappen besteht aus einem Dreieck, das die fünf Berge enthält und hinter dem sich fünf blau-weiße Flaggen befinden. Honduras hat ebenfalls horizontale Streifen in Blau und Weiß, aber statt der Berge fünf Sterne im weißen Streifen. Auch die Flagge von Guatemala ist blau und weiß, aber die Streifen verlaufen senkrecht, und mittig im weißen Streifen stehen gekreuzte Schwerter und Gewehre mit Bajonetten. Anfangs hatte Costa Rica auch die Kombination Blau-Weiß-Blau, aber 1848 gestaltete man, angeregt von den republikanischen Revolutionen in Frankreich und vielen anderen europäischen Ländern, das nationale Symbol um und fügte in der Mitte einen roten Streifen hinzu, so dass sich fünf Streifen ergaben, die auf die früheren fünf Provinzen verweisen. Ganz oben im Wappen ist *América Central* zu lesen, ein weiteres Zeichen, dass man hofft, die fünf Länder werden sich eines Tages wieder vereinigen.

Verschiedene Versuche genau dazu wurden im 19. und Anfang des 20. Jahrhunderts gemacht. Sie alle blieben erfolglos und manche endeten mit Feuergefechten. Während ihrer fast zweihundertjährigen Unabhängigkeit haben die zentralamerikanischen Staaten zahllose Diktatoren, Kriege, Revolutionen, Staatsstreiche, nichtdemokratische Demokratien und atemberaubende Ausmaße an Korruption erlebt. Diese Erfahrungen, insbesondere letztere, teilen sie mit ganz Lateinamerika. Solange das Maß an Korruption nicht die Grenze des Erträglichen überschreitet, zucken viele der insgesamt 626 Millionen Einwohner nur mit den Achseln. Die Brasilianer haben sogar eine entsprechende Redensart – *rouba, mas faz* –, die bedeutet, »er stiehlt, aber er tut etwas«.

Doch alles in allem wurden manche demokratischen Ideale der ursprünglichen Revolutionsjahre in diesem Jahrhundert in Zentralamerika und seinen nördlichen und südlichen Nachbarstaaten gestärkt. Die Generäle sind überwiegend in ihren Kasernen geblieben und die Richterschaft arbeitet daran, die politische Klasse zu überwachen und auszubalancieren. Die relative Stabilität hat die Bildung mehrerer multinationaler regionaler Verbindungen ermöglicht: beispielsweise gibt es eine Freihandelszone, ein ökonomisches »Integrationssystem«, ein Zentralamerikanisches Parlament (mit einer eigenen, vertraut aussehenden Flagge) und sogar ein Gebiet ohne Grenzkontrollen beim Personenverkehr. An allen diesen Einrichtungen sind mehrere oder alle der früheren Mitglieder der Konföderation beteiligt, manche schließen auch Nachbarn ein. Trotzdem besteht wohl kaum die Notwendigkeit, die alten Flaggen von 1823 und 1824 aus dem Schrank zu holen. Doch die Idee lebt weiter und wird in den Flaggen der früheren Mitglieder für alle immer wieder sichtbar gemacht.

Direkt südlich der fünf Flaggen gibt es eine Flagge, die auf der gesamten Welt höchst beliebt und aus einer Reihe von Gründen vorteilhaft ist – jedenfalls für Leute, die große Schiffe besitzen. Auf sie wurde wohl die Bezeichnung »Flag of Convenience«, Billigflagge, gemünzt.

Obwohl das Land nur knapp 4 Millionen Einwohner hat, kann sich Panama der größten Handelsflotte der Welt rühmen. Die Regierung von Panama räumt selbst ein, dass »rund 23 Prozent der Schiffe weltweit unter panamaischer Flagge fahren«. Das ist so, weil der berühmte, rund 80 Kilometer lange Kanal, der eine fantastische Abkürzung zwischen Atlantik und Pazifik darstellt, zum Land gehört; im Jahr 2016 präsentierten die Behörden ein fünf Milliarden Dollar teures Upgrade der Wasserstraße mit immer längeren und tieferen Schleusen, um größere und schwerere Schiffe aufzunehmen. Dies geschah zum Teil, um den Anforderungen der modernen Schifffahrt gerecht zu werden, aber auch, um das chinesische Projekt zum Bau eines rivalisierenden Kanals durch Nicaragua abzuwenden. Und das neue und verbesserte Produkt ist für den durchschnittlichen Schifffahrtsmagnaten nach wie vor genauso attraktiv wie einige der am wenigsten strengen Schifffahrtsgesetze der Welt.

Die Regierung von Panama wirbt mit den Vorteilen dieser Gesetzeslage: »Die panamaischen Gesetze verlangen nicht, dass der Eigner, ob Privatperson oder juristische Person, panamaischer Staatsangehöriger ist.« Zudem gibt es keine Beschränkungen beim Registrieren oder Bemannen des Schiffs, und hier spielt ausnahmsweise auch die Größe keine Rolle – ob groß oder klein, eine Mindesttonnage wird nicht verlangt. Noch besser ist, dass man 20 Prozent Rabatt erhält, wenn man fünf bis 15 Schiffe registriert. Aber das ist nicht alles: Man kann sein Schiff nicht nur binnen acht Stunden registrieren, sondern es gilt auch: »Einkünfte aus dem internationalen Seehandel durch Handelsschiffe, die in Panama registriert sind, sind von der Steuer ausgenommen … Des Weiteren unterliegt der Erlös durch Verkauf oder Übertragung eines in Panama registrierten Schiffs selbst dann nicht der Kapitalertragssteuer, wenn die Transaktion in Panama durchgeführt wird.« Das wird noch getoppt dadurch, dass Panama private bewaffnete Sicherheitsleute an Bord erlaubt und die Kapitäne (das ist das Sahnehäubchen) aufgrund des panamaischen Gesetzes Nr. 57 vom 6. August 2008 auf hoher See zivile Trauungen zwischen Angehörigen jedweder Nation durchführen dürfen.

All dies und noch mehr wird geboten. Und für den Papierkram muss man sich nicht einmal nach Panama begeben. Kein Wunder, dass mehr als 8000 Schiffe weltweit unter der stolzen rot-weiß-blauen Flagge von Panama fahren. Das sind mehr als in den USA und China zusammen registriert sind, und als solche bescheren sie der Wirtschaft von Panama jährlich Hunderte Millionen Dollar. Während die Welt weiß, dass diese fragwürdige Laxheit auf See zahllose Sünden abdeckt, akzeptieren Großkapital und Regierungen, dass dieses System den Handelsfluss unterstützt.

Dieses System heißt »offenes Register« oder abschätziger »Billigflagge«. Schiffe wurden ab 1920, nur sechs Jahre nach der Eröffnung des Kanals, in Panama registriert, als einige amerikanische Unternehmer erkannten, dass sie so vielleicht die Prohibitionsgesetze umgehen konnten.

Die Amerikaner haben eine gewisse Vorgeschichte im Land:

Von 1821 bis 1903 war Panama Teil von Kolumbien, in dessen verschiedenen Formen, aber 1903 war es auch der Teil von Kolumbien, der zu den USA sagte: »Ein Kanal? Welch großartige Idee!« Allerdings hatte die Regierung von Kolumbien hierzu Nein gesagt. Also unterstützten die Amerikaner eine Revolution in Panama, die schnell zur Unabhängigkeit führte. Die Bauarbeiten am Kanal begannen sofort und wurden von den USA finanziert, die vom Handelsweg in den Pazifik profitieren wollten.

Panama hatte die überwiegende Zeit des Jahrhunderts zuvor versucht, sich von Kolumbien abzuspalten, daher waren die Beziehungen zu den USA gut. Es ist nicht bewiesen, dass dies der Grund ist, warum die Flagge von Panama eine vage Verbeugung in Richtung Stars and Stripes aufweist, aber ich würde dies nicht ausschließen. Die Gestaltung mit vier Rechtecken und zwei Sternen gleicht keiner anderen Nationalflagge in Lateinamerika. Entworfen wurde sie von dem Revolutionsführer Manuel Amador Guerrero, der 1904 zum ersten Präsidenten des gerade unabhängig gewordenen Landes wurde. Genäht wurde sie heimlich von seiner Frau María Ossa de Amador, während Panama noch zu Kolumbien gehörte. Links oben auf der Flagge befindet sich ein weißes Rechteck mit einem fünfzackigen blauen Stern, rechts daneben ein schlichtes rotes Rechteck. Unter ihm steht wieder ein weißes Rechteck, diesmal mit einem roten Stern, und links daneben ein schlichtes blaues Rechteck. Rot und Blau entsprechen den traditionellen politischen Parteien des Landes, den Konservativen und den Liberalen. Weiß steht für friedliche Beziehungen zwischen ihnen. Blau symbolisiert auch die Meere zu beiden Seiten des Landes und Rot das Blut der Patrioten. Die Flagge wurde 1903 entworfen und angenommen, am 20. Dezember jenes Jahres auch mit einer religiösen Zeremonie getauft und ist seither unverändert geblieben.

Panama war nun ein souveräner Staat, aber der Kanal selbst und zwei acht Kilometer breite Streifen rechts und links davon wurden zum »nicht eingeschlossenen Gebiet« der USA – unter Kontrolle der USA, aber nicht Teil von ihnen. Panama gewährte den Amerikanern diesen Status »auf Dauer«. Doch in den 1950ern waren die zunehmend als imperialistisch wahrgenommenen »Yankees« deutlich weniger beliebt und Flaggen wurden, als Repräsentanten der Souveränität, zur zentralen Angelegenheit auf dem Gebiet, das zum Schlachtfeld werden sollte.

Im Mai 1958 starben neun Menschen bei antiamerikanischen Ausschreitungen. Im Jahr darauf drohten Nationalisten mit einer »friedlichen Invasion« der Kanalzone, um die Flagge von Panama neben den Stars and Stripes zu hissen und die Souveränität über das Gebiet zu erklären. Mehrere Hundert Menschen durchbrachen die Stacheldrahtabsperrungen und verschafften sich gewaltsam Zutritt zu der Zone. Dort stießen sie mit Sicherheitskräften zusammen. Einem zweiten Versuch stellten sich die Nationalgarde und US-Truppen entgegen. Darauf wurden Gebäude der US-Regierung angegriffen und die amerikanische Flagge von der Residenz des Botschafters heruntergerissen.

In Washington brach eine heftige Debatte aus, nachdem bekannt geworden war, dass das Außenministerium zu Zugeständnissen bereit war und erlauben wollte, dass die Flagge von Panama gehisst wurde. In einem persönlichen Brief an Präsident Eisenhower stellte der Kongressabgeordnete Daniel J. Flood aus Pennsylvania im Dezember 1959 die Angelegenheit mit nahezu apokalyptischen Worten dar:

> »Des Weiteren wird sich, wenn die Flagge von Panama je offiziell in der Kanalzone weht, eine wahre Büchse der Pandora mit Kontroversen, Konflikten und Chaos öffnen. Die Extremisten, die den panamaischen Mob zu Gewalt angestachelt haben und damit die Außenpolitik von Panama bestimmen, haben als unmittelbares Ziel eine Dualität bei der Kontrolle, die die großen Führer zu Beginn des Jahrhunderts für immer abgewendet zu haben glaubten. Das endgültige Ziel ist die Verstaatlichung durch Panama.«

Egal, ob seine Motive richtig oder falsch waren, in gewisser Hinsicht hatte er recht, vor allem im Hinblick auf Dualität und Verstaatlichung.

Die Spannungen waren 1960 immer noch groß, und die USA hatten einen Zaun errichtet, um die Grenze zur Kanalzone zu schließen. Eine weitere »Invasion« war geplant, aber das Außenministerium behielt die Oberhand und die Aktion wurde abgesagt, nachdem Washington bekannt gab, dass man an einer bestimmten Stelle das Hissen einer einzelnen panamaischen Flagge neben der US-Flagge zulassen würde.

Die Zeremonie im September jenes Jahres lief nicht gut. Präsident Ernesto de la Guardia fragte offiziell an, ob er persönlich die Flagge hissen könne, um so die »nominelle« Souveränität Panamas über die Zone zu dokumentieren. Die Amerikaner verweigerten dies offiziell. De la Guardia boykottierte daher das Ereignis und schloss alle amerikanischen Offiziellen außer dem US-Botschafter und seinen leitenden Beratern vom anschließenden Empfang beim Präsidenten aus. Kein Vertreter der Kanalzone war eingeladen. Die deutliche Botschaft lautete, dass die Angelegenheit ganz und gar nicht erledigt sei.

Dreieinhalb Jahre später, am 9. Januar 1964, marschierte eine Gruppe von 200 Schülern und Studenten mit der panamaischen Flagge in die Zone. Sie trafen auf einige amerikanische Teenager, die dabei waren, die Stars and Stripes auf ihrem Schulgelände zu hissen. Von den 36 000 Amerikanern, die in Panama lebten, eilten mehrere Hundert zum Ort des Geschehens, und im nachfolgenden Gerangel wurde die Flagge von Panama zerrissen.

Das war der Zündfunke. Tausende Panamaer versammelten sich am Grenzzaun und stürmten ihn schließlich. Die Unruhen dauerten drei Tage an. Das Ergebnis waren mehr als zwanzig Tote, Hunderte Verletzte und ein Sachschaden von über 2 Millionen Dollar. Die diplomatischen Beziehungen wurden abgebrochen und ruhten drei Monate. Dann wurden sie wieder aufgenommen, und die Kontroverse führte zu mehrjährigen Neuverhandlungen der Frage der Hoheitsrechte. Die Kanalzone wurde 1979 abgeschafft und der Kanal bis zum 31. Dezember 1999 gemeinsam verwaltet, danach ging die Hoheitsgewalt komplett an Panama. Der Kongressabgeordnete Daniel J. Flood hatte recht behalten. Der 9. Januar gilt in Panama als Tag der Märtyrer.

Eine Flagge, die von der Gestaltung her weniger interessant ist, ist die von Peru. Da sie aus stinknormalen, vertikalen roten und weißen Streifen besteht, verdient sie nur Erwähnung, weil das wohl coolste Fußballtrikot das war, das die Nationalmannschaft von Peru bei der WM-Endrunde 1970 in Mexiko trug. Ausgehend von der Flagge, waren die Hosen und die Strümpfe leuchtend weiß, ebenso das kurzärmlige Hemd, allerdings befand sich darauf ein diagonaler hochroter Streifen, nicht unähnlich der Schärpe des Diktators einer Bananenrepublik. Das Trikot war auch ohne Fußballer drin eine Siegermedaille wert.

Ein weiterer Grund, sich mit der peruanischen Flagge zu beschäftigen, ist die Diskussion, ob es richtig oder falsch, ehrerbietig oder geschmacklos ist, nackt auf der eigenen Landesflagge zu sitzen, die als Sattel auf einem Pferd dient. Unbeabsichtigt stellte das peruanische Model Leysi Suárez 2008 die peruanischen Flaggengesetze auf die Probe, indem es genau so etwas für eine Fotostrecke tat. Das Ausmaß an peruanischer Empörung wurde wahrscheinlich nur durch das Ausmaß an peruanischem Voyeurismus wettgemacht. Doch dann bestieg der Verteidigungsminister persönlich ein hohes Ross und schäumte, die Dame würde wegen Flaggenschändung angeklagt, wofür vier Jahre Gefängnis drin seien. Der Fall zog sich über zwei Jahre hin, ehe er 2010 geschlossen wurde – nicht ohne dass er zur Erheiterung der Nation beigetragen hatte. In Peru nimmt man bei angeblichen Schändungen der Nationalflagge nicht übertrieben Anstoß, aber hier handelte es sich um eine besonders unterhaltsame Episode, drehte sie sich doch um ein Model, ein Pferd und einen karrierebewussten Politiker.

Heben wir unsere Augen von der Gosse hinauf zum Himmel

und zur argentinischen Flagge. Der erste Name, der einem dabei einfällt, ist Lesern in Argentinien und Großbritannien vertraut, denen anderswo vielleicht nicht so sehr – Manuel Belgrano. Während nach Simon Bolívar ein Land benannt wurde, endete ›General Belgrano‹ als Name eines Leichten Kreuzers der argentinischen Marine, der im Krieg um die Falklandinseln/Malwinen 1982 von einem britischen U-Boot versenkt wurde.

Anno 1819 führte Belgrano hingegen eine Massendemonstration gegen die Spanier in Buenos Aires an. Viele Demonstranten trugen hellblau-weiße Kokarden an ihren Hüten. Dies waren die Farben der Legion Patricia, einer Militäreinheit, die gebildet worden war, um ein paar Jahre zuvor eine britische Invasion zurückzuschlagen. Das gelang, und zwar ohne irgendwelche Unterstützung des spanischen Vizekönigs, der geflohen war.

Warum Blau und Weiß? Die romantische Erklärung lautet, dass Blau für den Himmel und den Río de la Plata steht und Weiß für Silber. Die ersten Konquistadoren hatten das Gebiet Argentinien genannt, nach *argentum*, dem lateinischen Wort für Silber, weil sie glaubten, in dieser Region fänden sich ungeheure Mengen dieses Metalls. Hinsichtlich Bolivien und Peru lagen sie richtig, aber in Argentinien wurden sie, abgesehen von einigen spektakulären Funden, überwiegend enttäuscht. Dessen Silberbergwerke hoben erst in diesem Jahrhundert wirklich ab. Wahr oder nicht, die Teilnehmer der Demonstrationen brauchten Farben, mit denen sie sich vom spanischen Rot und Gelb absetzen konnten.

Der Legende nach brach bei einer Demonstration im Mai an einem trüben Tag plötzlich die Sonne zwischen den Wolken hervor. Dies wurde als gutes Omen gewertet – und wurde später zum Nationalsymbol. In der Tat erwiesen sich die Demonstrationen als erfolgreich: Der spanische Vizekönig musste die Bildung einer Lokalregierung zulassen, und die Aufstände gipfelten schließlich im Ende der spanischen Herrschaft in der Region, die damals als Vizekönigreich des Río de la Plata bekannt war und die heutigen Länder Argentinien, Uruguay, Paraguay und Bolivien umfasste.

Als es um den Entwurf einer Flagge des späteren Argentinien ging, nahm sich Belgrano das helle Blau des Himmels und das Weiß der Kokarden zum Vorbild für seine horizontalen Streifen in Blau-Weiß-Blau. Die völlige Unabhängigkeit war 1816 erklärt worden, und die *Sol del Mayo* (Maisonne) mit einem menschlichen Gesicht wurde 1818 auf dem mittleren Streifen hinzugefügt. Das Gesicht der Sonne ist ziemlich rätselhaft, manchen mag es gelassen erscheinen, anderen emotionslos. Ich finde, es sieht aus wie Thomas, die kleine Lokomotive. Argentinien feiert jedes Jahr im Juni eine Flaggenwoche. Höhepunkt der Ereignisse ist der 20. Juni, der Jahrestag von Belgranos Tod 1820.

Die Argentinier nehmen die britische Flagge und die der Falklandinseln fast genauso ernst wie ihre eigene. Das resultiert überwiegend aus dem Streit der beiden Länder um die Falklandinseln/Malwinen. Nach einem kurzen Krieg um die britische Herrschaft 1982 köcheln die Spannungen immer noch. Die Falklandflagge (die den Union Jack enthält) wird von Argentinien heute als politische und ökonomische Waffe eingesetzt. 2011 überredete Argentinien seine südamerikanischen Nachbarn, ihre Häfen für Schiffe mit der Falklandflagge zu sperren, und drohte, keine Geschäfte mit Unternehmen einzugehen, die sich an der britischen Suche nach Öl vor den Inseln beteiligen.

Ihnen ist vielleicht aufgefallen, dass Uruguay, dessen Flagge blaue und weiße Streifen hat, ebenfalls eine Maisonne zeigt, die der von Argentinien sehr ähnlich ist. Dies spiegelt die gemeinsame Geschichte der beiden Länder wider. Auch das heutige Uruguay war Teil der von Spanien beherrschten Region Río de la Plata und es beteiligte sich gleichfalls an den Aufständen von 1810 und in den folgenden Jahren. Dann löste es sich allerdings ab. Als souveräner Staat wurde es jedoch erst 1828 von seinen riesigen Nachbarn Brasilien und Argentinien anerkannt. Zu dem Zeitpunkt bestanden bereits Varianten der Flagge, die wir heute kennen. Die Maisonne bezieht sich auf die ursprünglichen Erhebungen, kennzeichnet aber auch die Geburt einer neuen Nation, während die neun Streifen in Weiß und Blau für die neun ursprünglichen Provinzen von Uruguay stehen.

Wenden wir uns zum Schluss der Flagge zu, die wahrscheinlich die bekannteste und weltweit beliebteste des Kontinents ist – der von Brasilien. Ihr leuchtendes Grün und Gelb wurden von Millionen in Form des Trikots der brasilianischen Fußballnationalmannschaft als modisches Outfit übernommen. Das und der oft ausgelassene Spielstil haben das Team und seine Farben bei Hunderten von Millionen rund um die Welt populär gemacht.

Die heutige Flagge sieht nicht so aus wie jene, unter der Brasilien 1822 erfolgreich für seine Unabhängigkeit von Portugal gekämpft hat, aber sie ist ihr ähnlich. Im Vorfeld der Unabhängigkeit lassen sich Hinweise finden, warum die Flagge diese Farben hat. Der portugiesische Prinzregent Johann (Dom João, später König Johann VI.) war 1807 angesichts der drohenden Besetzung Portugals durch Napoleon nach Brasilien geflohen und hatte seinen Regierungssitz in Rio de Janeiro errichtet. Johann entstammte dem Haus Braganza und sein Sohn Pedro (Peter) heiratete Leopoldine von Österreich aus dem Hause Habsburg – ein Detail, das für die Geschichte der Flagge wichtig werden sollte.

Johann kehrte 1821 nach Portugal zurück, um die politische Krise dort zu beenden. Brasilien war mittlerweile Teil des »Vereinigten Königreichs von Portugal, Brasilien und den Algarven« und hatte als solcher den gleichen Status wie Portugal. Johann ließ seinen Sohn und Erben Pedro als Prinzregenten in Brasilien zurück.

Aufgrund verschiedener politischer Machenschaften in Lissabon stuften die portugiesischen »Cortes«, eine Art von Parlament in den Kinderschuhen, die gegenüber dem Königshaus ein wenig hochnäsig geworden waren, den Status von Brasilien wieder auf den einer Kolonie zurück, so dass Pedro eher der Gouverneur der Provinz von Rio de Janeiro war und nicht viel sonst. Die Cortes verlangten auch seine Rückkehr nach Portugal, weil sie befürchteten, er könnte sich an die Spitze einer Unabhängigkeitsbewegung setzen. Was genau er natürlich tat.

Es folgten eine Reihe von epochalen Ereignissen und Reden, die in Brasilien so bekannt sind wie beispielsweise Lincolns Gettysburg Address in den USA oder Churchills »Wir werden uns nie ergeben« im Vereinigten Königreich. Im September 1822 wies Pedro ein Ultimatum aus Portugal zurück und beschritt den Weg zur Unabhängigkeit. Vater Belchior Pinheiro de Oliveira, einer seiner Weggenossen, war Augenzeuge und beschrieb diesen Moment:

> »Von mir … und anderen begleitet, ging Dom Pedro schweigend zu unseren Pferden am Rande der Straße. Plötzlich blieb er in der Mitte der Straße stehen und sagte zu mir: ›Vater Belchior, sie verlangten danach, und sie werden es bekommen … Von nun an sind unsere Beziehungen abgebrochen … Ich wünsche nichts mehr von der portugiesischen Regierung, und ich proklamiere Brasilien für immer von Portugal losgelöst.‹
>
> Voller Enthusiasmus antworteten wir sogleich: ›Lang lebe die Freiheit! Lang lebe ein unabhängiges Brasilien! Lang lebe Dom Pedro!‹
>
> Der Prinz wandte sich an seinen Adjutanten und sagte: ›Berichte meiner Garde, dass ich gerade die vollständige Unabhängigkeit Brasiliens erklärt habe. Wir sind frei von Portugal.‹
>
> … er riss das blaue und weiße Emblem von seinem Hut, das die Cortes zum Symbol der portugiesischen Nation bestimmt hatten, warf es auf den Boden … Er begab sich an die Spitze der Menge, wandte sich um … und rief: ›Brasilianer, unser Motto wird von diesem Tag an sein ›Unabhängigkeit oder Tod!‹«

Im Museu Paulista in São Paulo hängt ein berührendes Gemälde von Pedro Américo, das das Ereignis zeigt und nur ein wenig verliert durch das Wissen (mitgeteilt von dem Historiker Neill Macaulay in seinem Buch über Dom Pedro), dass der Prinz zu dem Zeitpunkt unter einem heftigen Anfall von Diarrhö litt. Das sind die Wechselfälle epochaler Momente der Historie.

Diese Geschichte ist es aus vielen Gründen wert, erzählt zu werden, nicht zuletzt, weil sie so bunt ist. Pedro und die Brasilianer haben zwar einen kurzen Krieg gegen Portugal geführt, aber sie haben sich immer zu ihren Verbindungen zur Alten Welt bekannt. Das Blau und das Weiß in der brasilianischen Flagge gelten als Widerspiegelung dessen, während Grün und Gelb die Farben der königlichen Häuser Braganza und Habsburg sind.

Pedro erhielt den Titel Kaiser von Brasilien 1822. Die erste brasilianische Flagge zeigte den vertrauten grünen Hintergrund mit einer gelben Raute, in deren Mitte sich aber ein königliches Wappen mit zwanzig Sternen befand, die für die Regionen des Landes standen. Als das Kaiserreich Brasilien 1889 zur Republik wurde, wurde die Flagge geändert. Für das Wappen kam der blaue Erdball hinein, auf dem ein weißes Band mit dem Wahlspruch *Ordem e Progresso* (Ordnung und Fortschritt) liegt, und die Sterne, aufgrund einer territorialen Veränderung um einen ergänzt, waren nun zu einem Muster auf dem Globus angeordnet. Das dunkle Blau des Globus macht die Sterne gut erkennbar. 1889 repräsentierten sie die 21 Bundesstaaten der neuen Republik, heute sind es jedoch 27 Sterne.

Die Flagge wurde von dem brasilianischen Philosophen und Mathematiker Raimundo Teixeira Mendes entworfen. Die Anordnung der Sterne auf der Flagge sollen die Positionen wiedergeben, die die Sternbilder an dem Tag innehatten, als in Brasilien die Republik ausgerufen wurde, und sie schließen das Kreuz des Südens ein. Vexillologen und Astronomen diskutieren mit großem Vergnügen die genaue Uhrzeit dieser Sternenposition – ob es am Abend war, als die Menschen die Sterne sehen konnten, oder am Morgen, wofür einige Beweise dokumentiert sind. Sie streiten sich sogar, ob es um 08:37 oder 08:30 Uhr war, denn 08:30 Uhr war laut dem brasilianischen Astronomen Professor Paulo Araújo Duarte »der Moment, in dem sich das Kreuz des Südens über dem Meridian von Rio de Janeiro befand und der längere Arm [des Kreuzes] vertikal ausgerichtet war«.

Das weiße, in einem Bogen verlaufende Band über dem Erdball zeigt, so heißt es, Brasiliens Position auf dem Äquator an. Es gibt nicht viel, was diese These untermauert, aber die Tatsache, dass Mendes Mathematiker war, spricht dafür. Mendes war stark von Auguste Comte beeinflusst, einem Philosophen des frühen 19. Jahrhunderts, der die säkulare »Religion des Positivismus« begründete. Zur Erklärung der Essenz seiner Philosophie des Positivismus schrieb er: »Liebe als Grundsatz und Ordnung als Grundlage; Fortschritt als Ziel«, und inspirierte so zu dem Wahlspruch »Ordnung und Fortschritt«. Mendes wurde 1903 Leiter der Positivistischen Kirche von Brasilien. Er starb 1927 im Alter von 72 Jahren.

Heute gelten das Grün und das Gelb als Symbole der tropischen Regenwälder und des Goldbesitzes der Nation, aber jeder, der tiefer gräbt, stößt schnell auf die Geschichte des Landes. Es gibt Gegensätze, vor allem zwischen Reich und Arm, aber auch entlang von Rassengrenzen. Brasilien hat Zeiten der Gewalt und ein gerüttelt Maß an korrupten Führern erlebt, wie gerade wieder zu sehen ist, aber verglichen mit anderen lateinamerikanischen Ländern hat Brasilien mehr Ordnung und mehr Fortschritt genossen. Das Land hat auch eine starke Identität, nicht zuletzt, weil die Landessprache dazu beiträgt, das Land in Relation zu seinen Spanisch sprechenden Nachbarn zu definieren.

Grün und Gelb tragen diese Botschaft heute um die Welt, und die Flagge insgesamt hat etwas Globales, das Brasiliens Bemühungen um *Soft Power* stärkt. Der Erdball und die Sterne sind uns allen gemeinsam, Grün und Gelb geben den Pulsschlag der Menschheit wieder, und die Leute sind auf eine Weise von Brasilien gefesselt, wie das für nur wenige andere Länder gilt. Jeder Einzelhändler weiß, dass eine leicht wiedererkennbare Verpackung den Verkauf einer Marke ankurbelt. Brasilien wickelt sich selbst in eine Flagge, die wir alle kennen und offenbar lieben.

Wir wissen, dass die moderne Republik viele Probleme in Politik, Wirtschaft und ihren Favelas hat, und doch fesselt uns ihr Wesen nach wie vor durch ihren Fußball, ihre Musik und ihre Menschen. Der französische Philosoph Albert Camus schrieb: »Von einem bestimmten Alter an ist jeder Mensch für sein Gesicht verantwortlich.« Die fröhliche Flagge ist eines der Gesichter, die die 200 Millionen Brasilianer der Welt zeigen, und es steht ihnen.

Lateinamerika war Teil der Neuen Welt, aber diese Staaten sind, verglichen mit vielen anderen weltweit, nicht mehr jung. Auf dem Kontinent hat sich eine neue Kultur entwickelt. Seine Völker haben sich im Lauf der letzten zweihundert Jahre solide Identitäten geschmiedet, und ihre Flaggen zeigen diese Verschmelzung von Altem und Neuem. Die Symbole sind heute wohl fest in diesen kulturellen Schmelztiegeln verankert, die zur Schaffung von Stabilität in einer zeitweilig ziemlich turbulenten Weltgegend beitragen.

NEUNTES KAPITEL

DIE GUTEN, DIE BÖSEN UND DIE HÄSSLICHEN

»Wir sind ein Volk, ein Stamm, wenn Sie so wollen. Und Flaggen sind dazu da, Macht zu signalisieren.«
Gilbert Baker, Designer der Regenbogenflagge

Vorhergehende Doppelseite: Die Flaggen der Welt säumen den Weg zum Haupteingang des Palais des Nationes der Vereinten Nationen in Genf. Die UN-Flagge weht auf dem Dach des Gebäudes.

Warum nennt man die Totenkopfflagge der Piraten »Jolly Roger«, den lustigen Roger? Niemand weiß das so genau. Ganz sicher waren und sind Piraten kein Witz. Widerliche, raubende Mörder kann man kaum amüsant nennen, und doch sind im Lauf der Jahrhunderte die Flagge mit Totenkopf und gekreuzten Knochen, die Augenbinde, das Holzbein und das draufgängerische »Yo ho ho« nahezu romantisch verklärt worden und, wie im Falle von Johnny Depps ›Fluch der Karibik‹, zur Karikatur geworden.

Die Totenkopfflagge kennt man, wie andere Flaggen in diesem Kapitel, auf der ganzen Welt, sie gehört zu jenen, die grenzüberschreitend sind. Eine Flagge muss nicht zwingend einen Staat oder eine politische Vorstellung repräsentieren, um Emotionen zu wecken und eine Botschaft zu transportieren. Sie kann ein Symbol für Frieden sein, ein Zeichen für Solidarität, unter dem sich eine internationale Gemeinschaft versammeln kann, oder sogar nur ein erfolgreiches Markenzeichen. Solche Flaggen repräsentieren unterschiedliche Ideen, aber gemeinsam ist ihnen der Wiedererkennungsfaktor, wenn auch auf verschiedene Art und Weise. Es gibt Flaggen, bei denen sich die Bedeutung, die sie vermitteln, mit dem Kontext, in dem sie benutzt werden, ändert. Etwa die Totenkopfflagge: Bei einem Open-Air-Festival besagt sie, dass die Person, die sie zeigt, vielleicht ein bisschen »Rock 'n' Roll« ist, sieht man sie aber vor der Küste von Somalia von einem Handelsschiff aus, nimmt man sie erheblich ernster.

Piraten sind so alt wie die Schifffahrt und es gibt sie auf der ganzen Welt, doch die Assoziation mit der Totenkopfflagge scheint aus dem 12. Jahrhundert zu stammen, als sie auf den Schiffen des

Templerordens gehisst wurde, der damals die größte Flotte der Welt hatte und sie einsetzte, um sein Geschäftsimperium zu schützen. Der Grund dafür, dass sie dieses Motiv benutzten, ist ziemlich morbide. Es geht zurück auf die Legende vom »Haupt von Sidon«, die ein gewisser Walter Map Ende des 12. Jahrhunderts niederschrieb und bei der es um beunruhigende Ereignisse aus den Jahren um 1150 geht:

> »Ein Tempelritter, ein Herr von Sidon, liebte eine Dame aus Maraclea. Doch sie starb in jungen Jahren. In der Nacht nach ihrer Bestattung schlich sich der verruchte Liebhaber zu ihrem Grabe, grub ihre Leiche aus und schändete sie. Da hörte er auf einmal eine Stimme, die ihm befahl, in neun Monaten wiederzukommen, da er dann einen Sohn vorfinden würde. Er gehorchte, und als er zur gebotenen Zeit abermals das Grab öffnete, fand er einen Kopf auf den Oberschenkelknochen des Skeletts (Totenkopf über zwei gekreuzten Knochen). Die männliche Stimme befahl ihm, »den Kopf wohl zu hüten, denn er ist der Spender aller guten Dinge«. Der Herr von Sidon nahm ihn daraufhin mit sich. Er wurde sein guter Geist, und wenn er seine Feinde vernichten wollte, brauchte er ihnen nur den magischen Kopf entgegenzuhalten. Zu gegebener Zeit gelangte der Kopf in den Besitz des Ordens.«

Die Tempelritter sahen sich selbst auf der Seite Gottes und verstanden sich keineswegs als Piraten, aber ihr Verhalten auf dem Meer war häufig dem von Piraten ähnlich. Diese unglaublich reichen »armen Ritter« waren sich nicht zu schade, kleine Schiffe zu stoppen und sie um alles Wertvolle zu erleichtern. Somit kann ihr Emblem gut als Vorbild für spätere »Korsaren« – oder anders gesagt »Diebe« – gedient haben.

Unser klassisches Bild von Piraten ist ab Anfang des 18. Jahrhunderts zu finden. Eine der ersten dokumentierten Sichtungen des »Jolly Roger« als ein Symbol von Piraten findet sich im Logbuch von John Cranby, Kapitän des britischen Marineschiffs HMS »Poole«, das heute in den britischen National Archives in Kew aufbewahrt wird. Unter der (täglichen) Rubrik »Bemerkenswerte Beobachtungen und Ereignisse« steht mitten zwischen Einträgen wie »in diesen 24 Stunden gutes Wetter und leichter Wind« die Geschichte von der Verfolgung eines französischen Piratenschiffs im Juli 1700 bei den Kapverdischen Inseln. Die Piraten entkamen, aber der Kapitän notierte in seinem Logbuch, dass ihre Flagge »gekreuzte Knochen, einen Totenkopf und ein Stundenglas« zeigte.

Diese Flaggenpraxis schwappte in den ersten Dekaden des 18. Jahrhunderts durch die Piratenwelt und fesselte die Fantasie der Öffentlichkeit. Für Piraten war Schwarz die Mutter aller Farben. Sie schmückten es mit den bekannten Bildern und fügten nach Lust und Laune ein paar grauenerregende Extras hinzu. Das Stundenglas sollte die Besatzung auf dem Schiff, dem sie sich näherten, informieren, dass ihre Zeit abgelaufen sei; manchmal wurde ein komplettes Skelett hinzugefügt, damit die Botschaft auch sicher verstanden wurde, während Dolche und andere Waffen den Opfern die Form ihres nahen Ablebens vermitteln sollten. Die Piraten entwickelten einen »Piratencode«, ein System, mit dem in einer Zeit, in der die meisten Menschen Analphabeten waren, trotzdem ganze Bände an Informationen vermittelt werden konnten. Der Totenkopf und die gekreuzten Knochen sagten dem aufgebrachten Schiff, mit wem man es zu tun hatte. Wenn die Piraten dazu eine schwarze Flagge hissten, signalisierte das, bei einer kampflosen Aufgabe würden die Piraten das Leben der Mannschaft verschonen. Gab es Widerstand oder den Versuch zu entkommen, wurde eine rote Flagge gezeigt: Sie besagte, dass kein Pardon gegeben werde. Als PR-Verfahren war das ein exzellentes Marketing. Es ermöglichte ein klares Kundtun der Absichten, wurde sofort verstanden, mit schrecklichen Taten in Verbindung gebracht und ermunterte die Gegner, sich kampflos zu ergeben – was sie auch oft taten. Hilfreich war zudem, wenn der Kapitän als »Blackbeard«, »Schwarzer Bartholomäus«, »Blood« oder so ähnlich bekannt war. Die furchtbare Flagge mit dem Fernglas eine Seemeile entfernt zu entdecken, ließ das Blut in den Adern gefrieren. Rasche Entscheidungen waren gefragt. Könnte man ihnen entwischen, könnte man sie besiegen? War man bereit, für die Fracht einen schrecklichen Tod zu sterben?

Diese Fragen sind heute ebenso aktuell wie vor 1000 Jahren, wie die Piraten vor Somalia, Nigeria, Indonesien und anderen Brennpunkten sehr genau wissen. Es gab sogar ein paar Fälle, in denen Flaggen mit Totenkopf und gekreuzten Kalaschnikows benutzt wurden. Die Absicht war, damals wie heute und wie wir bei der IS-Flagge gesehen haben, beim Gegner eine derartige Angst zu erzeugen, dass dieser flieht oder sich ergibt.

Trotz – oder vielleicht gerade wegen – des Images der Gesetzlosigkeit fesselten die Piraten des 18. Jahrhunderts die Fantasie der Öffentlichkeit. Daniel Defoe gehörte zu den Schriftstellern, Dichtern und Dramatikern, die die Piraten und ihr Leben romantisch verklärten – genau wie das später Drehbuchautoren für Hollywood-Darstellungen ihrer Abenteuer taten. Ein frühes Beispiel ist der Film ›Unter Piratenflagge‹ aus dem Jahre 1935. Errol Flynn spielt die Hauptrolle des Kapitän Blood, dessen Schiff eine weiße Flagge mit dem Totenkopf und den gekreuzten Knochen führt.

In dem Film wird die Flagge nicht als Jolly Roger bezeichnet, obwohl der Name zu dem Zeitpunkt längst Eingang in die englische Sprache gefunden hatte. Die ersten Erwähnungen erscheinen früh im 18. Jahrhundert. In seinem 1724 erschienenen Buch ›A General History of the Robberies and Murders of the Most Notorious Pyrates‹ (deutsch 1728 unter dem Titel ›Schauplatz Der Englischen See-Räuber‹) schreibt Charles Johnson über zwei Piraten, die beide ihre Flagge Jolly Roger nannten, obwohl diese verschieden gestaltet waren. Manche Historiker sehen darin einen Hinweis, dass dieser Begriff für Piratenflaggen unterschiedlichen Aussehens verbreitet war.

Warum aber Jolly Roger? Es gibt drei Erklärungsversuche: Einer der Namen für den Teufel war in jener Zeit »Old Roger«, und ein grinsender Totenkopf auf der Flagge könnte eine Assoziation damit ausgelöst haben. Eine andere, beliebtere Theorie besagt, dass Piraten in früheren Jahrhunderten einfarbig rote Flaggen hatten, die im Französischen *Jolie rouge* genannt wurden, und das könnte verballhornt übernommen worden sein. Drittens und ebenso plausibel ist die Erklärung, dass damals mit *roger* ein umherziehender Vagabund bezeichnet wurde, so dass dem Symbol der Vagabunden der Meere der Name Jolly Roger gegeben wurde.

Um einem unseligen Ende in den Händen von Piraten zu entgehen, dürften viele Seeleute die weiße Flagge gehisst haben, um sich zu ergeben. Dieses Symbol ist Tausende von Jahren alt und in den verschiedensten Kulturen zu finden. Römische Chronisten erwähnen sie als Flagge der Waffenruhe im Zweiten Punischen Krieg (218–201 v. Chr.) und auch als Flagge der Kapitulation bei der Zweiten Schlacht von Bedriacum (69 n. Chr.). Die Chinesen benutzten zur gleichen Zeit ebenso Weiß als Farbe der Kapitulation. Vexillologen spekulieren, dass es, da es für die Chinesen auch die Farbe des Todes und der Trauer war, zugleich für den Schmerz ob der Niederlage stand.

Die weiße Flagge ist ein weiteres Beispiel für das Kommunizieren lebenswichtiger Informationen über eine große Entfernung oder im Durcheinander einer Schlacht mittels eines leicht erkenn- und verstehbaren Signals. Sie wurde Jahrtausende, bevor die meisten Menschen schreiben konnten, in die Höhe gehalten, aber alle konnten lesen, was sie besagte. Heute ist sie als Parlamentärflagge ein weltweit anerkanntes Symbol für Verhandlungen auf dem Schlachtfeld, freies Geleit, Feuerpause oder Kapitulation, das keine internationalen, kulturellen und sprachlichen Barrieren kennt. Ihr Gebrauch wurde in den Haager und Genfer Konventionen zu den Gesetzen und Gebräuchen des Kriegs kodifiziert. Die relevanten Passagen halten unter anderem fest, dass »der Missbrauch der Parlamentärflagge« ein Kriegsverbrechen darstellt, wenn dadurch »Tod oder schwere Verletzungen verursacht werden«. Das Internationale Rote Kreuz erläutert »Missbrauch« als »jeglichen

Gebrauch, der nicht dem entspricht, für den die Parlamentärflagge vorgesehen ist, nämlich den Wunsch zu kommunizieren, um beispielsweise eine Feuerpause zu vereinbaren oder zu kapitulieren. Jeder andere Gebrauch, beispielsweise um einen militärischen Vorteil gegenüber dem Feind zu erlangen, ist missbräuchlich und verstößt gegen das Gesetz«.

Die meisten Staaten haben Ratgeber zur Interpretation, zum Protokoll und zum Verhalten angesichts einer weißen Flagge herausgegeben. Beispielsweise hält das 2004 vom britischen Militär veröffentlichte ›Joint Service Manual of the Law of Armed Conflict‹ (Zentrales Handbuch zum Kriegsrecht) fest:

> »Das Zeigen einer weißen Flagge heißt erst einmal nur, dass die eine Partei gefragt wird, ob sie eine Nachricht der anderen empfangen will. In manchen Fällen kann sie auch bedeuten, dass die Partei, die sie zeigt, aus einem bestimmten Grund, etwa um Verwundete zu evakuieren, eine vorübergehende Einstellung der Feindseligkeiten vereinbaren will. Doch in anderen Fällen kann sie bedeuten, dass die Partei eine Kapitulation verhandeln will. Alles hängt von den Umständen und Bedingungen des jeweiligen Falls ab. Beispielsweise hat sich in der Praxis erwiesen, dass eine weiße Flagge, die ein einzelner Soldat oder eine kleine Gruppe während eines Gefechts zeigt, Aufgabe bedeutet.
>
> 10.5.2. Wer eine weiße Flagge zeigt, sollte das Feuer einstellen, bis die Anfrage beantwortet ist. Jeder Missbrauch einer weißen Flagge kann als Kriegsverbrechen gelten. Trotzdem ist erhöhte Vorsicht im Umgang mit feindlichen Streitkräften immer zwingend geboten.«

Leider gibt es viele Vorwürfe, jemand habe die weiße Flagge missbraucht, um den Gegner auszutricksen. Die Briten warfen das beispielsweise den Buren in den Burenkriegen vor. Und es gibt diverse Fälle, in denen das Ignorieren der weißen Flagge angeprangert wurde – so kam es 2009 zu einem internationalen Aufschrei wegen eines angeblichen Falls im Bürgerkrieg in Sri Lanka, der als »White Flag Incident« bekannt wurde: Drei Führer der tamilischen Befreiungstiger, die sich ergeben wollten, unbewaffnet waren und weiße Flaggen trugen, seien auf Befehl von offizieller Seite erschossen worden. Eindeutige Beweise für einen Missbrauch sind selten. In jedem Fall aber zeigt die emotionale Aufgeladenheit solcher Vorwürfe, dass wir tief in unseren Herzen inmitten des logischen Wahnsinns und der Brutalität des Kriegs nach einem Anflug von Ordnung, von Regeln suchen, nach etwas, mit dem wir, wenn alles scheitert, an unser gemeinsames Menschsein appellieren können. In vieler Hinsicht steht dahinter mehr als ein Appell: Es ist der Wunsch nach Barmherzigkeit, und er basiert auf Vertrauen. Allein die Tatsache, dass die Flagge noch existiert, bezeugt die Anerkennung und den Respekt für das Vertrauen und den Glauben, der rund um die Welt in dieses Symbol gesetzt wird.

In den Abkommen geht es auch um den Einsatz der Flagge des Internationalen Komitees vom Roten Kreuz. Das IKRK erlaubt staatlichen Streitkräften, sein Emblem – ein rotes Kreuz mit gleich langen Armen vor weißem Hintergrund – zu benutzen und achtet gleichzeitig genau auf unerlaubten Gebrauch oder Missbrauch. Die Regeln über die Benutzung sind streng und unterscheiden sich in Kriegs- und Friedenszeiten. Beispielsweise hängt es von bestimmten Bedingungen ab, auf welchen Gebäuden das Symbol angebracht werden kann und wie groß es sein darf. In Kriegszeiten ist »ein vorsätzlicher Angriff auf eine Person, Ausrüstung oder ein Gebäude mit dem Schutzzeichen ein Kriegsverbrechen nach internationalem Recht«.

Das Symbol des roten Kreuzes wurde 1863 entwickelt und mit der ersten Genfer Konvention 1864 offiziell anerkannt. Man wählte die Farbumkehrung der Flagge der neutralen Schweiz: zum einen wegen der eigenen Neutralität, zum andern wegen der guten Erkennbarkeit von Farbe und Form auf große Entfernung. Die Flagge wird als nichtreligiös und universell verstanden, aber sie kommt nicht los davon, dass sie ein Kreuz zeigt und einigen der christlichen Banner, die bei den Kreuzzügen gezeigt wurden, sehr ähnlich ist. Dreizehn Jahre später, nach Ausbruch des Russisch-Osmanischen Kriegs, ersetzte das Osmanische Reich das Kreuz durch einen Halbmond. Andere Länder mit überwiegend muslimischer Bevölkerung folgten später dem Beispiel.

Das IKRK hat sich lange damit beschäftigt, dass die wahre Bedeutung der Symbole in Konfliktsituationen manchmal übersehen wird und Kreuz und Halbmond, auch wenn sie keine Parteinahme für irgendeine Seite signalisieren, in schwierigen Zeiten mit hochkochenden Emotionen doch als solche gesehen werden können. Es gab noch weitere Aspekte: die beiden benutzten Symbole, mit denen keine religiöse Identität vermittelt werden soll, könnten beispielsweise im überwiegend jüdischen Israel oder in China mit seiner säkularen, buddhistischen oder taoistischen Bevölkerung genau als solche Übermittler verstanden werden.

Der Präsident des Roten Kreuzes erklärte deshalb 1992, dass ein weiteres Symbol nötig wäre, aber es sollte bis 2005 dauern, bis die Regierungen einer alternativen Flagge zustimmten, an die wir uns erst noch gewöhnen müssen – den Roten Kristall. Dabei handelt es sich um eine rote Raute vor weißem Hintergrund, die immer häufiger an offiziellen Gebäuden sowie im Einsatz vor Ort erscheint. Hinter dem Zeichen steht keine politische, religiöse oder geografische Symbolik und es soll allen Staaten, die die anderen beiden Flaggen problematisch finden, ermöglichen, sich der Organisation anzuschließen. Der Kristall, manchmal auch Raute genannt, ist in Status, Bedeutung und Legitimation seinen bekannteren Schwesterflaggen gleich, auch wenn er vielleicht bislang noch nicht ganz das gleiche Ausmaß an globaler Anerkennung genießt.

Eine andere Flagge, die international wohl nicht so gut bekannt ist, ist die des Nordatlantikpakts (North Atlantic Treaty Organisation, NATO), obwohl sie relativ einfach ist: ein dunkelblaues Feld mit einer »weißen Kompassrose«, so die offizielle Beschreibung. Gäbe es die nicht, könnte der unbedarfte Betrachter meinen, es handele sich einfach um einen Kreis mit einem Stern. Von jeder Sternspitze führt eine weiße Linie nach außen.

Die NATO wurde 1949 ins Leben gerufen, als zwölf Staaten sich verpflichteten, eine militärische Allianz zu bilden, um der von ihnen wahrgenommenen Bedrohung durch die Sowjetunion zu begegnen und so den Frieden zu wahren. Die Flagge wurde erst 1953 eingeführt. Ihren Gestaltern in der Arbeitsgruppe des NATO-Rats war aufgetragen worden, etwas zu entwerfen, das »schlicht und markant« sei und gleichzeitig den »friedlichen Zweck« der Allianz repräsentieren würde.

Die ersten Vorschläge aus dem Jahr 1952 gingen von einem silbernen Schild aus, der 14 Sterne und zwei blaue Streifen trug. Der Schild sollte den defensiven Charakter der NATO repräsentieren, die Streifen den Atlantik und die Sterne die zu dem Zeitpunkt 14 Mitglieder. Das Ganze wirkte wie etwas, das aus dem 16. Jahrhundert stammte. Die Mitglieder konnten sich nicht auf diesen Entwurf verständigen und bemängelten, dass das Motiv jedes Mal geändert werden müsse, wenn, wie man erwartete, weitere Staaten hinzukämen. Im Jahr darauf billigte der Rat die Flagge, die wir heute kennen. General Hastings Ismay (1. Baron Ismay, KG [Hosenbandorden], GCB [Bathorden], CH [Order of the Companions of Honour], DSO [Distinguished Service Order], PC [Geheimer Kronrat], DL [Deputy Lieutenant]), der erste NATO-Generalsekretär erklärte ihre Symbolik: »Der blaue Hintergrund steht für den Atlantik, der vierzackige Stern für den Kompass, der uns den richtigen Weg, den Weg zum Frieden weist, und der Kreis für die Einheit, die die 14 NATO-Länder zusammenschließt.«

Derzeit gibt es 28 Mitglieder, was nicht nur zeigt, dass die Organisation populär und erfolgreich geworden ist, sondern auch, dass ihre Gründerväter recht hatten, als sie es ablehnten, für jedes neue Mitglied einen weiteren Stern auf die Flagge zu setzen.

Die Dinge waren in den 1950ern auch so schon kompliziert genug, als bereits bei nur 14 Mitgliedern im NATO-Hauptquartier (Supreme Headquarters Allied Powers Europe, SHAPE), das sich damals bei Paris befand, Flaggenstreitereien auf unterstem Niveau ausbrachen. General Eisenhower, der SHAPE-Oberkommandierende, hatte ein Schema genehmigt, nach dem die Flaggen der Mitgliedsländer vor dem Gebäude gehisst werden sollten: in einem Halbkreis, bei dem die Flagge des Gastgeberlandes vorn positioniert war. Daran sollten sich die anderen Länder in der alphabetischen Reihenfolge ihrer französischen Namen anschließen. Jeden Tag sollte die Position dann um eine Stelle verschoben werden, so dass bei dieser Kreisbewegung niemand immer Letzter war. Wer sollte sich darüber beschweren?

Die Niederländer erhoben alsbald Einspruch gegen die französische Version ihres Namens, »Pays-Bas«, und verlangten, als »Netherlands« bezeichnet zu werden. Daraufhin bekam ihre Flagge den Platz zwischen Luxemburg und Norwegen, wo sie sich wesentlich wohler fühlte. Ein paar Jahre später vertrat ein Jurist oder eine Juristin der NATO, der oder die zu viel Zeit hatte, die Ansicht, der offizielle Name des Vereinigten Königreichs sei »Royaume-Uni« und nicht »Grande Bretagne«. Also R, nicht G. »Oh«, sagten die Briten, als ihre Flagge um einige Positionen wanderte. »Ah«, meinten die Franzosen, »wenn das so ist: Wir haben doch schon früher gesagt, dass der korrekte Name für die Niederlande in diesem Land ›Pays-Bas‹ lautet.« »Bist du mit dem P einverstanden?«, mögen jene gefragt haben, deren Aufgabe das Hissen und Einholen der Flaggen war. »Ja«, lautete die Antwort, und die niederländische Flagge wanderte zurück an ihre ursprüngliche Position.

Die Türkei beklagte sich 1959, nachdem sie schon einige Jahre NATO-Mitglied war, immer »Letzter« zu sein und schlug vor, das Rotationssystem zu erneuern und die englischen Namen zu benutzen, so dass etwa aus »États-Uni« »United States of America« würde. Die Franzosen waren wohl kaum bereit, das zu akzeptieren.

Doch dann zog sich Frankreich 1966 aus der militärischen Kommandostruktur der NATO zurück und im Jahr darauf wurde

SHAPE nach Casteau in Belgien verlegt. In althergebrachter Weise gingen die Streitereien weiter und wir können auf fünfzig Jahre brillanter Ideen zurückblicken, wie welche Flagge genannt und wo sie positioniert werden soll. Bis heute befindet sich das Gastgeberland am weitesten vorn, das französische Alphabet wird weiterhin benutzt und an jedem Sonntag wird um Mitternacht jede Flagge um eine Position versetzt. Die offizielle Absicht ist es, damit den unendlichen Kreis zu symbolisieren, unabsichtlich symbolisiert das aber auch die unendlichen Streitereien. Mit der NATO-Flagge selbst haben die Mitgliedsländer keine Probleme, aber es geht ihnen um die Nähe zu ihr. Schließlich konnten es die Franzosen nie zulassen, dass sich etwa die britische Flagge näher an der Hauptsache befindet als ihre. Und umgekehrt ist es genauso.

Über eine Flagge, die gestaltet wurde, um Einheit zu repräsentieren, besteht also hinter den Kulissen schrecklich viel Uneinigkeit. Es gibt jedoch eine Flagge, die tatsächlich zu großer Einigkeit zwischen rivalisierenden Nationen zu inspirieren scheint: die der Olympischen Spiele. Sie sind ein Ereignis, bei dem die Länder der Erde ihre Banner mit großer Begeisterung und ohne Animositäten ihren Nachbarn gegenüber präsentieren.

Lässt man Korruption, Betrug, Doping, Kommerzialisierung und jene ärgerlichen Sprinter, die blöde Handbewegungen in die Kameras machen, einmal beiseite, kann man sich durchaus für die olympische Flagge und alles, wofür sie steht, erwärmen.

Das olympische Motto *citius, altius, fortius*, lateinisch für »schneller, höher, stärker«, bezieht sich nicht auf die Dosierung beim Dopen, sondern auf die Idee, die im olympischen Kredo eingebettet ist, dass am wichtigsten im Leben nicht der Triumph, sondern der Kampf ist. Im sportlichen Bereich ist das tatsächlich ein nobler Gedanke, aber ob das auf andere Bereiche übertragbar ist, etwa auf die Landung der Alliierten in der Normandie, bleibt diskussionswürdig.

Egal, wie sie formuliert werden, Motto und Kredo ergänzen das Symbol der fünf Ringe vor weißem Hintergrund. Der Entwurf wurde der Welt vom Gründer der modernen Spiele, Baron Pierre de Coubertin, präsentiert. Als Kind traf ihn die französische Niederlage gegen Bismarcks Preußen 1870/71 ziemlich hart. Er glaubte, dass ein Mangel an körperlicher Tüchtigkeit aufgrund eines Mangels an Sport bei den Franzosen zum Verlieren des Kriegs beigetragen hätte. Später kam er zu der Überzeugung, dass sportliche Wettkämpfe ein Weg sein könnten, um Völker zusammenzubringen, und 1892 begann er, für die Schaffung einer modernen Version der Olympischen Spiele zu werben. Zwei Jahre später bildeten 79 Delegierte aus zwölf Nationen das erste Internationale Olympische Komitee, und 1896 wurden die ersten modernen Olympischen Sommerspiele in Athen abgehalten.

Damals gab es noch kein Symbol für die Bewegung. Die fünf Ringe erschienen erstmals als Skizze im Kopf eines Briefs, den Coubertin 1913 schrieb. Im Jahr darauf präsentierte er sie als Vorschlag für eine Flagge, der auch angenommen wurde. Wegen des Ersten Weltkriegs fanden die nächsten Spiele erst 1920 in Antwerpen statt, wo die neue Flagge ihr Debüt in einem Olympiastadion hatte. Bei der Eröffnungszeremonie wurde die Flagge entrollt, man ließ fünf weiße Tauben fliegen und der olympische Eid wurde erstmals von einem Sportler, der eine Flagge trug, abgelegt.

Die Ringe repräsentieren die fünf Kontinente der Erde und sind miteinander verschlungen, um Einigkeit zu symbolisieren (wobei außer Acht bleibt, dass manche Überlegungen von sieben Kontinenten ausgehen). Der weiße Hintergrund steht für Frieden. Die Ringe haben fünf verschiedene Farben: die oberen drei sind (von links nach rechts) blau, schwarz und rot, die beiden unteren gelb und grün. Es besteht das Missverständnis, jede Farbe würde einen Kontinent repräsentieren, und diese Behauptung stand sogar im ›Handbuch der Olympischen Bewegung‹, wurde dann aber in den 1950ern herausgenommen, weil es dafür keinerlei Beweise gibt. Im Gegenteil, 1931 schrieb Pierre de Coubertin: »So dargestellt ist [die Flagge] symbolisch; sie stellt die fünf Erdteile dar, die der Olympismus vereint, und ihre sechs Farben [inklusive Weiß] nehmen jene aller Landesfarben auf, die heute im gesamten Universum wehen.«

Den Teilnehmern, die wussten, dass die Flagge kurz vor dem katastrophalen Krieg entworfen wurde und kurz danach erstmals wehte, dürfte ihre Symbolik nicht entgangen sein. Teilgenommen haben 29 Länder, darunter so weit entfernte wie Argentinien und Ägypten. Der Geist von Frieden und Einheit der gesamten Welt war jedoch ein Stück weit unterminiert, weil Deutschland nicht eingeladen war – eine Entscheidung, die auch 1948 nach dem Zweiten Weltkrieg getroffen wurde. Österreich, Ungarn, Bulgarien und die Türkei waren 1920 ebenfalls ausgeschlossen.

Eine jener ersten Flaggen verschwand auf mysteriöse Weise am Ende der Spiele – um erst 77 Jahre später wieder aufzutauchen. Der hundertjährige Harry Prieste nahm gegen Ende eines bemerkenswerten Lebens als Schauspieler in der Hollywood-Filmreihe ›Keystone Kops‹, als Banjospieler und Jongleur 1997 an einem Dinner des US Olympic Committee teil. Ein Reporter erzählte die Geschichte vom mysteriösen Verschwinden der Flagge von Antwerpen. »Da kann ich Ihnen helfen«, sagte Harry. »Die ist in meinem Koffer.« Er offenbarte dann, dass er 1920 nicht nur eine Bronzemedaille im Turmspringen gewonnen hatte, sondern auch eine Wette mit einem Mannschaftskollegen, als er auf den knapp fünf Meter hohen Mast stieg und die Flagge stahl. Drei Jahre nach seinem Bekenntnis gab er im Alter von 103 Jahren die Flagge bei den Spielen von Sydney 2000 dem IOC zurück. Zum Dank für seine »Spende« erhielt er eine Gedenkmedaille. Die Flagge ist heute im Olympischen Museum in Lausanne ausgestellt.

Naturgemäß sind Flaggen ein wesentlicher Anblick bei allen Olympischen Spielen. Zu Beginn des Turniers wird die olympische Flagge im Hauptstadion gehisst und weht dort während der gesamten Dauer der Wettkämpfe. Um die Flaggen geht es auch in der zweiten Strophe der gesungenen englischen Version der olympischen Hymne, deren griechisches Original bei den ersten modernen Spielen 1896 aufgeführt wurde.

As now we come across the world
To share these Games of old
Let all the flags of every land
In brotherhood unfold.

(Jetzt kommen wir aus aller Welt
Zu teilen diese altehrwürdigen Spiele
Lasst all die Flaggen aller Länder
Uns ausbreiten in Brüderlichkeit.)

Dies ist in der Tat ein nobler Gedanke, obwohl es schon interessant ist, dass gerade Nationalflaggen bei den Olympischen Spielen so allgegenwärtig sind, mit all den Zuschauern, die kommen, um ihre eigenen Farben zu unterstützen und die Siege ihres Landes zu feiern, wo doch die Spiele genau nicht dazu dienen sollten, nationale sportliche Tüchtigkeit zur Schau zu stellen. Im Zentrum der Spiele sollen die Leistungen der einzelnen Teilnehmer stehen, nicht das Abschneiden eines Landes und seine Medaillenzahl insgesamt. In der Olympischen Charta heißt es sogar, dass von offizieller Seite keine »Gesamtwertung nach Ländern« vorgenommen wird, sondern nur die Ehrentafel mit den einzelnen Gewinnern aufgestellt wird. Denn: »Die Olympischen Spiele sind Wettkämpfe zwischen Athleten in Einzel- oder Mannschaftswettbewerben, nicht zwischen Ländern.« Allerdings hält das die Länder selbst nicht davon ab, auf Medaillenspiegel zu schauen, um die Medaillenanzahl zu konkurrieren und die Spiele als Möglichkeit zu nutzen, den Nationalstolz zu stärken, die eigene Überlegenheit zu feiern und die oft hohen Ausgaben für den Sportsektor zu rechtfertigen.

Die Olympischen Spiele sind nicht der einzige Aufhänger für diese Zurschaustellung; Sport und Nationalstolz gehen oft Hand in Hand. Bei internationalen Veranstaltungen jeglicher Art werden begeistert Flaggen auf der Kleidung gezeigt, auf Gesichter gemalt und bei allen möglichen Werbeartikeln und Souvenirs einbezogen. In der Regel handelt es sich um das harmlose Feiern nationaler Identität und nationaler Erfolge, aber im Einzelfall kann es hässlich werden. Da die Emotionen hochkochen, werden Sportereignisse oft auch als moderner Ersatz für Kriege erachtet, bei denen sich die gegnerischen Kräfte hinter ihren jeweiligen Bannern scharen, so wie das Armeen früherer Zeiten getan haben mögen.

Die Fußballeuropameisterschaft 2016 sah Horden junger (und nicht so junger) Männer, die durch französische Straßen rannten und gegnerische Fans angriffen. Vor allem bei den Engländern und noch mehr bei den Russen sahen sich jene, die die Schlägereien anzettelten, eindeutig als Vertreter ihres Landes. Die russischen Offiziellen machten mit einer unheilvollen Verknüpfung von Sport und Politik die Dinge noch schlimmer, indem sie anscheinend einen perversen Stolz auf ihre Straßenschläger empfanden und sogar den französischen Botschafter in Moskau einbestellten, nachdem eine Gruppe wegen ihres Verhaltens aus Frankreich gewiesen worden war. Das ist allerdings Welten entfernt vom Geist der Olympiazuschauer.

Bei der Eröffnungszeremonie trägt jedes Land seine Flagge ins Stadion. Als Erste kommt immer die griechische Flagge, gefolgt von denen der anderen Länder in alphabetischer Reihenfolge der Gastgebersprache. Flagge und Team des Gastgeberlandes beschließen den Einmarsch. Offiziell beendet werden die Spiele durch das Einholen der olympischen Flagge. Diese wird zusammengelegt und einem Vertreter der Stadt übergeben, die das Ereignis vier Jahre später ausrichten wird. Gleichzeitig wird zu Ehren der ursprünglichen Spiele eine griechische Flagge gehisst.

Es gibt noch eine andere schöne Geschichte um die olympische Flagge, die zugleich daran erinnert, dass man Fakten immer wieder checken und gegenchecken muss. Es ist gut möglich, dass manche Mythen in diesem Buch durchgegangen sind, nicht aber jener Mythos, der behauptet, Baron Coubertin habe als Vorbild für die Gestaltung seiner fünf Ringe einen Stein genommen, der im antiken griechischen Heiligtum Delphi gefunden worden sei und das gleiche Symbol trage. Das wurde weithin wiederholt und bekräftigt, aber nach anderen Quellen, darunter das amerikanische archäologische Institut, geht die Geschichte anders. Sie ist prosaischer, weniger romantisch, aber vielleicht auch spannender.

Im Vorfeld der Olympischen Spiele 1936 in Berlin wollte Carl Diem, der Leiter des Organisationskomitees, das olympische Feuer in Olympia entzünden und per Fackellauf nach Berlin bringen lassen. Für die Filmaufnahmen drehte der Fackelläufer auch eine Runde im fotogenen Stadion von Delphi, wo im Altertum ähnliche Spiele stattgefunden hatten. Dafür wurde ein Stein angefertigt, in den die olympischen Ringe eingemeißelt waren. Der Läufer sollte den Stein mit der Fackel passieren und dann den Weg nach Berlin einschlagen. Das geschah und der Stein blieb zurück.

Zwei Jahrzehnte später kamen die amerikanischen Autoren Lynn und Gray Poole nach Delphi, um für ihr Buch über die olympischen Spiele im Altertum zu recherchieren. Sie entdeckten den Stein, hielten ihn für ein altes griechisches Monument und schrieben, er sei ein Symbol der ursprünglichen Spiele, das Coubertin für die Flagge hatte wieder aufleben lassen. Das wurde in anderen Büchern wiederholt und ist auch heute noch im Umlauf. In Wahrheit sollte man den Stein als »Carl-Diem-Stein« bezeichnen.

Traditionell senken die Teilnehmer bei der Eröffnungszeremonie kurz die Landesflagge, wenn sie am Staatsoberhaupt des Gastgeberlandes vorbeiziehen. Jedenfalls die meisten. Die Amerikaner gehören zu jenen, die das nicht tun. Die US-Tradition entstammt den Olympischen Spielen 1908, als erstmals die Mannschaften einmarschierten und die Amerikaner ihre Flagge nicht senkten. Die Begründung lautete: »Diese Flagge verbeugt sich vor keinem irdischen König.« Allerdings führt der Historiker Mark Dyreson von der Penn State University an, dass dies keine offizielle Entscheidung war und die Flagge 1912, 1924 und 1932 gesenkt wurde. In seinem Buch ›Crafting Patriotism for Global Dominance: America at the Olympics‹ (Patriotismus für weltweite Dominanz schaffen: Amerika bei den Olympischen Spielen) schreibt er, dass erst die 1928 von General Douglas MacArthur, dem Leiter der US-Delegation bei den Olympischen Spielen, gefällte Entscheidung, die Flagge nicht zu senken, den Präzedenzfall schuf, aus dem eine offizielle Praxis entstand, die aber erst seit den Berliner Spielen 1936 zur üblichen Verfahrensweise wurde und ein von der US-Regierung unterstützter politischer Akt war.

Die Olympischen Spiele in Berlin sind in mehrfacher Hinsicht bemerkenswert, vor allem, weil der schwarze amerikanische Athlet Jesse Owens vier Goldmedaillen gewann vor den Augen eines Regimes, das an die geistige wie körperliche Überlegenheit von Ariern glaubte, aber auch, weil so viele Mannschaften dem deutschen Führer den Hitlergruß boten. Die Amerikaner marschierten mit einem respektvollen »Augen rechts« vorbei, senkten ihre Fahne aber nicht. Die deutschen Offiziellen, auch Hitler, waren wütend. 1936 war es tatsächlich ein Zeichen von Respektlosigkeit gewesen, obwohl das nicht die Intention war, sondern der Respekt vor der eigenen Flagge, die mitsamt dem, was sie repräsentiert, von den Amerikanern so sehr geschätzt wird.

Beenden wir unseren Ausflug in die Welt des Sports mit jener Flagge, die die Ziellinie signalisiert: die Zielflagge mit dem schwarz-weißen Schachbrettmuster, die binnen weniger Jahrzehnte auf der ganzen Welt bekannt wurde und heute nicht nur für das Ende des Rennens steht, sondern auch für Nervenkitzel. Ihre Anfänge sind eher prosaisch, aber bei fast jeder Recherche zu ihrer Geschichte stößt man auf eine Sage. Laut einer davon liegen ihre Ursprünge im amerikanischen Mittleren Westen des 19. Jahrhunderts. Dort soll gegen Ende von Pferderennen ein Tischtuch geschwenkt worden sein, um zu signalisieren, dass das Essen fertig sei und das Rennen beendet werden solle. Tischtücher waren in jener Zeit üblicherweise kariert, entweder in Schwarz und Weiß oder in Rot und Blau, und nach und nach wurden sie bei jedem Ende eines Rennens eingesetzt. Volkssagen haben oft in irgendeiner Form einen wahren Kern, doch leider gab es in diesem Fall keinen Beweis aus einer Primärquelle, der sie stützt. Die Geschichte scheint einfach weitererzählt worden zu sein, weil sie plausibel erschien.

Erst ein Buch von Fred R. Egloff, Spezialist für die Geschichte des Mittleren Westens, schien das Rätsel zu lösen. Nach jahrelangen Recherchen veröffentlichte er 2006 ›Origin of the Checker Flag: A Search for Racing's Holy Grail‹ (Herkunft der Schachbrettflagge: Eine Suche nach dem Heiligen Gral der Rennen). Fred stammt aus Illinois und hat sein Leben lang den Geschichten nachgespürt, die aus Menschen wie Jesse James Legenden machten, und sie auf ihren Wahrheitsgehalt untersucht. Ich habe ihn in Texas getroffen, wo er heute lebt, und festgestellt, dass er die gleiche kunstvolle Methode für ›Racing's Holy Grail‹ angewendet hat. Fred ist ein Fan von Rennwagen und sogar Besitzer von einem. Er war, mittlerweile schon über sechzig, 1997 stolzer Sieger des Vintage Sports Car Competition. Dabei gewann er in einem BMW 328 aus den 1930er-Jahren. Aber nicht etwa in irgendeinem: Diesen hatte der ursprüngliche niederländische Besitzer während des Zweiten Weltkriegs unter Hunderten von alten Stühlen im Keller eines Museums vor den Nationalsozialisten versteckt.

Fred weiß also das eine oder andere über Geschichte und Autos. Seine Geschichte beginnt damit, dass René Dreyfus, Franzose und einer der besten Grand-Prix-Fahrer der 1930er, seit 1940 im Exil in den USA, zu Besuch kam. Fred berichtet, wie Dreyfus während seines Aufenthalts im Mittleren Westen fragte: »Wo und wann wurde die Schachbrettflagge erstmals benutzt, und was bedeutete sie eigentlich?« Doch niemand konnte ihm das sagen. Fred: »Das brachte mich ins Grübeln und einige Jahre später begann ich, mich damit zu beschäftigen. Wissen Sie, ich dachte, das wäre leicht, ich weiß ja eine Menge über Oldtimer – doch ich brauchte zehn Jahre!«

Wegen der Tischtuchlegende begann er die Recherche bei den Pferderennen, aber das führte nirgendwohin. Also setzte er sich auf einen anderen Sattel und wandte sich dem Radfahren zu. Weder die Fischzüge in den Archiven der League of American Wheelmen noch die im amerikanischen Fahrradmuseum und in zahllosen anderen Einzelveröffentlichungen zum Thema Fahrrad brachten eine einzige Schachbrettflagge zum Vorschein. »Ich war in einer weiteren Sackgasse gelandet und musste die Suche noch einmal ganz von vorn beginnen«, berichtete Fred. »All das Zeugs über Pferderennen und Tischdecken als Ursprung waren nur Mutmaßungen, wie die meisten zugaben. Ich suchte deshalb in Europa, aber dort begann es nicht. Es begann hier.«

Das erste Automobilrennen der USA fand 1895 an Thanksgiving in Chicago statt. Also ging Fred in die Bibliothek der University of Chicago, die zufälligerweise in der Nähe des damaligen Startpunkts liegt. »Dort hatten sie eine Zeitschrift mit dem Namen ›The Automobile‹, die alle zwei Wochen erschienen war. Sie legten mir ihre Sammlung vor und ich schaute Ausgabe um Ausgabe durch, um entweder ein Foto oder die Beschreibung einer Schachbrettflagge zu entdecken.« In einer Ausgabe vom Juli 1902 fand er das Foto einer weißen Flagge mit einem einzelnen schwarzen Quadrat in der Mitte, die bei Ende eines Rennens eingesetzt worden war. Der nächste Fund war ein Foto von 1906, auf dem hing – bei einer Autoausstellung in New York – eine Schachbrettflagge zwischen anderen gemusterten Flaggen.

Das war interessant, wenn auch nicht die Art von Beweis, den er gesucht hatte. Doch er kam der Sache näher. Er begann, sich in die Geschichte einer frühen Form von Straßenrennen einzulesen, der »Glidden Tours«. Dabei handelte es sich um eine Art von Rallyes, die aus Langstreckentests zum Thema »Zuverlässigkeit und Haltbarkeit« erwachsen waren und manchmal über Entfernungen von bis zu 1000 Meilen gingen. Die Hersteller wetteiferten um die Siege bei den Touren, damit sie ihre Modelle besser vermarkten konnten. Veranstaltet wurden die Rennen von der American Automobile Association:

> »In einer anderen Ausgabe fand ich eine Geschichte über einen Mann namens Sidney Walden, der die PR-Arbeit für die Packard Motor Company machte. Das Unternehmen war damals an den Glidden Tours beteiligt. Damit man den Sieger leichter bestimmen konnte, schlug Sidney Walden vor, die Strecke in Ab-

schnitte zu unterteilen und Zeitlimits einzuführen. Sie stellten Leute an bestimmte Punkte, damit sie die Zeit checkten. Diese Leute wurden »Checker« genannt, und damit man sie sah und wusste, wer sie waren, hatten sie karierte [*checkered*] Flaggen.

In einer Ausgabe vom Mai 1906 fand ich schließlich ein Foto, das ein Auto zeigt, vor dem ein Mann mit Schachbrettflagge steht. Es stammte von der Glidden Tour jenes Jahres. Ich glaube, das ist das erste Foto, das eine Schachbrettflagge beim Renneinsatz zeigt. Das Auto gibt es noch, es ist ein Darracq Baujahr 1906 und er befindet sich heute in Neuseeland. Aber das ist eine andere Geschichte.«

Diese Erklärung ist wirklich einleuchtend. Aber die Art von einleuchtend, die erst zutage tritt, nachdem jemand viele Jahre Sackgassen namens Pferderennen, Irrwege namens Fahrradfahren und dann die vielen mehr oder weniger ausgebauten Straßen namens Sportwagenrennen abgeklappert hat. Fred R. Egloff mag bei der Suche nach der Wahrheit sein Zeitlimit überschritten haben, nichtsdestotrotz steht er auf dem Siegerpodest.

Ironischerweise wurde diese Ikone der Welt des Motorsports, die alle mit Geschwindigkeit assoziieren, ursprünglich entwickelt, um den Fahrer abzubremsen. Egal, heute schmückt sie Autotüren, ist auf T-Shirts gedruckt und taucht in der Werbung auf – als Symbol für Geschwindigkeit und Sieg. Wenn Sie zu einem Formel-1-Rennen gehen, sehen Sie Menschen, die voller Freude die Schachbrettflagge neben der Nationalflagge des Fahrers oder des Teams, das sie favorisieren, schwenken.

Flaggen zu schwenken ist ein weltweites Phänomen, es ist zugleich uralt und modern. Wie wir gesehen haben, schwenken die Chinesen diese Seidenembleme wohl schon seit Jahrtausenden, die Araber schon seit Zeiten vor Mohammed, die Europäer mindestens seit den Kreuzzügen. Flaggen wurden als Standarten in Schlachten, als Symbole von Nationen und als Mittel zur Durchsetzung eines territorialen Anspruchs verwendet.

Zum Beispiel haben die Russen 2007 ihre Nationalflagge nicht auf dem Meeresboden des geografischen Nordpols platziert, weil sie gut aussah, sie taten es, um zu sagen: »Unsere – nicht deine«. Die Gültigkeit dieser Markierung und das anschließende Recht, nach Öl und Gas zu bohren, muss ausgehandelt werden, aber es hilft, wenn auch rein propagandistisch, »sein« Gebiet zu kennzeichnen. Das kann in umkämpften Gebieten wie der Arktis immer schwieriger werden; jene Gebiete ohne Flagge – also ohne kontrollierende Nation – könnten immer noch als zu ergattern angesehen werden. Die Arktis wird nicht durch eine einzige Flagge repräsentiert, da verschiedene Teile davon von einer Reihe von Ländern, darunter Dänemark, Kanada, Russland und die USA, beansprucht wurden, die sich alle das Recht vorbehalten, in bestimmten Gebieten zu bohren. Dieses Thema erfordert sorgfältige Verhandlungen, um zu vermeiden, dass ein wirtschaftlich-diplomatischer Streitfall in Richtung eines militärischen übergeht.

Ebenso befindet sich am Fuße der Welt ein weiteres umstrittenes Gebiet, das noch nicht beansprucht wurde – die Antarktis. Sie trägt eine offizielle Flagge, die von den Dutzenden von Ländern, die am Antarktis-Vertragssystem beteiligt sind, vereinbart wurde. Sie besagt, dass es dort keine militärische Präsenz, keinen Bergbau und keine nuklearen Explosionen geben darf. Sieben Staaten haben (manchmal überlappende) Ansprüche auf keilförmige Abschnitte der Antarktis, aber nur für wissenschaftliche Studien und nicht für traditionelle territoriale Souveränitätszwecke. Einige dieser Staaten hissen ihre Nationalflaggen, um das Territorium zu repräsentieren, das sie beanspruchen, andere haben einzigartige Flaggen, zum Beispiel die Flagge der britischen Antarktis, aber keiner hat das Eigentum am Land. Die USA, die den Vertrag von 1959 unterzeichnet haben, erheben keinen eigenen Anspruch noch erkennen sie einen Anspruch anderer Länder an; sie unterhalten dort jedoch eine wissenschaftliche Basis, die die Stars and Stripes hisst. Schließlich weiß man ja nie …

Obwohl Flaggen immer noch sehr wohl als Sache der Nationalstaaten angesehen werden können, leben wir im Zeitalter des Banners. Es scheint so, dass es heute für alles Flaggen gibt, von lokalen Sportmannschaften bis hin zu globalen Bewegungen und Organisationen, wie die LGBT-Regenbogenflagge und das universelle Blau der Vereinten Nationen. Zugegeben, Sie werden keine von beiden in den territorialen Nischen finden, die noch unter Kontrolle des IS stehen, und auch in Nordkorea sind sie eher nicht zu sehen, symbolisiert doch Letztere die Vorstellung einer vereinten Welt und ist Erstere ein Emblem, das in der gesamten entwickelten Welt anerkannt wird und von einem Freiheitskonzept kündet, das auf alle Menschen anwendbar ist.

Naturwissenschaftlich gesehen ist ein Regenbogen bloß ein bogenförmiges Spektrum des Lichts, das am Himmel erscheint und durch die Reflexion, Brechung und Streuung von Licht in Wassertropfen entsteht. Doch was für ein Schauspiel! Es hat die menschliche Fantasie gefesselt, seit es uns auf diesem Planeten gibt und wir in der Lage sind, Naturschönheit wahrzunehmen.

In den jüdisch-christlichen Zivilisationen ist der Regenbogen das Zeichen, dass Gott keine neue Sintflut schicken wird. Für die vorchristlichen Skandinavier war er eine Brücke, die die Erde mit dem Reich der Götter verband, über die aber nur die Tugendhaften gehen konnten. Für die Sumerer war er, so das Gilgamesch-Epos, ein Symbol, das den Krieg guthieß. Die Fang in Gabun verbieten Kindern, den Regenbogen anzuschauen, weil er bei einer transzendentalen Erfahrung während der Initiation in ihre Religion benutzt wird. Die Karen in Myanmar glauben, er sei ein Symbol des Bösen.

Heutige populäre Legenden besagen, dass manche amerikanischen Ureinwohner den Regenbogen um die Sonne für ein Zeichen Gottes halten, das eine Zeit großer Veränderungen anzeigt, und in dieser Tradition haben die LGBT-Gemeinschaften das Symbol geerbt, allerdings meist, ohne davon zu wissen. Wir leben in einer Zeit des Wandels, und er vollzieht sich schneller als in vorhergehenden Jahrhunderten. Verglichen mit dem Jahrtausend zuvor, ist es bemerkenswert, wie sehr sich die Haltung gegenüber LGBTs verändert hat.

Die Original-Regenbogenflagge befindet sich heute im Museum of Modern Art (MOMA) in New York. Ihre Gestaltung und Verbreitung sind vorwiegend das Verdienst eines Amerikaners namens Gilbert Baker, im Frühjahr 2017 gestorben ist. Er berichtete, dass er erstmals anlässlich der Zweihundertjahrfeier der USA 1976, als die Stars and Stripes noch omnipräsenter als sonst waren, über die Notwendigkeit einer Schwulenflagge nachzudenken begann. Der Regenbogen war eines der ersten Symbole, die ihm dafür einfielen, weil er für ihn die Vielfalt der Natur symbolisierte – genau wie Homosexuelle verschiedener Farbe, unterschiedlichen Geschlechts und Alters sind.

Nach dem Militärdienst hatte sich Baker Anfang der 1970er in San Francisco niedergelassen und verdiente seinen Unterhalt als Transvestit sowie Hersteller von Bannern für Schwulenkundgebungen und -veranstaltungen. Er war mit Harvey Milk befreundet, der 1977 der erste offen schwule Politiker Kaliforniens war. Milk wollte ein Symbol für die Gay Parade 1978 in San Francisco haben und bat Baker, Ideen zu entwickeln. In einem MOMA-Interview beschrieb der Designer 2015 seinen Denkprozess:

> [Harvey Milk] hatte die ungeheuer bedeutsame Botschaft, wie wichtig es ist, sichtbar zu sein … Eine Flagge wurde dieser Aufgabe am besten gerecht, denn sie ist eine Möglichkeit, dein Sichtbarsein zu verkünden oder zu sagen »So bin ich!« … Sie ist kein Gemälde, sie ist nicht bloß Stoff, nicht bloß ein Logo – sie funktioniert auf so vielfältige Weise. Ich fand, wir brauchten diese Art von Symbol, brauchten als Gemeinschaft etwas, das jeder sofort versteht. Auf [der Regenbogenflagge] steht nicht »schwul« und auf der amerikanischen Flagge steht nicht »die Vereinigten Staaten«, aber jeder sieht sofort, was sie bedeuten. Und das hatte wirklich Einfluss auf mich, als ich beschloss, wir müssten eine Flagge haben, dass eine Flagge das richtige Sym-

bol für uns wäre, dass wir ein Volk sind, ein Stamm, wenn Sie so wollen. Und Flaggen sind dazu da, Macht zu signalisieren, also ist sie ausgesprochen angemessen.

Die ersten beiden Flaggen, 9 mal 18 Meter groß und mit acht Streifen, wurden von dreißig Freiwilligen im Gay Community Center in der Stadt genäht. Im Juni 1978 wurden sie bei der Parade auf dem United Nations Plaza in San Francisco entrollt. Fünf Monate später wurde Harvey Milk zusammen mit Bürgermeister George Moscone von einem ehemaligen Politiker erschossen, der wütend über die seiner Meinung nach zunehmende Toleranz gegenüber Homosexualität war.

Milk starb, doch die Flagge überlebte – und die Nachfrage nach ihr stieg gewaltig, weil Menschen ihre Solidarität mit Milks Vermächtnis und den LGBT-Bewegungen ausdrücken wollten. Daraufhin verbreitete sie sich rasch rund um die Welt und repräsentiert nun einen weiteren transnationalen Stamm der Erde.

Ursprünglich hatte der Entwurf acht Farben. Pink stand für Sexualität und war bewusst enthalten, um es den Nationalsozialisten zu entreißen, die einen rosa Winkel erfunden hatten, den Homosexuelle tragen mussten. Rot repräsentierte Leben, Orange Gesundheit, Gelb das Sonnenlicht, Grün die Natur, Türkis Kunst, Blau Harmonie und Violett den menschlichen Geist. Pink wurde ziemlich bald fallen gelassen, weil das für eine Flagge eine sehr ungewöhnliche Farbe war und die Herstellung teuer machte. Türkis wurde 1979 herausgenommen, so dass die Flagge die gerade Zahl von sechs Streifen bekam.

Diese sechs Streifen drücken heute in verschiedenen Versionen eine Reihe von Dingen aus. Homosexuelle Menschen reisen um die Welt, sehen sie und wissen, dass der Laden, das Hotel, Restaurant oder Gebäude, wo sie zu sehen sind, ein Ort ist, wo sie inkludiert und sicher sind, so dass sie das tun können, was andere Menschen auch tun. Die sechs Streifen wehten auch von der kanadischen Botschaft in Tunesien und vom Cabinet Office des Vereinigten Königreichs in Whitehall. Ihr Bild wurde auf den Eiffelturm und das Weiße Haus projiziert.

Im Sommer 2016, nach dem Massaker an LGBTs im Nachtclub Pulse in Orlando, wurde die Flagge sofort an zahllosen Orten auf der ganzen Welt gezeigt. Die sozialen Medien waren voll mit dem Regenbogen-Icon, das an Millionen von Twitter- und sonstigen Accounts angeheftet wurde. Tausende von Regenbogensymbolen wehten bei Kundgebungen und Mahnwachen. In den Teilen der Welt, die entwickelt genug sind, um den Bewohnern zu erlauben, ihre Sexualität auszuleben und/oder ihre Solidarität mit den Opfern auszudrücken, hingen in den Städten und Orten Flaggen aus den Fenstern. Das war Interessenpolitik und mehr. Die Flagge wurde nicht nur eingesetzt, weil sich eine Person als LGBT ausweisen wollte, sondern auch, um klarzumachen, dass man an der Seite von LGBTs steht. Die Regenbogenflagge ist in gewisser Weise eine Schlacht-Standarte – in einem laufenden Kulturkampf. Der hat große Fortschritte gemacht, insbesondere im urbanen Bereich der westlichen Welt, aber selbst dort bleibt es ein Risiko, die Flagge zu hissen. In riesigen Bereichen der übrigen Welt, insbesondere in Afrika und im Nahen Osten, kann ihre Präsentation Gefängnis oder Schlimmeres zur Folge haben.

Die Flagge wehte 2016 auch auf dem Hauptquartier des britischen Geheimdiensts MI6. »C«, der Chef des Diensts, signalisierte auf sofort erkennbare Weise, dass der MI6 nicht nur schwule Rechte unterstützt, sondern auch Rekruten mit allen möglichen Hintergründen willkommen heißt. Da war *eine* Flagge mit sechs Streifen, aber sie wehte mit einer großen Zahl an Bedeutungsebenen. James Bond wäre nicht geschüttelt, sondern gerührt gewesen.

Und zum Abschluss zur Flagge der Vereinten Nationen. Sie ist eine globale Flagge. Sie hat den Anspruch, die Flagge der Welt zu sein, aber irgendwie bleibt sie hinter diesem Anspruch zurück. Vielleicht liegt das an der komplizierten Politik der UN. Vielleicht auch daran, dass sie Staaten repräsentiert, es aber innerhalb dieser Nationalstaaten, wie wir gesehen haben, viele Menschen gibt, die keine Loyalität gegenüber der Nationalflagge haben. Oder schlicht an der Tatsache, dass sie keine sonderlich inspirierende Flagge ist und zudem altmodisch wirkt. Aber das ist natürlich eine subjektive Einschätzung.

Es gibt eine putative »Internationale Flagge des Planeten Erde«, die mit dem Hintergedanken entworfen wurde, dass wir sie, wenn wir mutig weiter vordringen als je ein Mensch zuvor, auf entfernten Planeten hissen oder wenigstens deren Bewohnern zeigen können, die dann, falls sie unsere Geschichte ein wenig kennen, eine schwache Ahnung unserer Absichten bekommen. Die Flagge wurde von Oskar Pernefeldt entworfen, der am Beckmans College of Design in Stockholm arbeitet, und hat viel Beachtung, aber keine offizielle Anerkennung gefunden.

Pernefeldts Flagge hat einen tiefblauen Hintergrund und davor sieben miteinander verschlungene Ringe, die, so die Flaggen-Website, »eine Blume bilden – ein Symbol des Lebens auf der Erde. Die Ringe sind miteinander verbunden, was repräsentiert, wie auf unserem Planeten alles, direkt oder indirekt, miteinander verbunden ist.« Dies erinnere die Menschen daran, erfahren wir, »dass wir, ungeachtet nationaler Grenzen, diesen Planeten teilen. Dass wir aufeinander und auf den Planeten, auf dem wir leben, Rücksicht nehmen müssen.« Schön und gut, aber das ließe sich auch von der UN sagen, und das wurde es auch in Millionen Kommuniqués in Dutzenden von Sprachen – sowie unzählige Male gedruckt auf Kosten Tausender toter Bäume.

Die UN-Flagge wurde erstmals bei der Generalversammlung im Oktober 1947 in New York gehisst. Sie basierte auf einem Entwurf, den Donal McLaughlin für ein UN-Abzeichen angefertigt hatte, das 1945 bei der Konferenz zur Ausarbeitung der UN-Charta in San Francisco getragen wurde. In einer 1995 veröffentlichten Monographie (›Origin of the Emblem and Other Recollections of the 1945 UN Conference‹) berichtet er, dass es sich um eine hastig ausgebrütete, zusammengeschusterte Angelegenheit handelte. Unter dem Druck, schnellstens etwas vorzuweisen, machte er verschiedene Skizzen, verwarf sie ebenso rasch und brachte dann ein rundes Emblem ein, das die Kontinente vor kreisförmigen Breitengraden und vertikalen Längengraden zeigte. Eingerahmt wurde dies von zwei überlappenden Olivenzweigen. Dieses Abzeichen wurde, mit leichten Modifikationen, zum offiziellen Siegel und Emblem der Vereinten Nationen.

1947 wurde es dann von dem UN-Kartografen Leo Drozdoff für die Gestaltung der UN-Flagge übernommen und weiter überarbeitet. Vor einem blauen Hintergrund zeigt die Flagge in Weiß eine Karte der Welt mit fünf Kontinenten und dem Nordpol im Mittelpunkt. Darüber liegen fünf konzentrische Kreise. Damals war man der Meinung, es gebe nur fünf Kontinente. Das hat sich in den folgenden Jahren auf sechs oder sieben verschoben, je nachdem, wen man fragt. Egal, die Fünf erinnert auch daran, dass die Struktur der UN, insbesondere die des Sicherheitsrats, die Welt von 1945 und nicht die heutige Welt abbildet. Die Fünf erinnert uns an die Länder, die am Ende des Zweiten Weltkriegs triumphierten (Russland, die USA, das Vereinigte Königreich, Frankreich und China) und dann die Weltordnung aufgebaut haben, die ihnen dient – wozu auch gehört, dass sie sich selbst zu den einzigen Staaten mit permanenter Mitgliedschaft im Sicherheitsrat und einem Vetorecht gemacht haben. Brasilien, Mexiko, Indonesien, Indien, Deutschland und andere könnten Argumente für einen UN-Sicherheitsrat vorbringen (und tun das gelegentlich auch), der das 21. Jahrhundert abbildet. Das ist allerdings ein Streit, der älter als dieses Jahrhundert ist, und auf absehbare Zeit bleiben wir in dieser Struktur stecken und mit dieser Flagge behaftet.

Die konzentrischen Kreise können, bei entsprechender Disposition, auch dahingehend interpretiert werden, dass sich die Welt alarmierenderweise im Fadenkreuz einer außerirdischen Rasse befindet. Alle, die keine Stanniolhüte tragen, glauben zwar nicht, dass das der Fall ist, aber natürlich hat die Gestaltung der Flagge das Interesse verschiedener Sektoren in der Welt der Verschwörungstheorien geweckt. Beispielsweise könnte man feststellen, dass die Erde auf der Flagge … flach ist! Zudem ist in diesen Kreisen bestens bekannt, dass die Eidechsenmenschen/Freimaurer/Illuminaten/oder sonstige unter- bzw. überirdische Macht, nach Gusto einzufügen, mit geheimen Zeichen arbeiten, die dem naiven Betrachter verborgen bleiben. Erklärungen, wie schwierig es ist, ein 3-D-Objekt zweidimensional abzubilden, müssen diesen Glauben nicht erschüttern, es macht ja auch viel mehr Spaß, in den konzentrischen Kreisen 33 Sektoren zu erkennen, sich klarzumachen, dass 33 eine bedeutsame Zahl bei den Illuminaten ist, und … schon ist der Beweis erbracht. Zum Glück für den Rest der Welt verbringen diese Theoretiker die meiste Zeit damit, sich zu streiten, welche ihrer Wahrheiten die wahre Wahrheit ist, so dass sie uns »Mainstreamer« in Ruhe lassen.

Am Wochenende weht vor dem UN-Hauptquartier einzig die Flagge der Organisation selbst. Das ist nur dann anders, wenn ein wichtiges Treffen stattfindet. Dass dies selten der Fall ist, überrascht niemanden, der je versucht hat, die UN am Wochenende zu kontaktieren. Es scheint sich weitgehend um eine Montag-bis-Freitagmittag-Einrichtung zu handeln.

Die Flaggen der Mitgliedsländer werden von einem Arbeitsteam mit zehn oder mehr Mitarbeitern täglich (außer am Wochenende) um 8:00 Uhr gehisst und um 16:00 Uhr eingeholt. Dieser Prozess dauert eine halbe Stunde. Alle Flaggen haben, per Anweisung, die gleiche Größe – 4 Fuß mal 6 Fuß, ein Seitenverhältnis von zwei zu drei. Zum Glück! Andernfalls gäbe es unweigerlich Ausbrüche des Meine-Flagge-ist-größer-als-deine-Syndroms. Trotzdem hat die Konformität selbst auch zu Problemen geführt. Viele Flaggen haben andere Seitenverhältnisse, was dazu führt, dass immer mal wieder Botschafter, Würdenträger und sogar Staatschefs sich beschweren, dass die Flagge ihres Landes gestreckt oder einfach etwas merkwürdig erscheine.

Die Reihe der Flaggen verläuft von Nord nach Süd entlang der New Yorker First Avenue und ihre Positionen werden nach dem englischen Alphabet bestimmt. Wenn ein leichter Wind weht, was am East River nicht ungewöhnlich ist, bieten sie einen tollen Anblick. Was der Anblick übermittelt, ist komplizierter. Graham Bartram, der führende Vexillologe Großbritanniens, sieht das einfacher: »Im Laufe der letzten Jahre bin ich zu dem Schluss gekommen, dass es letztlich nicht zählt, was auf der Flagge abgebildet ist. Wir machen einen Fehler, wenn wir glauben, das, was auf der Flagge abgebildet ist, mache sie mächtig … nein, das, was sie für jemanden bedeutet, und dass sie uns und, sagen wir, zehn Millionen anderen Menschen gehört, das verleiht ihr die Macht.«

Die UN-Flagge soll alle 7 Milliarden Menschen ansprechen und für sie sprechen – schließlich sind wir die Nationen und es heißt Vereinte Nationen. Es kann nicht ausbleiben, dass innerhalb der UN als gemischtem menschlichen Unternehmen auch gemischte Ansichten herrschen – und außerhalb gemischte Gefühle über sie. Ihre unzähligen Komitees sind nicht nur aufgrund der Politik der einzelnen Mitgliedsstaaten gespalten, sondern auch aufgrund der Interessen von regionalen und religiösen Blocks. Es fällt schwer, diese Flagge zu lieben, aber sie ist die einzige, die wir haben. Und wenn wir nicht schon eine Flagge – und eine Organisation – hätten, die beauftragt ist, alle 7 Milliarden Menschen zu repräsentieren, würde sie irgendwer erfinden. So ticken wir.

Die »Internationale Flagge des Planeten Erde« ist eine wunderbare Idee und das Design angemessen, aber wenn wir sie je offiziell als »unsere« Flagge adoptieren müssten, würde sie ganz schnell politisch instrumentalisiert. Wer trifft die Auswahl, wer leitet überhaupt das Komitee? Wer spricht für sie und damit für uns alle? Wir sind kein vereinter Planet. Sobald wir sehen, dass einige Leute oder Gruppen verantwortlich sind, mit denen wir vielleicht nicht übereinstimmen, stimmen wir wahrscheinlich auch nicht mit der Flagge überein. Und so geht das weiter.

Üblicherweise bedeuten Flaggen Identität. Sie weisen aus, wer man ist, im Umkehrschluss aber auch, was man nicht ist. Das ist der Grund dafür, dass nationale oder religiöse Flaggen unsere Vorstellungskraft und unsere Gefühle so stark ansprechen können.

Doch die UN-Flagge steht keinem externen Feind gegenüber, und das macht es schwieriger für uns, sich unter ihr zu vereinen. Vielleicht fehlt uns die Vorstellungskraft, uns als *eine* vereinte Entität mit einem gemeinsamen Ziel zu verstehen, und wir müssen warten, bis der Mars angreift, um das wahrhaft zu begreifen.

Doch lassen Sie uns mit einem positiveren Anblick enden. Hier haben wir, während wir auf den Besuch unserer Vettern vom roten Planeten warten, entlang des gesamten riesigen Gebäudekomplexes des UN-Hauptquartiers, die Flaggen der Nationalstaaten der Welt. Sie stehen hier aufgereiht, eine neben der anderen – Repräsentationen aller Völkergruppierungen in jedem der international anerkannten Staaten der Welt. Eine visuell klare und stolze Bestätigung unserer Vielfalt an Farbe, Sprache und Kultur, politischen und sonstigen Meinungen und gleichzeitig eine Erinnerung, dass wir zusammenkommen können – und trotz all unserer Fehler, und all unserer Flaggen, eine Familie sind.

DANK

Ich danke Graham Bartlett, David Waywell, Samir Bambaz, Mina Al-Oraibi, Zein Jafar, Ollie Dewis, Sarah Ader, Fred R. Egloff, Fred Brownell, Sunday Olawale und Dr. Mahdi F. Abdul Hadi.

Außerdem danke ich meinem Verlag Elliott & Thompson und besonders meinen Lektorinnen Jennie Condell und Pippa Crane von der Brigade zur Verhinderung schlechter Witze, die es mir sehr schwer machten, derartige Witze in die Druckausgabe zu schmuggeln. Für weniger gute Witze, die vielleicht enthalten sind, trage daher ich die volle Verantwortung.

Flaggen sind eine emotionsgeladene Angelegenheit, und die Geschichte nahezu jeder Flagge ist Gegenstand verschiedener Versionen der Historie. Ich habe mein Möglichstes getan klarzustellen, wo die historischen Beweise unscharf sind, und bin verantwortlich für etwaige Irrtümer.

LITERATUR UND BILDNACHWEIS

Für meine Recherchen zu diesem Buch waren die hier folgenden Quellen am wertvollsten. Speziellere Quellen sind anschließend kapitelweise angeführt.

Devereux, Eve, ›Flags: The New Compact Study Guide And Identifier‹. Apple Press, London 1994.

Eriksen, Thomas Hylland, und Richard Jenkins (Hgg.), ›Flag, Nation and Symbolism in Europe and America‹. Routledge, Abington 2007.

Flag Research Centre, Website: http://www.crwflags.com/fotw/flags/vex-frc.html.

Marshal, Alex, ›Republic or Death! Travels in Search of National Anthems‹. Random House, London 2015.

›Nationalflaggen der Welt‹, dt. von Claudia Wagner. Dorling Kindersley, München 2008.

Smith, Whitney, ›Die Zeichen der Menschen und Völker. Unsere Welt in Fahnen und Flaggen‹, dt. Bearbeitung von Ottfried Neubecker. Reich, Luzern 1975.

Tappan, Eva March, ›The Little Book of the Flag‹. Read Books Ltd., Redditch 2015.

Znamierowski, Alfred, ›Flaggen-Enzyklopädie: Flaggen, Banner und Standarten‹, dt. von Sabine Golz. Delius Klasing, Bielefeld 2000.

Einleitung

›Guns, Drones and Burning Flags: The Real Story of Serbia vs Albania‹, YouTube, 17. 10. 2015, https://www.youtube.com/watch?v=WuUUGIn8QuE.

Die Stars and Stripes

»Every race has a flag but the coon«, Notenblatt. Jos. W. Stern & Co, New York 1900. Library of Congress unter https://www.loc.gov/item/ihas.100005733/.

Hughes, Robert, ›Bilder von Amerika. Die amerikanische Kunst von den Anfängen bis zur Gegenwart‹, dt. von Helmut Dierlamm et al. Blessing, München 1997.

Lucky, John R., »The United States Flag: Federal Law Relating to Display and Associated Questions«, CRS Report for Congress, 14. April 2008, http://www.senate.gov/reference/resources/pdf/RL30243.pdf.

http://nomoretatteredflags.org.

›Sunday Spartanburg Herald‹, 4. August 1935.

Die Union und der Jack

Bartram, Graham, »Flying flags in the United Kingdom«, Flag Institute Guide 2010.

Groom, Nick, ›The Union Jack: The Story Of The British Flag‹. Atlantic Book, London 2006.

Lister, David, »Union Flag or Union Jack«, Flag Institute Guide 2014.

Das Kreuz und die Kreuzzüge

Buckley, Richard, ›Flags of Europe: Understanding Glabal Issues‹. European Schoolbooks, Cheltenham 2001.

»Die Europaflagge«, Europarat, http://www.coe.int/de/web/about-us/the-european.flag.

»Die Europaflagge«, Europäische Union, https://europa.eu/european-union/about-eu/symbols/flag_de.

http://www.portugal.gov.pt/en/portuguese-democracy/simbolos-nacionais/decreto-que-aprova-a-bandeira-national.aspx.

http://www.radiomarconi.com/marconi/carducci/napoleone.html.

Schulberg, Jessica, »Video: The Ridiculous Meaning of Europe's Flag, Explained«, New Republic, 29. September 2014, unter https://newrepublic.com/article/119601/european-flag-doesnt-have-anything-do-europe.

Walton, Charles, ›Policing Public Opinion in the French Revolution‹. Oxford University Press, Oxford 2009.

Farben Arabiens

›Guinness World Records 2015‹. Guinness World Records, Vancouver 2014.

»Muslim World Cup Flag Anger«, *Burton Mail*, 7. Juni 2006. http://www.burtonmail.co.uk/muslim-world-cup-flag-anger/story-21485018-detail/story.html#ixzz41ZDlrhWL.

Flaggen der Angst

McCants, William, »How ISIS Got Its Flag«, *Atlantic Magazine*, 22. September 2015.

SITE Intelligence Group, htttps://ent.siteintelgroup.com

Jenseits von Eden

Bruaset, Marit, »The legalization of Hinomaru and Kimigayo as Japan's national flag and anthem and its connections to the political campaign of ›healthy nationalism‹«. Department of East European and Oriental Studies, University of Oslo, Frühjahr 2003.

»Chinese National Flag: Five.starred Red Flag«. http://cn.hujiang.com/new/p478857/.

»Constitution of the Peoples Republic of China« (1982). http://www.npc.gov.cn/englishnpc/Constitution/node_2825.htm.

Sun Tzu, ›The Art of War‹. Penguin Classics, London 2002. Mehrere dt. Ausgaben, die aber nicht dieser engl. Ausgabe entsprechen, u. a.: Sunzi, ›Die Kunst des Krieges‹, aus dem Chinesischen von Volker Klöpsch. Insel, Frankfurt und Leipzig 2009.

Tertitskiy, Fyodor, »Kim Tu Bong and the Flag of Great Extremes«. DailyNK.com, 20. 06. 2014.

Flaggen der Freiheit

Barrett, A. Igoni, »I remember the day … I designed the Nigerian Flag«. *Al Jezeera*, 3. September 2015. http://www.aljazeera.com/programmes/my-nigeria/2015/09/nigerian-flag-150901092231928.html.

Hill, Robert A. (Hg.), ›The Marcus Garvey and Universal Negro Improvement Association Papers‹, Bd. IX, Africa for the Africans 1921–1922. University of California Press, Berkeley 1995.

Shepperson, George, »Notes On Negro American Influences On The Emergence Of African Nationalism«. *Journal Of African History*, 1, 2, 1960. S. 299–312.

»Taiwo Akinkunmi: An Hero Without Honour«. Online Nigeria, 15. Januar 2007. http://article.onlinenigeria.com/ad.asp?blurb=478#ixzz41fRsUZGe.

Universal Negro Improvement Association And African Communities League, offizielle Website: http://www.theunia-acl.com.

Flaggen der Revolution

Carrasco, David, und Sessions, Scott, ›Daily Life of the Aztecs: People of the Sun and Earth‹. Greenwood Publishing Group. Westport, CT 1998.

Consulate General of Panama in London Website: »Advantages of the Panamanian Registry«. http://www.panamaconsul.co.uk/?-page_id=115.

Flood, Daniel J., dienstliche Korrespondenz 1959. http://www.foia.cia.gov/sites/default/files/document_conversions/5829/CIA-RDP80B01676R000900030089-5.pdf.

Goethe, Johann Wolfgang von, ›Entwurf einer Farbenlehre‹. Goethes Werke, Weimarer Ausgabe II.1, Nachdruck dtv, München 1987, Bd. 64, S. 310–319.

Jensen, Anthony K., »Johann Wolfgang von Goethe (1749–1832)«. Internet Encyclopedia of Philosophy, http://www.iep.utm.edu/goethe/.

»Latin America Has Achieved Progress in Health, Education and Political Participation of Indigenious Peoples in the Last Decade«. Economic Commission for Latin America and the Carribbean, Presseerklärung, 22. Oktober 2014. http://www.cepal.org/en/pressreleases/latin-america-has-achieved-progress-health-education-and-political-participation.

Macaulay, Neill, ›Dom Pedro: The Struggle for Liberty in Brazil and Portugal, 1798–1834‹. Duke University Press, Durham, NC 1986.

»Panama Canal Riots – 9–19 January 1964«. GlobalSecurity.org, http://www.globalsecurity.org/military/ops/panama-riots.htm.

Die Guten, die Bösen und die Hässlichen

Antonelli, Paola, und Fisher, Michelle Millar, »MoMA Acquires the Rainbow Flag«. Inside/Out, Museum of Modern Art Website, 17. Juni 2015. http://www.moma.org/explore/inside_out/2015/06/17/moma-acquires-the-rainbow-flag.

Deutsches Rotes Kreuz (Hg.), ›Die Genfer Abkommen und ihre Zusatzprotokolle. Vertragstexte.‹ www.ialana.de/files/pdf/arbeitsfelder/frieden/humanitäres-vö-recht/buch-GA.pdf.

Dyreson, Mark, ›Crafting Patriotism for Global Dominance: America at the Olympics‹. Routledge, Abingdon 2015.

Egloff, Fred R., ›Origin of the Checker Flag: A Search for Racing's Holy Grail‹. International Motor Racing Research Centre, Watkins Glen 2006.

International Committee of the Red Cross, »Geneva Conventions of 1949 and Additional Protocols, and their Commentaries«. https://www.icrc.org/applic/ihl/ihl.nsf/vwTreaties1949.xsp.

»Joint Services Manual of the Law of Armed Conflict«. UK Ministry of Defense, 2004. https://www.gov.uk/government/uploads/system/uploads/attachment_data/file/27874/JSP3832004Edition.pdf.

Lincoln, Henry, Baigent, Michael, und Leigh, Richard, ›Der Heilige Gral und seine Erben. Ursprung und Gegenwart eines geheimen Ordens. Sein Wissen und seine Macht‹, dt. von Hans E. Hausner. Bastei Lübbe, Bergisch Gladbach 2005 (10. Auflage), S. 65.

McLaughlin, Donal, »Origin of the Emblem and Other Recollections of the 1945 UN Conference«, 1995. https://www.cia.gov/news-information/blog/2015/images/McLaughlinMonograph.pdf.

The National Archives, Schiffslogbuch, British Navy Ship HMS *Poole*, Juli 1700.

Olympic Games Website: http://www.olympic.org/documents/reports/en/en_report_1303.pdf.

Rawsthorn, Alice, »Skull and Crossbones As Branding Tool«. *New York Times*, 1. Mai 2011.

Shirer, William L., ›Aufstieg und Fall des Dritten Reiches‹, dt. von Wilhelm Pferdekamp und Modeste zur Nedden. Kiepenheuer und Witsch, Köln 1961.

Young, David C., »Myths about the Olympic Games«. Archaeology Archive, 6. April 2004. http://archive.archaeology.org/online/features/olympics/games.html.

Für die Übersetzung:

Fukuyama, Francis, ›Das Ende der Geschichte. Wo stehen wir?‹, dt. von Helmut Dierlamm, Ute Mihr und Karlheinz Dürr. Kindler, München 1992, S. 11.

Schirmer-Imhoff, Ruth, (Hg. und Übersetzung), ›Der Prozess Jean d'Arc. Akten und Protokolle. 1431, 1456‹, Vierte Öffentliche Sitzung, Dienstag, 27. Februar 1431, Deutscher Taschenbuch Verlag, München 1961, S. 31.

Chaussinand-Nogaret, Guy, ›Mirabeau‹, dt. von Brunhilde Wehinger. Klett-Cotta, Stuttgart 1988, S. 270.

Sagan, Carl und Druyan, Ann, ›Der Komet‹, dt. von Ute Mäurer, Droemer Knaur, München 1985, S. 166.

Hitler, Adolf, ›Mein Kampf‹, Franz Eher Nachfolger, München 1930, S. 554, 556, 557.

Herzl, Theodor, ›Der Judenstaat‹, »7. Society of Jews und Judenstaat, h. Die Fahne.«, Leipzig, Wien 1896 (digital unter www.lexikus.de).

al-Gaddafi, Muammar, ›Das grüne Buch‹, Weltzentrum für das Studium und die Erforschung des Grünen Buchs, Tripolis, Dschamahirija o. J, S. 38, 42, 39.

Rowling, Joanne K., ›Harry Potter und der Stein der Weisen‹, dt. von Klaus Fritz, Carlsen, Hamburg, 1998, S. 323.

Haslund-Christensen, Henning, ›Zajagan: Menschen und Götter in der Mongolei‹, dt. von Marie Franzos, Union Deutsche Verlagsgesellschaft, Stuttgart, Berlin, Leipzig 1936, S. 194/195.

Smith, Whitney, ›Die Zeichen der Menschen und Völker. Unsere Welt in Fahnen und Flaggen‹, übersetzt und bearbeitet von Ottfried Neubecker, Reich, Luzern 1975, S. 38 und 149.

Holtz, Uwe, (Hg.), ›Brasilien. Eine historisch-politische Landeskunde. Quellen und Anmerkungen‹, Ferdinand Schöningh, Paderborn 1981, S. 89/90.

Bildnachweis

Weltkarten am Anfang und Ende des Buches:
Alextrims / Schutterstock.com

S. 18/19	Banaras/Khan/AFP/Getty Images
S. 48/49	Carl Court/AFP/Getty Images
S. 76/77	Marcos del Mazo/Pacific Press/Getty Images
S. 120/121	Khaled Desouki/AFP/Getty Images
S. 150/151	Handout/Alamy/Stock Photo
S. 174/175	Billy Wong/Alamy/Stock Photo
S. 210/211	Jonathan Torgovnik/Getty Images
S. 236/237	Jesse Kraft/Alamy/Stock Photo
S. 266/267	image BROKER/Alamy/Stock Photo

REGISTER

A

P

R

S

T